GLENCOE FRENCH 1B

Bon voyage!

WITH FEATURES BY

NATIONAL GEOGRAPHIC

Conrad J. Schmitt • Katia Brillié Lutz

McGraw Hill Glencoe

New York, New York   Columbus, Ohio   Chicago, Illinois   Peoria, Illinois   Woodland Hills, California

Conrad J. Schmitt

Conrad J. Schmitt received his B.A. degree magna cum laude from Montclair State University. He received his M.A. from Middlebury College. He did additional graduate work at New York University.

Mr. Schmitt has taught Spanish and French at all levels—from elementary school to university graduate courses. He served as Coordinator of Foreign Languages for the Hackensack, New Jersey, public schools. He also taught Methods of Teaching a Foreign Language at the Graduate School of Education, Rutgers University. Mr. Schmitt was Editor-in-Chief of Foreign Languages and ESL/EFL materials for the School Division of McGraw-Hill and McGraw-Hill International Book Company.

Mr. Schmitt has authored or co-authored more than one hundred books, all published by Glencoe/McGraw-Hill or by McGraw-Hill. He has addressed teacher groups and given workshops in all states of the United States and has lectured and presented seminars throughout the Far East, Latin America, and Canada. In addition, Mr. Schmitt has traveled extensively throughout France, French-speaking Canada, North Africa, French-speaking West Africa, the French Antilles, and Haiti.

Katia Brillié Lutz

Katia Brillié Lutz has her **Baccalauréat** in Mathematics and Science from the Lycée Molière in Paris and her **Licence ès Lettres** in languages from the Sorbonne. She was a Fulbright scholar at Mount Holyoke College.

Ms. Lutz has taught French language at Yale University and French language and literature at Southern Connecticut State College. She also taught French at the United Nations in New York City.

Ms. Lutz was Executive Editor of French at Macmillan Publishing Company. She also served as Senior Editor at Harcourt Brace Jovanovich and Holt Rinehart and Winston. She was a news translator and announcer for the BBC Overseas Language Services in London.

Ms. Lutz is the author of many language textbooks at all levels of instruction.

Glencoe

The *McGraw·Hill* Companies

The feature in this textbook entitled **Reflets** was designed and created by the National Geographic Society's School Publishing Division. Copyright 2005. National Geographic Society. All rights reserved.

The name "National Geographic" and the yellow border are registered trademarks of the National Geographic Society.

Send all inquiries to:
Glencoe/McGraw-Hill
8787 Orion Place
Columbus, OH 43240-4027

ISBN: 0-07-865626-5 *(Student Edition)*
ISBN: 0-07-865627-3 *(Teacher Wraparound Edition)*

Printed in the United States of America.

2 3 4 5 6 7 8 9 10 058/055 10 09 08 07 06 05 04

Teacher Reviewers

We wish to express our appreciation to the numerous individuals throughout the United States and the French-speaking world who have advised us in the development of these teaching materials. Special thanks are extended to the people whose names appear below.

Anne-Marie Baumis
Bayside, NY

Claude Benaiteau
Austin, TX

Sr. M. Elayne Bockey, SND
St. Wendelin High School
Fostoria, OH

Linda Burnette
Rockville Junior/Senior
High School
Rockville, IN

Linda Butt
Loyola Blakefield
Towson, MD

Betty Clough
Austin, TX

Yolande Helm
Ohio University
Athens, OH

Jan Hofts
Northwest High School
Indianapolis, IN

Kathleen A. Houchens
The Ohio State University
Columbus, OH

Dominique Keith
Lake Forest, CA

Raelene Noll
Delmar, NY

Nancy Price
Fort Atkinson High School
Fort Atkinson, WI

Sally Price
Marysville-Pilchuck
High School
Marysville, WA

Bonita Sanders
Eisenhower High School
New Berlin, WI

Deana Schiffer
Hewlett High School
Hewlett, NY

Julia Sheppard
Delaware City Schools
Delaware, OH

James Toolan
Tuxedo High School
Tuxedo, NY

Mary Webster
Romeo High School
Romeo, MI

Marian Welch
Austin ISD
Austin, TX

Richard Wixom
Miller Middle School
Lake Katrine, NY

Brian Zailian
Tamalpais High School
Mill Valley, CA

For the Parent or Guardian

We are excited that your child has decided to study French. Foreign language study provides many benefits for students in addition to the ability to communicate in another language. Students who study another language improve their first language skills. They become more aware of the world around them and they learn to appreciate diversity.

You can help your child be successful in his or her study of French even if you are not familiar with that language. Encourage your child to talk to you about the places where French is spoken. Engage in conversations about current events in those places. The section of their Glencoe French book called **Le monde francophone** on pages xxi–xxxv may serve as a reference for you and your child. In addition, you will find information about the geography of the French-speaking world and links to foreign newspapers at **french.glencoe.com**.

The methodology employed in the Glencoe French books is logical and leads students step by step through their study of the language. Consistent instruction and practice are essential for learning a foreign language. You can help by encouraging your child to review vocabulary each day. As he or she progresses through the text, you will to want to use the study tips on pages H51–H67 to help your child learn French. If you have Internet access, encourage your child to practice using the activities, games, and practice quizzes at **french.glencoe.com**.

Table des matières

La francophonie

L'alphabet français xxviii

Révision

CHAPITRE L'aéroport et l'avion

Objectifs

In this chapter you will learn to:

✔ *check in for a flight*

✔ *talk about some services aboard the plane*

✔ *talk about more activities*

✔ *ask more questions*

✔ *talk about people and things as a group*

✔ *discuss air travel in France*

CHAPITRE 9 La gare et le train

Objectifs

In this chapter you will learn to:

✔ *purchase a train ticket and request information about arrival and departure*

✔ *use expressions related to train travel*

✔ *talk about people's activities*

✔ *point out people or things*

✔ *discuss an interesting train trip in French-speaking Africa*

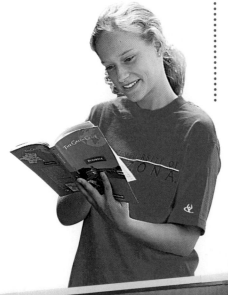

CHAPITRE ⑩ Les sports

Objectifs

In this chapter you will learn to:

✔ *talk about team sports and other physical activities*

✔ *describe past actions and events*

✔ *ask people questions*

✔ *discuss what sports are popular in Canada and in French-speaking Africa*

CHAPITRE 11 L'été et l'hiver

Objectifs

In this chapter you will learn to:

✔ describe summer and winter weather

✔ talk about summer activities and sports

✔ talk about winter sports

✔ discuss past actions and events

✔ make negative statements

✔ talk about a ski trip in Québec

CHAPITRE ⑫ La routine quotidienne

Objectifs

In this chapter you will learn to:

✔ *describe your personal grooming habits*

✔ *talk about your daily routine*

✔ *talk about your family life*

✔ *tell some things you do for yourself*

✔ *talk about daily activities in the past*

✔ *discuss a French family's daily routine*

CHAPITRE Les loisirs culturels

Objectifs

In this chapter you will learn to:

✔ *discuss movies, plays, and museums*

✔ *tell what you know and whom you know*

✔ *tell what happens to you or someone else*

✔ *refer to people and things already mentioned*

✔ *talk about some cultural activities in Paris*

CHAPITRE La santé et la médecine

Objectifs

In this chapter you will learn to:

✔ *explain a minor illness to a doctor*

✔ *have a prescription filled at a pharmacy*

✔ *tell for whom something is done*

✔ *talk about some more activities*

✔ *give commands*

✔ *refer to people, places, and things already mentioned*

✔ *discuss medical services in France*

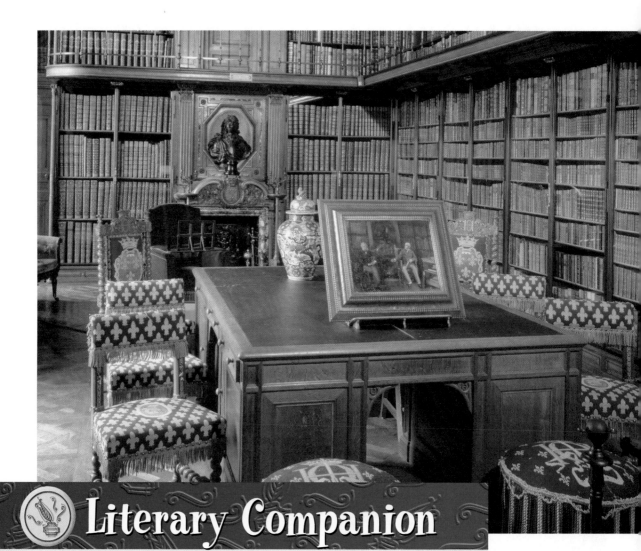

Literary Companion

Video Companion

Handbook

Guide to Symbols

Throughout **Bon voyage!** you will see these symbols, or icons. They will tell you how to best use the particular part of the chapter or activity they accompany. Following is a key to help you understand these symbols.

 Audio Link This icon indicates material in the chapter that is recorded on compact disk.

 Recycling This icon indicates sections that review previously introduced material.

 Paired Activity This icon indicates sections that you can practice orally with a partner.

 Group Activity This icon indicates sections that you can practice together in groups.

 Encore Plus This icon indicates additional practice activities that review knowledge from current chapters.

 Allez-y! This icon indicates the end of new material in each section and the beginning of the recombination section at the end of the chapter.

 Literary Companion This icon appears in the review lessons to let you know that you are prepared to read the literature selection indicated if you wish.

 Interactive CD-ROM This icon indicates that the material is also on an Interactive CD-ROM.

Le monde francophone

The French geographer Onésime Reclus first coined the word *francophonie* in 1880 to designate geographical entities where French was spoken. Today, *la francophonie* refers to the collective body of over one hundred million people all over the world who speak French, exclusively or in part, in their daily lives. The term *francophonie* refers to the diverse official organizations, governments, and countries that promote the use of French in economic, political, diplomatic, and cultural exchanges. Politically, French remains the second most important language in the world. In some Francophone nations, French is the official language (France), or the co-official language (Cameroon); in others, it is spoken by a minority who share a common cultural heritage (Andorra). The French language is present in Europe, Africa, the Americas, and Oceania.

Le monde

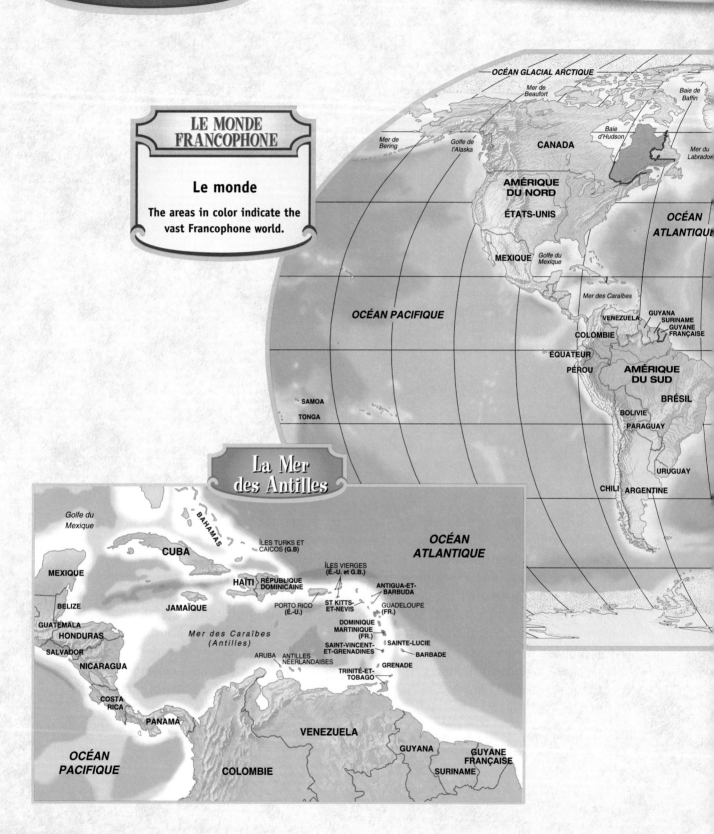

LE MONDE FRANCOPHONE

Le monde

The areas in color indicate the vast Francophone world.

OCÉAN GLACIAL ARCTIQUE

Mer de Beaufort

Baie de Baffin

Mer de Bering

Golfe de l'Alaska

CANADA

Baie d'Hudson

Mer du Labrador

AMÉRIQUE DU NORD

ÉTATS-UNIS

OCÉAN ATLANTIQUE

MEXIQUE

Golfe du Mexique

OCÉAN PACIFIQUE

Mer des Caraïbes

VENEZUELA

GUYANA
SURINAME
GUYANE FRANÇAISE

COLOMBIE

ÉQUATEUR

PÉROU

AMÉRIQUE DU SUD

BRÉSIL

BOLIVIE

PARAGUAY

SAMOA

TONGA

URUGUAY

CHILI   ARGENTINE

La Mer des Antilles

Golfe du Mexique

BAHAMAS

CUBA

ÎLES TURKS ET CAICOS (G.B)

OCÉAN ATLANTIQUE

MEXIQUE

HAÏTI

RÉPUBLIQUE DOMINICAINE

ÎLES VIERGES (É.-U. et G.B.)

ANTIGUA-ET-BARBUDA

BELIZE

JAMAÏQUE

PORTO RICO (É.-U.)

ST KITTS-ET-NEVIS

GUADELOUPE (FR.)

GUATEMALA

Mer des Caraïbes (Antilles)

DOMINIQUE

HONDURAS

MARTINIQUE (FR.)

SAINTE-LUCIE

SALVADOR

SAINT-VINCENT-ET-GRENADINES

BARBADE

NICARAGUA

ARUBA

ANTILLES NÉERLANDAISES

GRENADE

TRINITÉ-ET-TOBAGO

COSTA RICA

PANAMÁ

VENEZUELA

GUYANA

GUYANE FRANÇAISE

OCÉAN PACIFIQUE

COLOMBIE

SURINAME

OCÉAN GLACIAL ARCTIQUE

Mer du
Groenland
ISLANDE
Mer de
Norvège
Mer de
Barents
Mer de Kara
Mer des Laptev
Mer
d'Okhotsk

Mer du
Nord

EUROPE

RUSSIE

ASIE

KAZAKHSTAN

MONGOLIE

GÉORGIE
ARMÉNIE
OUZBÉKISTAN KIRGHIZISTAN
CORÉE
DU NORD
Mer
du
Japon
JAPON

TURQUIE
LIBAN
SYRIE
TURKMÉNISTAN
TADJIKISTAN
CHINE
CORÉE
DU SUD

MAROC
TUNISIE
Mer Méditerranée
AZERBAÏDJAN
IRAK
IRAN
AFGHANISTAN
Mer de
Chine
orientale

ISRAËL
JORDANIE
PAKISTAN
NÉPAL
BHOUTAN
TAÏWAN

ALGÉRIE
LIBYE
ÉGYPTE
KOWEÏT
QATAR
BAHREÏN
ÉMIRATS
ARABES
UNIS
INDE
MYANMAR
MARSHALL

SAHARA
IDENTAL
ARABIE
SAOUDITE
OMAN
BANGLADESH
LAOS

MAURITANIE
MALI
NIGER
TCHAD
SOUDAN
Golfe
du Bengale
THAÏLANDE
Mer de
Chine
méridionale

NÉGAL
AFRIQUE
ÉRYTHRÉE
YÉMEN
VIÊT NAM
PHILIPPINES

BIE
NÉE-
SAU
BURKINA
FASO
NIGERIA
DJIBOUTI
CAMBODGE
ÉTATS FÉDÉRÉS
DE MICRONÉSIE

GUINÉE
GHANA
BÉNIN
ÉTHIOPIE
SRI
LANKA
BRUNEI
MALAISIE
PALAU

LEONE
LIBERIA
CÔTE D'IVOIRE
TOGO
RÉPUBLIQUE
CENTRAFRICAINE
SOMALIE
KIRIBATI

SÃO TOMÉ ET PRÍNCIPE
CAMEROUN
OUGANDA
KENYA
MALDIVES
NAURU

GUINÉE ÉQUATORIALE
CONGO
GABON
RWANDA
RÉP. DÉM.
DU CONGO
BURUNDI
ÎLES
SEYCHELLES
OCÉAN
INDIEN
INDONÉSIE
PAPOUASIE-
NOUVELLE-
GUINÉE
ÎLES
SALOMON

TANZANIE
COMORES
TUVALU
WALLIS-ET-
FUTUNA

ANGOLA
MALAWI
ZAMBIE
MOZAMBIQUE
MADAGASCAR
ÎLE MAURICE
Mer de
Corail
VANUATU
FIDJI

ZIMBABWE

OCÉAN
ATLANTIQUE
NAMIBIE
BOTSWANA
RÉUNION
AUSTRALIE
NOUVELLE-
CALÉDONIE

AFRIQUE
DU SUD
SWAZILAND
LESOTHO
Mer de
Tasman

NOUVELLE-
ZÉLANDE

ANTARCTIQUE

L'Europe

NORVÈGE
FINLANDE
SUÈDE
RUSSIE

ESTONIE
IRLANDE
GRANDE-
BRETAGNE
DANEMARK
LETTONIE
LITUANIE
RUSSIE

PAYS-BAS
BIÉLORUSSIE

BELGIQUE
ALLEMAGNE
POLOGNE
LUXEMBOURG

OCÉAN
ATLANTIQUE
• PARIS
RÉPUBLIQUE
TCHÈQUE
UKRAINE
SLOVAQUIE

FRANCE
SUISSE
AUTRICHE
HONGRIE
MOLDAVIE
SLOVÉNIE
CROATIE
ROUMANIE

PORTUGAL
BOSNIE-
HERZÉGOVINE
SERBIE
YOUGOSLAVIE
GÉORGIE

MONACO
ITALIE
MONTÉNÉGRO
BULGARIE
Mer Noire

ESPAGNE
ALBANIE
MACÉDOINE

GIBRALTAR
(Brit.)
GRÈCE
TURQUIE

Mer Méditerranée

AFRIQUE
MALTE
CHYPRE
LIBAN
SYRIE

La francophonie

L'Afrique

La République Centrafricaine

CAPITAL
Bangui
POPULATION
3,684,000
FUN FACT
The Central African Republic has two very expensive exports—gold and diamonds.

Le Burkina Faso

CAPITAL
Ouagadougou
POPULATION
13,228,000
FUN FACT
Burkina Faso is known for its friendly people. Villagers are fond of allowing foreigners to live in their homes and take part in village life.

L'Algérie

CAPITAL
Algiers
POPULATION
32,818,000
FUN FACT
Algeria is called "the geographic giant" of the Maghreb. It is four times the size of France. Most of the country lies in the Sahara desert.

Le Burundi

CAPITAL
Bujumbura
POPULATION
6,096,000
FUN FACT
Burundi was first under German control. It then became Ruanda-Urundi under Belgian control. It became independent in 1962.

Le Cameroun

CAPITAL
Yaoundé
POPULATION
15,746,000
FUN FACT
Cameroon is known for its fantastic landscapes: Saharan desert, equatorial rain forest, tree-laden savannah, grassy plains, volcanic mountains with crater lakes, the swampy basin of Lake Chad, and one of the highest mountains in Africa.

Le Bénin

CAPITAL
Porto-Novo
POPULATION
7,041,000
FUN FACT
Benin has one of the most popular tourist attractions in all of West Africa—the fishing village of Ganvié built on stilts in the middle of a lagoon not far from the capital, Porto Novo.

Les Comores

CAPITAL
Moroni
POPULATION
633,000
FUN FACT
The beautiful Comores Islands in the Indian Ocean are known for their lovely, isolated beaches. These islands are among the few areas in the world where natural beauty reigns.

La République du Congo

CAPITAL
Brazzaville
POPULATION
2,954,000
FUN FACT
Seventy percent of the population lives in the capital city or near the railroad between it and Pointe-Noire about 250 miles to the west.

La République Démocratique du Congo

CAPITAL
Kinshasa

POPULATION
56,625,000

FUN FACT
The population of the Democratic Republic of the Congo is made up of six major ethnic groups which are divided into over 250 subgroups.

La Côte d'Ivoire

CAPITAL
Yamoussoukro

POPULATION
16,962,000

FUN FACT
The Ivory Coast's principal city, Abidjan, is West Africa's most cosmopolitan city and is often referred to as the "Paris of West Africa."

Djibouti

CAPITAL
Djibouti

POPULATION
457,000

FUN FACT
Djibouti is the name of both the republic and its capital. Its position at the entrance to the Red Sea makes it one of the most important seaports in Africa.

Le Gabon

CAPITAL
Libreville

POPULATION
1,322,000

FUN FACT
More than three-quarters of the territory of Gabon is covered by forests. Its capital, Libreville (appropriately named), was founded by Catholic missionaries to house liberated slaves.

La Guinée

CAPITAL
Conakry

POPULATION
9,030,000

FUN FACT
Guinea is a country known for its strong tradition of live music. Almost any evening, you can find a wonderful musical celebration in the streets of Conakry, its capital.

La Guinée Équatoriale

CAPITAL
Malabo

POPULATION
510,000

FUN FACT
Equatorial Guinea is the only country in Africa where both Spanish and French are spoken even though French is considered the official language.

Madagascar

CAPITAL
Antananarivo

POPULATION
16,980,000

FUN FACT
Madagascar is a beautiful and, in some areas, rocky volcanic island in the Indian Ocean.

Le Mali

CAPITAL
Bamako

POPULATION
11,626,000

FUN FACT
Mali is the home of Timbuktu, which was and still is the terminus of a camel caravan route across the Sahara, linking Arabia with West Africa since ancient times.

Le Maroc

CAPITAL
Rabat

POPULATION
31,689,000

FUN FACT
Morocco is a country of many beautiful, fascinating cities, such as Casablanca, Tangiers, Fez, and Marrakech.

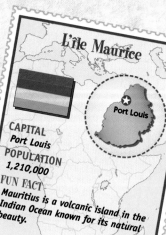

L'île Maurice

CAPITAL
Port Louis

POPULATION
1,210,000

FUN FACT
Mauritius is a volcanic island in the Indian Ocean known for its natural beauty.

La Mauritanie

Nouakchott

CAPITAL
Nouakchott

POPULATION
2,913,000

FUN FACT
Mauritania is a bridge between the Maghreb in the North and sub-Saharan Africa in the South.

Le Niger

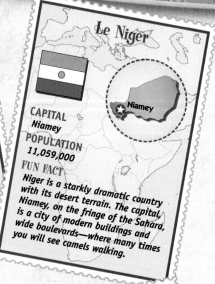

Niamey

CAPITAL
Niamey

POPULATION
11,059,000

FUN FACT
Niger is a starkly dramatic country with its desert terrain. The capital, Niamey, on the fringe of the Sahara, is a city of modern buildings and wide boulevards—where many times you will see camels walking.

La Réunion

Saint-Denis

PRÉFECTURE
Saint-Denis

POPULATION
755,000

FUN FACT
Réunion, a French overseas department, is a beautiful island in the Indian Ocean with many beaches. It has a very hot, tropical climate.

Le Rwanda

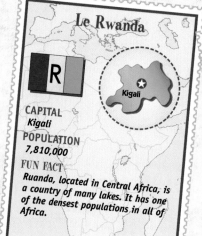

R

Kigali

CAPITAL
Kigali

POPULATION
7,810,000

FUN FACT
Ruanda, located in Central Africa, is a country of many lakes. It has one of the densest populations in all of Africa.

Le Sénégal

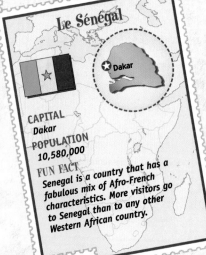

Dakar

CAPITAL
Dakar

POPULATION
10,580,000

FUN FACT
Senegal is a country that has a fabulous mix of Afro-French characteristics. More visitors go to Senegal than to any other Western African country.

Les Seychelles

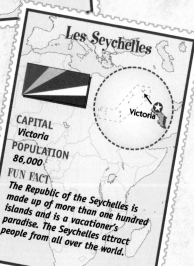

Victoria

CAPITAL
Victoria

POPULATION
86,000

FUN FACT
The Republic of the Seychelles is made up of more than one hundred islands and is a vacationer's paradise. The Seychelles attract people from all over the world.

Le Tchad

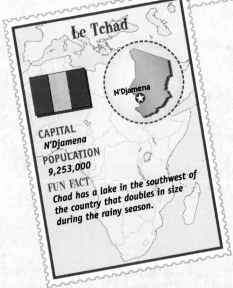

N'Djamena

CAPITAL
N'Djamena

POPULATION
9,253,000

FUN FACT
Chad has a lake in the southwest of the country that doubles in size during the rainy season.

Le Togo

CAPITAL
Lomé

POPULATION
5,429,000

FUN FACT
Togo is a pencil-thin strip of land whose capital, Lomé, has some of the most beautiful beaches just a block or two from the heart of town.

La Tunisie

CAPITAL
Tunis

POPULATION
9,925,000

FUN FACT
Tunisia contains Roman archaeological sites second only to Rome itself.

L'Amérique du Nord et du Sud

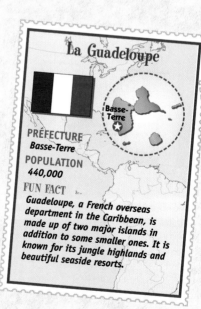

La Guadeloupe

PRÉFECTURE
Basse-Terre

POPULATION
440,000

FUN FACT
Guadeloupe, a French overseas department in the Caribbean, is made up of two major islands in addition to some smaller ones. It is known for its jungle highlands and beautiful seaside resorts.

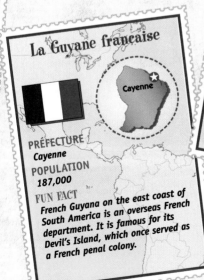

La Guyane française

PRÉFECTURE
Cayenne

POPULATION
187,000

FUN FACT
French Guyana on the east coast of South America is an overseas French department. It is famous for its Devil's Island, which once served as a French penal colony.

Haïti

CAPITAL
Port-au-Prince

POPULATION
7,528,000

FUN FACT
Haiti shares the island of Hispaniola with the Dominican Republic. Its friendly people are known for their musical and artistic talents. Haitian primitive art is sought after in art galleries around the world.

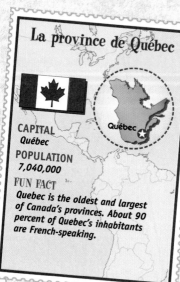

La province de Québec

CAPITAL
Québec

POPULATION
7,040,000

FUN FACT
Quebec is the oldest and largest of Canada's provinces. About 90 percent of Quebec's inhabitants are French-speaking.

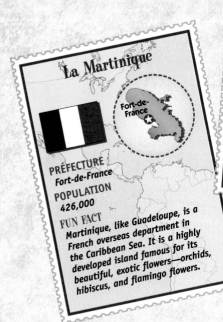

La Martinique

PRÉFECTURE
Fort-de-France

POPULATION
426,000

FUN FACT
Martinique, like Guadeloupe, is a French overseas department in the Caribbean Sea. It is a highly developed island famous for its beautiful, exotic flowers—orchids, hibiscus, and flamingo flowers.

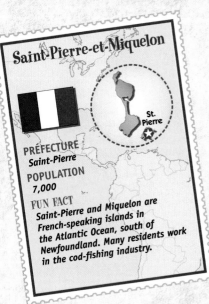

Saint-Pierre-et-Miquelon

PRÉFECTURE
Saint-Pierre

POPULATION
7,000

FUN FACT
Saint-Pierre and Miquelon are French-speaking islands in the Atlantic Ocean, south of Newfoundland. Many residents work in the cod-fishing industry.

L'Europe

La principauté d'Andorre

CAPITAL
Andorre-la-Vieille

POPULATION
69,000

FUN FACT
Andorra is a co-principality governed by France's president and a Spanish bishop.

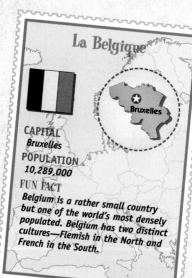

La Belgique

CAPITAL
Bruxelles

POPULATION
10,289,000

FUN FACT
Belgium is a rather small country but one of the world's most densely populated. Belgium has two distinct cultures—Flemish in the North and French in the South.

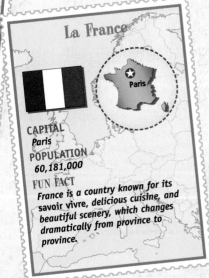

La France

CAPITAL
Paris

POPULATION
60,181,000

FUN FACT
France is a country known for its savoir vivre, delicious cuisine, and beautiful scenery, which changes dramatically from province to province.

Le grand-duché de Luxembourg

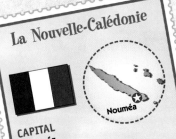

CAPITAL
Luxembourg

POPULATION
454,000

FUN FACT
Luxembourg is smaller than the state of Rhode Island. The native Luxembourgers all speak three languages fluently: Luxembourgish, German, and French.

La principauté de Monaco

Monaco

CAPITAL
Monaco

POPULATION
32,000

FUN FACT
Monaco is one of the world's smallest sovereign states. It is located on a horseshoe-shaped strip of land bathed by the Mediterranean on one side and shielded by alpine peaks on the other.

La Suisse

Berne

CAPITAL
Berne

POPULATION
7,319,000

FUN FACT
The beautiful country of Switzerland is dominated by the Alps. Its population density is among the lowest in Europe. Thus, it has fabulous wide-open spaces.

Vanuatu

Port-Vila

CAPITAL
Port-Vila

POPULATION
199,000

FUN FACT
The republic of Vanuatu is an archipelago in the South Pacific, made up of forty islands of volcanic origin. Some of the volcanoes are still active.

L'Océanie

La Nouvelle-Calédonie

Nouméa

CAPITAL
Nouméa

POPULATION
211,000

FUN FACT
New Caledonia is a French overseas territory in the South Pacific. It is made up of one large island and numerous small, beautiful coral islands.

La Polynésie française

Papeete

CAPITAL
Papeete

POPULATION
262,000

FUN FACT
French Polynesia is a French overseas territory made up of approximately 130 islands. The islands are known for their volcanic mountains, tropical climate, and beautiful bays and coves.

Wallis-et-Futuna

Mata-Utu

CAPITAL
Mata-Utu

POPULATION
16,000

FUN FACT
Wallis-et-Futuna is a French overseas territory in the South Pacific. The mountainous islands of the archipelago are surrounded by coral reefs.

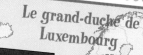

La France

ANGLETERRE

Mer du Nord

PAYS-BAS

BELGIQUE

ALLEMAGNE

Manche

Calais

Lille

Nord-Pas-
de-Calais

LUXEMBOURG

Le Havre

Haute-
Normandie

Amiens

Brest

Caen

Rouen

Picardie

Basse-
Normandie

Seine

Paris

Châlons-
en-Champagne

Metz

Bretagne

Île-de-
France

Marne

Meuse

Lorraine

Rhin

Rennes

Champagne-
Ardenne

Strasbourg

Le Mans

Orléans

Alsace

Pays de la Loire

Loire

Nantes

Centre

Bourgogne

Besançon

Poitiers

Dijon

Franche-
Comté

OCÉAN
ATLANTIQUE

Poitou-
Charentes

Moulins

SUISSE

Limoges

Clermont-
Ferrand

Saône

Limousin

Auvergne

Lyon

Bordeaux

Rhône-Alpes

Grenoble

Garonne

Aquitaine

ITALIE

Biarritz

Midi-Pyrénées

Rhône

Toulouse

Montpellier

Provence-Alpes-
Côte d'Azur

Monaco

Nice

Languedoc-
Roussillon

Marseille

MONACO

ESPAGNE

Corse

Mer Méditerranée

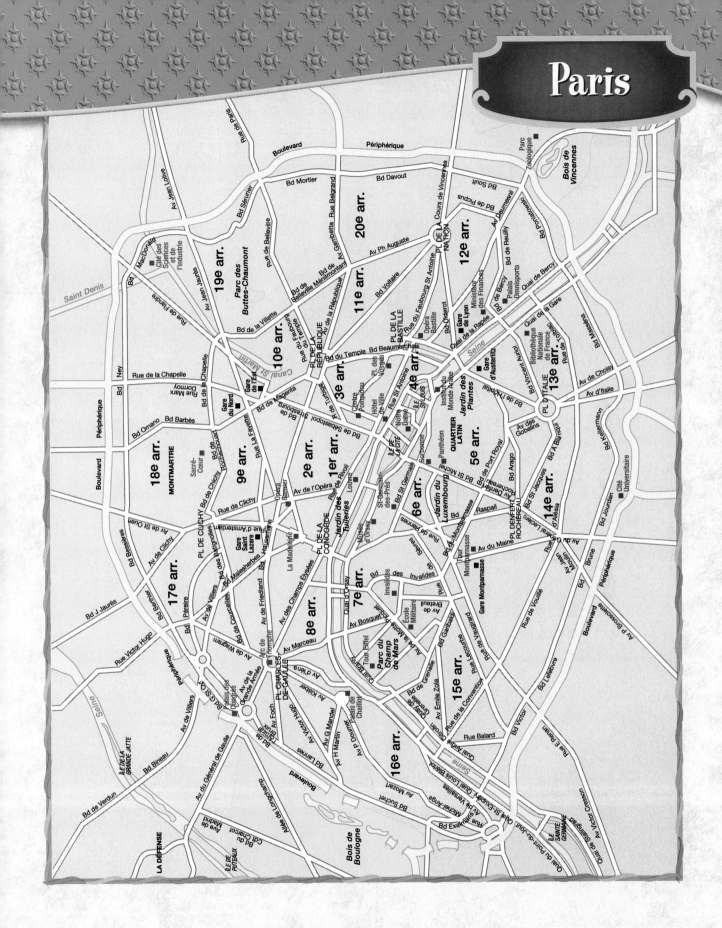

Paris

Le Canada

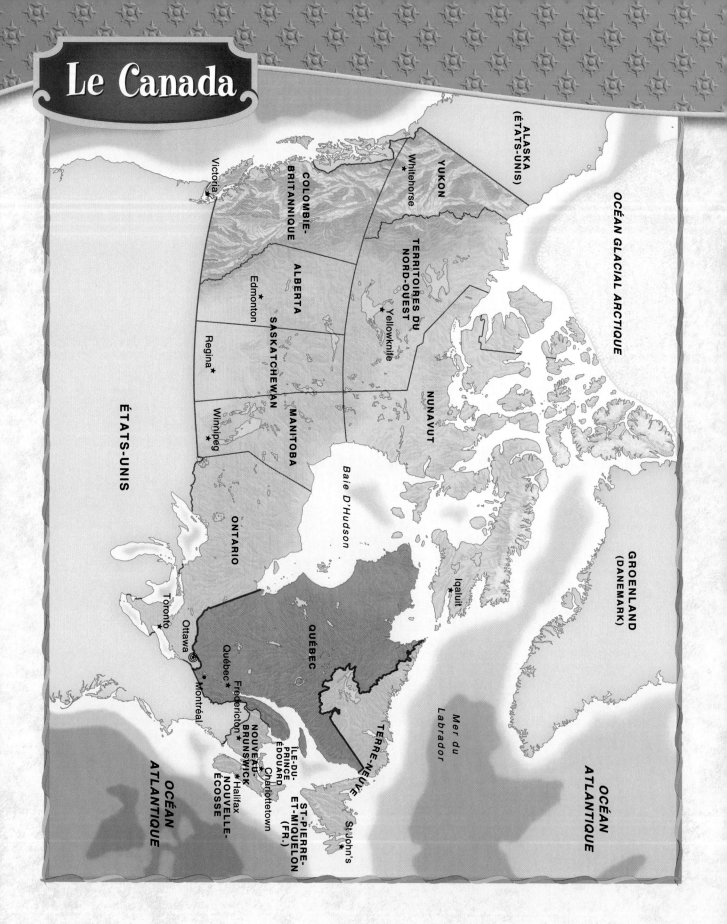

OCÉAN GLACIAL ARCTIQUE

ALASKA (ÉTATS-UNIS)

YUKON
★ Whitehorse

COLOMBIE-BRITANNIQUE
Victoria

TERRITOIRES DU NORD-OUEST
★ Yellowknife

ALBERTA
Edmonton ★

SASKATCHEWAN
Regina ★

MANITOBA
Winnipeg ★

NUNAVUT

ÉTATS-UNIS

Baie D'Hudson

ONTARIO

Iqaluit ★

Toronto ★
Ottawa
Montréal ★
Québec ★

QUÉBEC

GROENLAND (DANEMARK)

Mer du Labrador

TERRE-NEUVE

St-John's ★

Fredericton ★
NOUVEAU-BRUNSWICK
ÎLE-DU-PRINCE-ÉDOUARD
Charlottetown ★
Halifax ★
NOUVELLE-ÉCOSSE

ST-PIERRE-ET-MIQUELON (FR.)

OCÉAN ATLANTIQUE

OCÉAN ATLANTIQUE

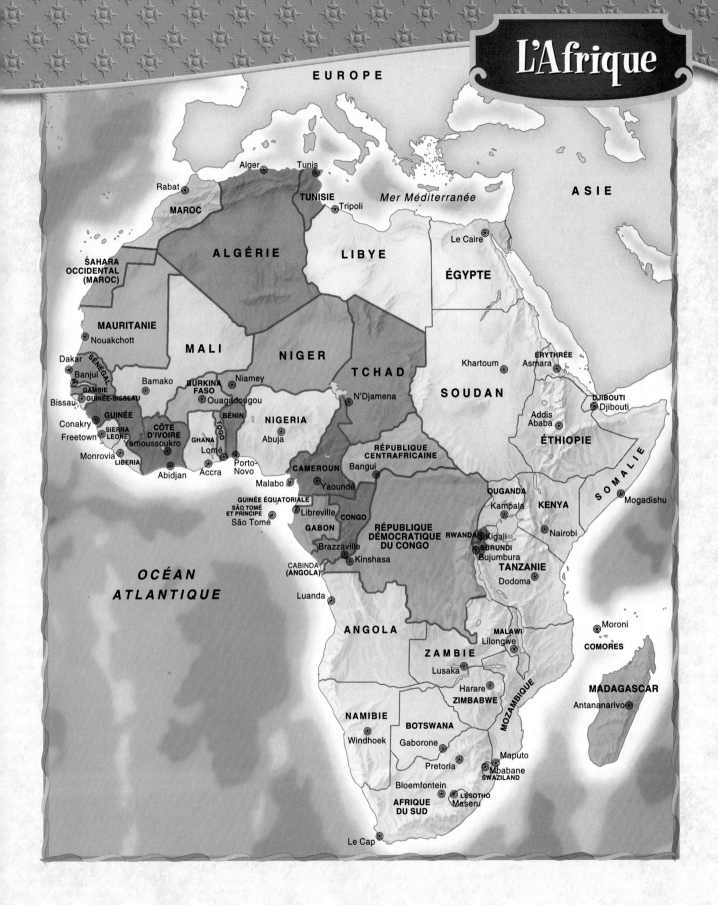

L'Afrique

EUROPE

ASIE

Mer Méditerranée

Rabat ⊛
Alger ⊛   Tunis ⊛
TUNISIE
MAROC   ⊛ Tripoli

Le Caire ⊛

SAHARA
OCCIDENTAL
(MAROC)   **ALGÉRIE**   **LIBYE**

ÉGYPTE

MAURITANIE
Nouakchott ⊛
Dakar ⊛   **MALI**   **NIGER**
SÉNÉGAL   Khartoum ⊛   **ÉRYTHRÉE**
Banjul ⊛   Bamako ⊛   Niamey ⊛   **TCHAD**   Asmara ⊛
GAMBIE   **BURKINA**   **SOUDAN**   **DJIBOUTI**
Bissau ⊛   **FASO**   N'Djamena ⊛   Djibouti ⊛
GUINÉE-BISSEAU   Ouagadougou ⊛
GUINÉE   **BÉNIN**   **NIGERIA**   Addis
Conakry ⊛   **CÔTE**   Abuja ⊛   **RÉPUBLIQUE**   Ababa ⊛   **ÉTHIOPIE**
Freetown ⊛   **D'IVOIRE**   **CENTRAFRICAINE**
SIERRA   **GHANA**   Lomé ⊛   **CAMEROUN**   Bangui ⊛
LEONE   Yamoussoukro ⊛   Porto-   Yaoundé ⊛
Monrovia ⊛   Accra ⊛   Novo   **GUINÉE ÉQUATORIALE**   **OUGANDA**   **SOMALIE**
LIBERIA   Abidjan ⊛   Malabo ⊛   **SÃO TOMÉ**   Kampala ⊛   **KENYA**
                                        ET PRÍNCIPE   Libreville ⊛   **CONGO**   Mogadishu ⊛
                              São Tomé ⊛   **GABON**   **RÉPUBLIQUE**   Nairobi ⊛
                                                  DÉMOCRATIQUE   **RWANDA** ⊛ Kigali
                                        Brazzaville ⊛   **DU CONGO**   **BURUNDI**
                                        ⊛ Kinshasa   Bujumbura ⊛
                              CABINDA   **TANZANIE**
                              (ANGOLA)   Dodoma ⊛

OCÉAN
ATLANTIQUE   Luanda ⊛

                                                                                        Moroni ⊛
                                        ANGOLA   **MALAWI**
                                                            Lilongwe ⊛   **COMORES**
                                        ZAMBIE
                                        Lusaka ⊛   **MADAGASCAR**
                                                            Harare ⊛   Antananarivo ⊛
                                                            ZIMBABWE
                              NAMIBIE
                                        BOTSWANA
                              Windhoek ⊛
                                        Gaborone ⊛   Maputo ⊛
                                        Pretoria ⊛   Mbabane ⊛
                                                            SWAZILAND
                                        Bloemfontein ⊛
                                        AFRIQUE   **LESOTHO**
                                        DU SUD   Maseru ⊛

Le Cap ⊛

L'alphabet français

a *a*mis

b *b*ébé

c *c*irque

d *d*eux

e *l*eçon

f *f*enêtre

g *g*iraffe

h *h*uit

i *i*gloo

j *j*eu

k *k*ilo

l *l*ivre

m *m*aison

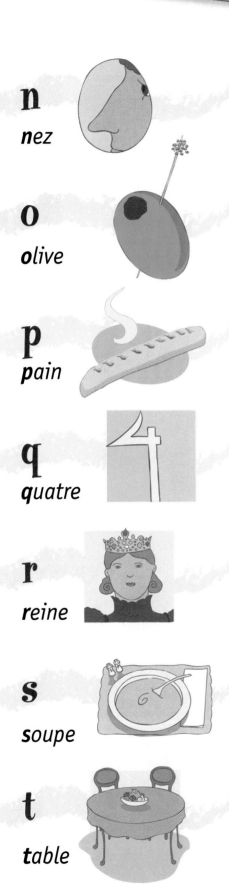

n *n*ez

o *o*live

p *p*ain

q *q*uatre

r *r*eine

s *s*oupe

t *t*able

u *u*nivers

v *v*iolette

w *w*agon

x e*x*tra

y *y*eux

z *z*èbre

Les copains et l'école

Vocabulaire

Voilà Sandrine.
Sandrine est française. Elle n'est pas américaine.
Elle est très intelligente.
Elle est élève au lycée Louis-le-Grand à Paris.
Elle va au lycée Louis-le-Grand.

Aurélien et Sandrine sont copains.
Ils vont tous les deux au même lycée.
Aurélien et Sandrine sont très amusants.

Historiette Une fille française Inventez des réponses.

1. Caroline est française?
2. Elle est de Paris, la capitale de la France?
3. Elle est élève au lycée Louis-le-Grand?
4. Elle va au lycée Louis-le-Grand?
5. Caroline est intelligente?
6. Les copains de Caroline sont intelligents aussi?
7. Ils sont amusants?
8. Ils vont tous au même lycée?

Des copains au lycée

Historiette Guillaume

Répondez d'après les indications.

1. Guillaume est de quelle nationalité? (américain)
2. Il est d'où? (de New York)
3. Qui est élève? (Guillaume)
4. Il est élève où? (dans une école secondaire à New York)
5. Il va à l'école à quelle heure le matin?
   (à sept heures et demie)
6. Comment est Guillaume?
   (intelligent et amusant)

Conversation

De bons copains

Marc: Salut!

Léa: Salut!

Marc: Tu es une amie de Carole Bertrand, non?

Léa: Oui, je suis une amie de Carole.

Marc: Je m'appelle Marc. Marc Legrand. Et toi?

Léa: Je m'appelle Léa. Léa David.

Marc: Tu es d'où?

Léa: De Rouen. Et toi, tu es de Versailles?

Marc: Oui, moi je suis d'ici comme Carole. Carole et moi, nous sommes bons copains aussi.

Vous avez compris?

Répondez.

1. Léa est une amie de qui?
2. Marc aussi est un ami de Carole?
3. Léa est d'où?
4. Et Marc et Carole, ils sont d'où?

Structure

L'accord des adjectifs

1. Adjectives must agree with the noun they describe or modify.
Review the following.

	Féminin	Masculin
Singulier	une fille intelligente une amie timide	un garçon intelligent un ami timide
Pluriel	des filles intelligentes des amies timides	des garçons intelligents des amis timides

2. Note that adjectives such as **intelligent** that end in a consonant in
the masculine form, change pronunciation in the feminine and
have four written forms. Adjectives that end in **e,** such as **timide,**
do not change pronunciation and have only two written forms.

Julie Latour

3 **Julie** Décrivez Julie.

4 **Les copains** Décrivez les copains.

Les copains

Les verbes être et aller

1. Review the forms of the verbs **être** *(to be)* and **aller** *(to go)*.

ÊTRE	
je suis	nous sommes
tu es	vous ₂êtes
il/elle/on ₙest	ils/elles sont

ALLER	
je vais	nous ₂allons
tu vas	vous ₂allez
il/elle/on va	ils/elles vont

2. To make a sentence negative, you put **ne (n')... pas** around the verb.

Je suis française.   **Je ne suis pas américaine.**
Fabien est amusant.   **Il n'est pas timide.**

5 **Paul est de Montréal.** Répétez la conversation.

Maude: Bonjour Paul, ça va?
Paul: Ça va. Et toi?
Maude: Ça va... Paul, tu es américain, non?
Paul: Non, je suis canadien.
Maude: Ah oui, tu es d'où?
Paul: De Montréal.
Maude: Et tu vas à l'université à Montréal?
Paul: Non, je suis toujours à l'école
secondaire.

6 **Historiette** **Américain ou canadien?**
Répondez d'après la conversation.

1. Paul est américain?
2. Il est de quelle nationalité?
3. Il est de quelle ville?
4. Il va à l'université?

Un lycée à Montréal

7 **Moi!** Donnez des réponses personnelles.

1. Tu t'appelles comment?
2. Tu es d'où?
3. Tu es de quelle nationalité?
4. Tu vas à quelle école?
5. Tu vas à l'école avec des copains?
6. Tes copains et toi, vous allez à l'école à pied ou en car scolaire?
7. Où est votre école?
8. Comment sont les professeurs?

Des copains à Pointe-à-Pitre

8 **Historiette** **Au restaurant**
Complétez en utilisant le verbe **être** ou **aller.**

1. C'_____ un petit restaurant. Il _____ vraiment bon.
2. Les serveurs _____ vietnamiens.
3. La cuisine vietnamienne _____ délicieuse.
4. Les copains de Mélanie _____ au restaurant.
5. Qui _____ demander l'addition au restaurant?
6. Qui _____ payer?
7. Vous _____ laisser un pourboire?

Un restaurant vietnamien à Paris

LES COPAINS ET L'ÉCOLE

Les contractions

1. The preposition **à** can mean "in," "to," or "at." Remember that **à** contracts with the articles **le** and **les** to form **au** and **aux**.

à + la	= à la	Je parle à la fille.
à + l'	= à l'	Je parle à l'élève.
à + le	= au	Je parle au professeur.
à + les	= aux	Je parle aux élèves.

2. The preposition **de** can mean "of" or "from." **De** is also a part of longer prepositions such as **près de** and **loin de**. **De** contracts with **le** and **les** to form **du** and **des**.

de + la	= de la	Il habite près de la station de métro.
de + l'	= de l'	Il habite loin de l'université.
de + le	= du	Il habite près du collège.
de + les	= des	Il habite loin des magasins.

Le prof parle à un élève.

Une classe au lycée Janson de Sailly à Paris

 9 **On y va ou on n'y va pas?**
Complétez.

Aujourd'hui on ne va pas __1__ parc; on ne va pas __2__ restaurant; on ne va pas __3__ maison; on ne va pas __4__ pâtisserie. Où est-ce qu'on va alors? On va __5__ école. On va __6__ cours de français. On va parler __7__ professeur et __8__ élèves.

10 **Tu habites où?** Donnez des réponses personnelles.

1. Tu habites près ou loin de l'école?
2. Tu vas à l'école à quelle heure?
3. Tu habites près ou loin des magasins?
4. Tu vas souvent aux magasins?
5. Tu es un copain ou une copine du frère de Nathalie?
6. Tu habites près du magasin des parents de Nathalie?

La Martinique

11 **À la Martinique** You are spending your spring vacation with a family in Martinique. Tell your "brother" or your "sister" (your partner) all you can about your French class and your French teacher. Answer any questions your partner asks. Then reverse roles.

12 **Les cours** You are speaking with an exchange student from France (your partner). You want to know all about his or her school, class schedule, and classes. Ask him or her all about school life in France.

Nom: BRILLIÉ		LUNDI	MARDI	MERCREDI	JEUDI	VENDREDI
Prénom: Claire	8h - 8h 30					
	8h 30 - 9h 30	HIST/GÉO	SC. NAT	MATH	PHYSIQUE	MATH/DESSIN
Classe: 4e2	9h 30 - 10h 30	MATH	ALLEMAND	ED. CIVIQUE	ANGLAIS	HIST/GÉO
Ext. 1/2 P	10h 30 - 11h 30	TECHNO	ANGLAIS			
	11h 30 - 12h 30				MUSIQUE	
	12h 30 - 13h		LATIN	EPS/DESSIN	ALLEMAND	E.P.S.

	13h 30 - 14h					
	14h - 15h	FRANÇAIS	HIST/GÉO	4 er semaine! 2e		
	15h - 16h	ALLEMAND	FRANÇAIS		FRANÇAIS	LATIN
	16h - 17h	ANGLAIS			LATIN	
	17h - 18h				FRANÇAIS	

Signature:　　　père　　　　　　　mère　　　　　　Visa de la Direction

Révision

B

La famille

Vocabulaire

La famille Grandet a une jolie maison.

une salle de bains   les toilettes   une cuisine   une salle à manger

une chambre à coucher

une salle de séjour

La maison a cinq pièces.

Les Grandet ont un chien.
Leur chien est adorable.
Il est très jeune. Il a six mois.
Il joue toujours dans le jardin.

C'est l'anniversaire de Jennifer.
Elle donne une fête.
Ses copines ont des cadeaux pour elle.

1 Historiette La famille Aragon

Inventez une histoire.

Un dîner en famille

1. La famille Aragon est une grande famille?
2. M. et Mme Aragon ont combien d'enfants?
3. Ils ont une maison ou un appartement?
4. Ils habitent en ville ou en banlieue?
5. Leur maison ou leur appartement a combien de pièces sans compter la cuisine et la salle de bains?
6. Qui prépare le dîner?
7. Les Aragon dînent dans la salle à manger ou dans la cuisine?
8. Après le dîner, ils regardent la télévision? Dans quelle pièce?
9. Qui parle très souvent au téléphone?
10. Qui fait bien ses devoirs? Qui ne fait pas ses devoirs?

2 Qu'est-ce qu'on fait? Choisissez.

1. On _____ la télé dans la salle de séjour.
   a. regarde   b. donne   c. prépare
2. On _____ au téléphone.
   a. paie   b. joue   c. parle
3. On _____ à la cantine.
   a. joue   b. déjeune   c. étudie
4. On _____ un cahier dans une papeterie.
   a. coûte   b. achète   c. travaille
5. On _____ l'école à trois heures.
   a. arrive   b. rentre   c. quitte
6. On _____ après les cours.
   a. travaille   b. déjeune   c. demande

Conversation

Le cours d'espagnol

Carl: Salut!

Hugo: Salut!

Carl: Tu fais de l'espagnol, non?

Hugo: Oui, je fais de l'espagnol.

Carl: Tu as qui comme prof?

Hugo: Mme Lesage.

Carl: Moi aussi. Elle est sympa, hein!

Hugo: Oui, je suis d'accord, elle est très sympa.

Carl: Justement j'ai cours avec elle aujourd'hui.

Hugo: Et moi, demain.

Vous avez compris?

Répondez.

1. Qui parle?
2. Qui fait de l'espagnol?
3. Comment s'appelle le professeur d'espagnol de Hugo?
4. Comment s'appelle le professeur d'espagnol de Carl?
5. D'après les deux garçons, comment est Mme Lesage?
6. Qui a cours avec elle aujourd'hui?
7. Qui a cours avec elle demain?

Structure

Les verbes réguliers en -er

The infinitive of many regular French verbs ends in **-er**. Review the present tense forms of regular **-er** verbs.

PARLER		AIMER	
je parle	nous parlons	j' aime	nous‿aimons
tu parles	vous parlez	tu aimes	vous‿aimez
il/elle/on parle	ils/elles parlent	il/elle/on‿aime	ils‿/elles‿aiment

 Moi! Donnez des réponses personnelles.

1. Tu habites dans quelle ville?
2. Tu habites dans une petite ou une grande ville?
3. Tu arrives à l'école à quelle heure le matin?
4. Tu parles à tes copains?
5. Tes copains et toi, vous étudiez le français?
6. Vous aimez le cours de français?

Saint-Paul-de-Vence en Provence

4 **Historiette** **On dîne au restaurant.** Complétez.

1. Ce soir, Juliette ne _____ pas le dîner. (préparer)
2. Elle _____ à sa copine. (téléphoner)
3. Elle _____ sa copine au restaurant. (inviter)
4. Elles _____ dans un restaurant italien. (aller)
5. Les deux amies _____ au restaurant à sept heures. (arriver)
6. Le serveur _____ à leur table. (arriver)
7. Les deux amies _____ une pizza. (commander)
8. Juliette _____ l'addition. (demander)
9. Tu _____ la pizza? (aimer)
10. Quand tes copains et toi, vous _____ dans un restaurant italien, qu'est-ce que vous _____? (aller, commander)

5 **Historiette** **Une fête** Donnez des réponses personnelles.

1. Tu aimes donner des fêtes?
2. Tu donnes des fêtes?
3. Tu invites qui?
4. Tu téléphones à tes copains?
5. Ils acceptent toujours ton invitation?
6. Quel soir est-ce que tu donnes une fête?
7. Tes amis arrivent à quelle heure?

C'est l'anniversaire de Julie.

Le partitif

1. In French, you use the definite article when talking about something in a general sense.

   Le chocolat, c'est très bon.
   J'aime les fruits.

2. However, when you refer to only a part or a certain quantity of an item, the partitive construction is used. The partitive is expressed in French by **de** + the definite article.

de + le = du	Je voudrais du pain.
de + la = de la	Je voudrais de la viande.
de + l' = de l'	Je voudrais de l'eau.
de + les = des	Je voudrais des pommes.

3. When a partitive follows a negative word, all forms change to **de.**

Je voudrais	du pain. de la viande. de l'eau. des pommes.	Je ne veux pas	de pain. de viande. d'eau. de pommes.

6 **Le dîner en famille** Répondez.

1. Tu dînes toujours en famille?
2. Tu manges souvent des légumes au dîner?
3. Tu aimes les légumes?
4. Tu manges aussi de la viande?
5. Tu manges du bœuf ou du porc?
6. Tu préfères le bœuf ou le porc?
7. Tu aimes boire de l'eau au dîner?
8. Après le dîner, tu aimes boire du café?

Un coq au vin, de la soupe à l'oignon et une tarte à l'orange

7 **Ils vont où?** Complétez.

1. Adrien et son frère n'ont pas _____ classeurs. Ils vont à la papeterie pour acheter _____ classeurs.
2. C'est l'anniversaire de Cédric. Tout le monde a _____ cadeaux pour Cédric. Cédric, il veut _____ argent!
3. Il n'y a pas _____ viande dans le frigo. Madame Delon va à la boucherie où elle achète _____ bœuf et _____ poulet. Tout le monde aime beaucoup _____ bœuf.

Les verbes avoir et faire

1. Review the forms of the irregular verbs **avoir** *(to have)* and
faire *(to do, to make).*

AVOIR			FAIRE		
j' ai	nous_z avons		je fais	nous faisons	
tu as	vous_z avez		tu fais	vous faites	
il/elle/on_n a	ils_z/elles_z ont		il/elle/on fait	ils/elles font	

2. You use the verb **avoir** to express age.

—**Tu as quel âge?**
—**Moi? J'ai quatorze ans.**

3. The verb faire is used in many expressions such as:
**faire du français, faire la cuisine, faire de la gymnastique,
faire les courses.**

> **Rappelez-vous que...**
>
> In negative sentences, **un,
> une, du, de la,** and **des**
> change to **de (d').**
> **J'ai un frère.**
> **Je n'ai pas de sœur.**
> **Elle fait du sport.**
> **Elle ne fait pas de danse.**
> **Tu as des cahiers.**
> **Tu n'as pas de classeurs.**

8 **Historiette** **Les Pelleray** Complétez en utilisant
le verbe **avoir.**

1. La famille Pelleray _____ un appartement à Paris.
2. L'appartement des Pelleray _____ cinq pièces.
3. M. et Mme Pelleray _____ deux enfants.
4. Jean-Claude _____ quatorze ans et Catherine _____ seize ans.
5. Les Pelleray _____ un chien.
6. Vous _____ un chien?
7. Non, nous n'_____ pas de chien, mais nous _____ un chat.

Un quartier résidentiel à Paris

9 **Moi!** Donnez des réponses personnelles.

1. Tu as une grande famille?
2. Tu as combien de frères?
3. Tu as combien de sœurs?
4. Ta famille et toi, vous avez un chat ou un chien?
5. Tu as une voiture?

10 **Qu'est-ce qu'on fait?** Complétez en utilisant le verbe **faire**.

1. Tes copains et toi, vous _____ souvent de la cuisine?
2. Qui _____ du latin? Ta sœur ou ton frère?
3. Qu'est-ce qu'ils _____, tes parents? Ils travaillent où?
4. Madame Morin _____ ses courses le matin?
5. Tu _____ de la gymnastique?
6. Moi? Non. Je ne _____ pas de gymnastique.

11 **Quand?** Work with a classmate. He or she will suggest an activity. You will tell where and when your friends typically take part in this activity.

12 **Des appartements** Work with a classmate. Look at these plans of apartments. A different family lives in each one. Give each family a name. Then say as much about each family as you can. Don't forget to describe their apartment. Be as original as possible.

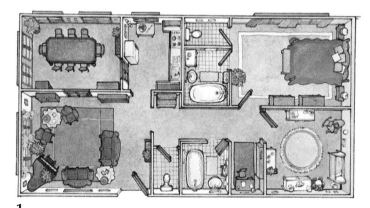

1.

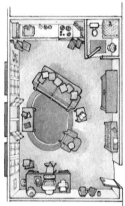

2.

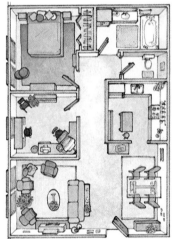

3.

13 **Au café** Work in groups of three or four. You are all friends from school. Since two of you are exchange students from Quebec, you speak French together. After school you go to a café where you talk about lots of things—school, teachers, friends, home, family. Have a conversation together.

Révision
C
Les courses

ROYAUME DU MAROC

AIR MAIL
PAR AVION

PRIORITAIRE

Miss Melissa Kingston
7 Elm Street
Ardsley-on-Hudson, NY 10533
États-Unis d'Amérique

bouche
Gouëllo
charcuterie

La Chouannière

R21

Vocabulaire

La nourriture

des fruits

des légumes

de la viande

des poissons

un jambon

Luc fait les courses.
Il veut acheter une baguette.
Il va à la boulangerie.

Chloé est à l'épicerie.
Elle va acheter une bouteille d'eau minérale.
Elle veut aussi six tranches de jambon.
Chloé va faire un pique-nique.

Les vêtements

Vous faites quelle taille?

Je fais du 39.

la manche

une chemise

Romain est au rayon des vêtements pour hommes.
Il veut acheter une chemise à manches longues.

la caisse

Madame Leclerc paie à la caisse.

1 Des aliments Identifiez.

 1.　　 2.　　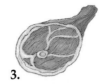 3.　　 4.

 5.　　 6.　　 7.　　 8.

2 Un fruit, un légume ou de la viande?
Identifiez.

1. du bœuf
2. une orange
3. des haricots verts
4. des épinards
5. du porc
6. une pomme

3 Historiette Au grand magasin
Inventez une histoire.

1. Paul veut acheter des vêtements?
2. Il va aux Galeries Lafayette?
3. Il est au rayon des vêtements pour hommes?
4. Il va acheter une chemise?
5. Il veut une chemise à manches longues ou à manches courtes?
6. Il fait quelle taille?
7. Il achète une chemise?
8. Il paie où?

Les Galeries Lafayette à Paris

4 Sport ou habillé? Identifiez.

1. des baskets
2. un complet
3. un chemisier
4. un survêtement
5. une jupe plissée
6. une cravate
7. un polo à manches courtes
8. un anorak

Conversation

Un achat

Vendeuse: Bonjour, mademoiselle. Vous voulez voir quelque chose?

Christine: Bonjour. Oui, je voudrais un jean, s'il vous plaît.

Vendeuse: Vous faites quelle taille?

Christine: Du 36.
(Christine essaie le jean.)

Vendeuse: Ça va, la taille?

Christine: Je crois que c'est un peu petit.

Vendeuse: Vous voulez essayer la taille au-dessus?

Christine: Oui, s'il vous plaît.

Vous avez compris?

Répondez.

1. Christine est où?
2. Elle parle à qui?
3. Qu'est-ce qu'elle veut acheter?
4. Elle fait quelle taille?
5. Le jean est un peu petit?
6. Christine veut la taille au-dessus?

Structure

Les verbes vouloir et pouvoir

Review the verbs **vouloir** *(to want)* and **pouvoir** *(to be able).*

VOULOIR				POUVOIR		
je	veux	nous	voulons	je	peux	nous	pouvons
tu	veux	vous	voulez	tu	peux	vous	pouvez
il/elle/on	veut	ils/elles	veulent	il/elle/on	peut	ils/elles	peuvent

Un petit restaurant à Paris

5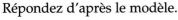

Je veux bien, mais je ne peux pas.
Répondez d'après le modèle.

—**Tu veux aller au restaurant?**
—**Je veux bien. Quand?**
—**Vendredi soir.**
—**Ah non, je ne peux pas.**

1. Tu veux aller au café?
2. Tu veux dîner avec Caroline?
3. Tu veux travailler avec moi?
4. Ta sœur veut faire des courses avec nous?
5. Et vous deux, vous voulez aller au cinéma avec nous?

6

Qui peut préparer le dîner? Complétez.

Marie: Je voudrais bien faire le dîner ce soir, mais vraiment, je ne __1__ (pouvoir) pas.

Julien: Tu ne __2__ (pouvoir) pas? Pourquoi?

Marie: Je __3__ (être) très fatiguée! Je __4__ (être) vraiment crevée.

Julien: On __5__ (pouvoir) aller au restaurant, si tu __6__ (vouloir).

Marie: Oh, je ne __7__ (vouloir) pas aller au restaurant ce soir.

Julien: On __8__ (pouvoir) faire des sandwichs.

Marie: Oui, ou… toi, tu __9__ (pouvoir) faire le dîner.

Julien: Je __10__ (vouloir) bien, mais ce n'__11__ (être) pas une très bonne idée.

Marie: Pourquoi?

Julien: Parce que je __12__ (faire) très mal la cuisine!

L'infinitif

1. The infinitive form of the verb often follows verbs such as **aimer, détester, vouloir,** and **pouvoir.**

> **J'aime faire les courses mais je déteste faire la cuisine.**
> **Il veut dîner mais il ne peut pas aller au restaurant ce soir.**

2. You can use the infinitive after the verb **aller** to tell what you or others are going to do in the near future.

> **Je vais donner une fête samedi soir.**

Le magasin Paramètre à Paris

7 **Historiette** **Au magasin** Répondez.

1. Tu vas aller au magasin Paramètre?
2. Tu veux acheter un cadeau?
3. Tu vas donner le cadeau à ta mère?
4. Tu aimes acheter des cadeaux pour ta mère?
5. Tu vas avoir assez d'argent pour payer?

 # Le verbe prendre

1. Review the forms of the verb **prendre** *(to take).*

PRENDRE			
je	prends	nous	prenons
tu	prends	vous	prenez
il/elle/on	prend	ils/elles	prennent

2. Remember that the verbs **apprendre** *(to learn)* and **comprendre** *(to understand)* are conjugated the same way as **prendre.**

> **On apprend le français à l'école.**
> **Je comprends bien le français.**

8 **Au pluriel** Mettez au pluriel.

1. *Je prends* le car scolaire pour aller à l'école.
2. *Je prends* l'ascenseur pour monter au 6ᵉ étage.
3. *Tu prends* le bus ou le métro pour aller en ville?
4. *Tu prends* beaucoup de notes en classe?
5. *L'élève apprend* beaucoup de choses.
6. *Elle comprend* le professeur.

Un marché à Saint-Rémy-de-Provence

9 **Ce que je prends** Donnez des réponses personnelles.

1. Qu'est-ce que tu prends quand tu as soif?
2. Qu'est-ce que tu prends quand tu as faim?

10 **Qu'est-ce qu'on veut acheter?**
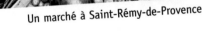 You and your friend are in an open-air market in France. Make a list of the items you want to buy. Take turns being the vendor and the customer as you shop for the items on your list.

11 **Qu'est-ce qu'on va manger?** Work with a classmate. Prepare a menu in French for tomorrow's meals—**le petit déjeuner, le déjeuner et le dîner**. Based on your menus, prepare a shopping list. Be sure to include the quantities you need.

12 **C'est qui?** Work with a classmate. One of you describes what someone in the class is wearing and the other has to guess who it is. Take turns.

CHAPITRE 8

L'aéroport et l'avion

Objectifs

In this chapter you will learn to:

✓ check in for a flight

✓ talk about some services aboard the plane

✓ talk about more activities

✓ ask more questions

✓ talk about people and things as a group

✓ discuss air travel in France

René Magritte *La grande famille*

Vocabulaire

À l'aéroport 🎧

le hall de l'aérogare

un agent

le comptoir de la compagnie aérienne

une passagère

un bagage à main

Maintenant Justine est dans le hall de l'aéroport.
Elle fait enregistrer ses bagages.
L'agent vérifie son billet.

Justine choisit une place dans l'avion.
Elle demande une place côté couloir.

une valise

les arrivées

le numéro du vol

un écran

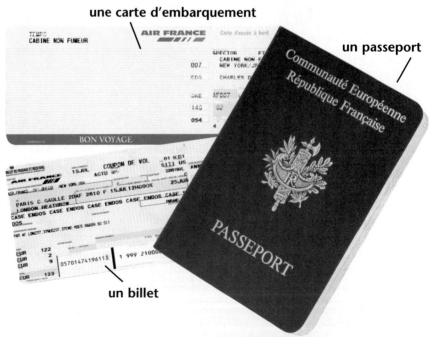

une carte d'embarquement

un passeport

un billet

L'avion a du retard.
L'avion n'est pas à l'heure.

la porte d'embarquement

F32

le départ

passer par le contrôle de sécurité

L'avion part de la porte 32.

L'avion atterrit.

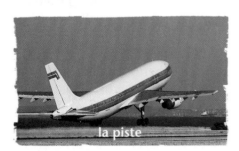

la piste

L'avion décolle.

Justine aime voyager.
Elle fait un voyage à Montréal.
Avant le voyage elle fait sa valise.

un vol à destination de Paris = un vol qui va à Paris
un vol en provenance de Lyon = un vol qui arrive de Lyon
un vol intérieur = un vol entre deux villes du même pays (Paris–Lyon)
un vol international = un vol entre deux villes de pays différents (Paris–Rome)

Quel est le mot?

1 Historiette Un voyage à Genève

Inventez une histoire.

1. Laurence aime voyager?
2. Elle fait un voyage à Genève?
3. Elle fait ses valises avant de partir pour l'aéroport?
4. Elle est au comptoir de la compagnie aérienne?
5. L'agent vérifie son billet et son passeport?
6. Laurence a beaucoup de bagages à main?
7. Elle fait enregistrer ses bagages?
8. Elle choisit une place dans l'avion?
9. Elle veut une place côté couloir ou côté fenêtre?
10. Elle a sa carte d'embarquement?
11. Elle va à la porte d'embarquement?

Laurence part pour Genève.

2 Historiette À l'aéroport

Répondez d'après les indications.

1. Les passagers sont où? (à l'aérogare 2)
2. Leur avion part à quelle heure? (à onze heures trente)
3. Il part de quelle porte? (trente-deux)
4. Qu'est-ce que les passagers regardent pour vérifier la porte et l'heure du départ? (l'écran)
5. Leur avion va partir à l'heure ou va avoir du retard? (va partir à l'heure)
6. Les passagers vont passer par où? (le contrôle de sécurité)
7. Qu'est-ce qu'on annonce? (le départ du vol)
8. Les passagers vont d'Abidjan à Dakar. Ils prennent un vol intérieur? (non, international)
9. L'avion est sur la piste? (oui)
10. Il va décoller ou atterrir? (décoller)
11. L'avion va atterrir à Paris? (non, à Dakar)
12. C'est un vol à destination ou en provenance de Dakar? (à destination)

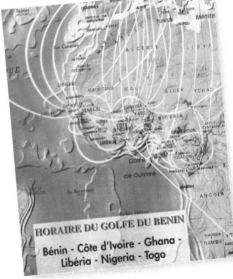

HORAIRE DU GOLFE DU BÉNIN

Bénin - Côte d'Ivoire - Ghana -
Libéria - Nigeria - Togo

3 **À l'aéroport** Work with a classmate. You're checking in at the airport for your flight to Fort-de-France in Martinique. Have a conversation with the airline agent (your partner) at the ticket counter.

Aéroport Charles-de-Gaulle, Roissy

4 **Un vol** Work with a classmate. Look at the illustration. You are a passenger on this flight. Tell as much as you can about your experience at the airport.

 For more practice using words from Mots 1, do Activity 24 on page H25 at the end of this book.

Vocabulaire

Mots 2

À bord 🎧

un pilote

Le personnel de bord:
  le pilote
  le steward
  l'hôtesse de l'air

C'est un vol non-fumeurs.

la cabine

un coffre à bagages

un siège

un steward

sous le siège

Il faut mettre vos bagages sous le siège devant vous ou dans le coffre à bagages.

une ceinture de sécurité

Il faut attacher votre ceinture de sécurité.

une hôtesse de l'air

L'hôtesse de l'air fait une annonce.

Le steward sert des boissons à bord.
On sert un repas.

Vous ne finissez pas votre repas?

Non, merci. Je n'ai plus faim.

On ramasse les plateaux.

Un passager sort ses bagages du coffre à bagages.
Une passagère dort.
Une autre remplit sa carte de débarquement.

Vocabulaire

Quel est le mot?

5 **Historiette** **À bord de l'avion**
Inventez une histoire.

1. Les passagers sont à bord?
2. Le personnel de bord fait des annonces?
3. Il faut attacher sa ceinture de sécurité avant le décollage?
4. Il faut mettre ses bagages à main sous le siège?
5. On peut mettre des bagages dans le coffre à bagages?
6. Après le décollage, on sert le dîner?
7. Qui sert le dîner, le steward ou le pilote?
8. On peut fumer pendant le vol?

LES BAGAGES EN CABINE

Prenez quelques instants
pour lire
cette information

Pour des raisons de **sécurité et de confort**, Air France vous demande de limiter le nombre et le volume des bagages que vous emporterez avec vous en cabine.

Ces bagages doivent être placés dans les coffres au-dessus de vous ou sous les sièges devant vous.

L'avion décolle.

6 **Antonymes** Trouvez le contraire.

1. atterrir	a. mettre
2. l'embarquement	b. à destination de
3. une hôtesse de l'air	c. l'atterrissage
4. en provenance de	d. le débarquement
5. un vol intérieur	e. un steward
6. embarquer	f. un vol international
7. l'arrivée	g. décoller
8. sortir	h. débarquer
9. le décollage	i. le départ

7 **À bord** Vrai ou faux?

1. Il faut passer par le contrôle de sécurité avant le vol.
2. On peut laisser ses bagages à main dans le couloir pendant le vol.
3. Il faut attacher sa ceinture de sécurité avant le décollage et l'atterrissage.
4. Il faut faire ses valises après le vol.
5. L'hôtesse de l'air ou le steward ramasse les plateaux après le repas.
6. Le pilote sert un repas et des boissons pendant le vol.
7. L'hôtesse de l'air fait une annonce.
8. Le steward dort pendant le vol.
9. Il faut remplir sa carte de débarquement.

 8

Une carte d'embarquement
This is a boarding card for a flight you are about to take. Tell a classmate (your partner) all you can about your flight based on the information on the card.

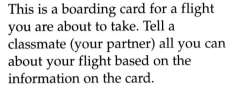

CARTE D'ACCES A BORD
AIR FRANCE ///
NOM DU PASSAGER

DE
PARIS/C GAULLE 2 B
A
BORDEAUX

VOL	CLASSE	DATE	DEPART
IT6117	Y	01OCT	08H55

EMBARQUEMENT
24	08H30		SIEGE
PORTE	HEURE		X NO
NB	POIDS		

HUMMEL 8/160/01 PE   008

 9

Arrivées Work with a classmate. Look at this arrival screen at Charles-de-Gaulle airport. Give as much information about the flights as you can, then ask each other questions about them.

Aérogare **2** Ici hall **A** / Here hall **A**   **Arrivées**   **Arrivals**
Terminal

Horaire Time	Provenance From	N° vol Flight	Observations Remarks
0610	DAKAR LISBONNE	RK 304	RETARDE
0620	POINTE NOIR COTONOU	RK 232	PREVU A 1545
1055	NEW YORK	AA 120	PREVU A 1045
1105	PTE A PITRE	AF 3531	HALL C
1125	LOS ANGELES	AF 065	PREVU A 1135
		DL 8257	
1135	FORT:DE:FCE	AF 3453	PREVU A 1055
1145	LE CAIRE	AF 503	PREVU A 1145

Horaire Time	Provenance From	N° vol Flight	Observations Remarks
1255	NANCHESTER	CX 260	PREVU A
1455	LOS ANGELES	AA 140	
1705	SHANGHAI	AF 111	PREVU
1730	TEYCHELLES	HM 008	PREVU
-		AF 3863	
1745	NEW YORK	AF 001	PREVU
1840	SEOUL	KE 901	PREV

AIR FRANCE ///

Aéroport Charles-de-Gaulle, Roissy

For more practice using words from ***Mots 2****, do Activity 25 on page H26 at the end of this book.*

Structure

Les verbes en -ir au présent
Describing people's activities

1. A second group of regular verbs in French has infinitives that end in **-ir.** Verbs like **finir** *(to finish)* and **choisir** *(to choose)* are regular **-ir** verbs. They have two different stems, one for the singular and one for the plural. Study the following chart.

			FINIR		CHOISIR	
je	fin	-is	je	finis	je	choisis
tu	fin	-is	tu	finis	tu	choisis
il/elle/on	fin	-it	il/elle/on	finit	il/elle/on	choisit
nous	fin + iss	-ons	nous	finissons	nous	choisissons
vous	fin + iss	-ez	vous	finissez	vous	choisissez
ils/elles	fin + iss	-ent	ils/elles	finissent	ils/elles	choisissent

2. Other verbs that belong to this group are **atterrir** and **remplir.**

> **Ils remplissent une carte de débarquement.**
> **L'avion atterrit à l'heure.**

Comment dit-on?

10 **Historiette** **Un vol pour Paris**
Répondez d'après les indications.

1. Madame Lauzier choisit quelle compagnie? (Air France)
2. Elle choisit quelle classe? (la classe économique)
3. Elle choisit une place côté couloir ou côté fenêtre? (côté fenêtre)
4. Elle finit tout son repas? (non)
5. Son avion atterrit à quelle heure? (à midi)
6. Il atterrit à quel aéroport? (à Charles-de-Gaulle)
7. Qu'est-ce qu'elle remplit avant l'arrivée? (une carte de débarquement)

VOL N° AF 007 DATE Nov. 7
CARTE INTERNATIONALE D'EMBARQUEMENT/DEBARQUEMENT

- En caractère d'imprimerie
- Nom Rodgers
  Prénoms Amy
- Nom de jeune fille
- Date de naissance 5 May 1985
- Lieu de naissance Michigan
- Nationalité American
- Profession Student
- Adresse à l'étranger
- Adresse dans le pays 8901 66th St. New York, NY
- Venant de New York
  Allant à Paris
- Passeport n° 013424386
- Émis par New York

Visa n°
Par
Délivré le
DURÉE DE VALIDITÉ

11 **Historiette** **Au restaurant** Donnez des réponses personnelles.

1. En général, tu choisis des restaurants chers ou pas chers?
2. Tu choisis la spécialité de la maison?
3. Tu choisis de la viande ou du poisson?
4. Tu finis ton repas par un dessert ou du fromage?
5. Tu choisis un gâteau ou une glace?
6. Tu finis toujours tout sur ton assiette?

 12 **Un bon dîner** Mettez au pluriel d'après le modèle.

Je choisis du bœuf et tu choisis du poisson.

Nous choisissons du bœuf et vous choisissez du poisson.

1. Je choisis un petit restaurant et tu choisis un restaurant gastronomique.
2. Je choisis un steak bien cuit et tu choisis un steak à point.
3. Je remplis mon assiette et tu remplis ton assiette.
4. Je finis mon repas par une tarte et tu finis ton repas par des crêpes Suzette.
5. Je finis mon repas par un crème et tu finis ton repas par un express.

AIR FRANCE

DÉJEUNER

SAUMON FROID PARISIENNE

SAUTÉ DE VEAU MARENGO

BOUQUETIÈRE CALIFORNIENNE

SALADE DE SAISON

FROMAGE

GATEAU CASINO

CAFÉ DE COLOMBIE

13 **Un autre vol** Complétez avec **choisir** ou **remplir**.

1. Les passagers ____ un vol Air France?
2. Ils ____ une place côté fenêtre ou côté couloir?
3. Ils ____ le poulet ou le poisson pour le dîner à bord?
4. Ils ____ leur carte de débarquement pendant le vol?

*For more practice using -**ir** verbs, do Activity 26 on page H27 at the end of this book.*

Quel et tout
Describing people and things as a group

1. You use the interrogative adjective **quel** with a noun when you want to ask "what" or "which." Note that all forms of **quel** are pronounced the same even though they are spelled differently.

	Masculin		Féminin	
Singulier	quel	vol	quelle	compagnie
	quel	avion	quelle	hôtesse
Pluriel	quels	vols	quelles	compagnies
	quels‿avions		quelles‿hôtesses	

2. You use **tout(e)** with the definite articles **le, la,** and **l'** to express "the whole" or "the entire." You use **tous** and **toutes** with **les** to express "all" or "every."

	Masculin	Féminin
Singulier	tout le personnel	toute la compagnie
Pluriel	tous les stewards	toutes les hôtesses

Toute la classe fait le voyage.
Tous les élèves prennent le même vol.
Il y a un vol tous les jours.

The whole class is taking the trip.
All the students are taking the same flight.
There is a flight every day.

Rappelez-vous que...

The expression **tout le monde** means "everyone." **Tout le monde veut aller en France.**

Comment dit-on?

14 **Quels cours?** Répondez d'après le modèle.

—**Tu aimes quels cours?**
—**Moi? J'aime tous les cours.**

1. Tu aimes quelles matières?
2. Tu aimes quelles langues?
3. Tu aimes quelles sciences?
4. Tu aimes quels livres?
5. Tu aimes quels CD?
6. Tu aimes quels profs?

15 **Quel vol?** Complétez avec **quel** et puis répondez.

1. Tu fais un voyage? ____ voyage?
2. Ton avion part à ____ heure?
3. Ton avion part de ____ porte?
4. Pendant le vol, tu vas regarder ____ film?
5. Tu vas écouter ____ cassettes?
6. Tu aimes ____ livres?

16 **Tous les vols pour quelle ville?**
Complétez avec **tout.**

1. ____ les places sont occupées.
2. ____ l'avion est classe économique. Il n'y a pas de première classe.
3. ____ la cabine est non-fumeurs.
4. C'est vrai. Maintenant ____ les vols sont non-fumeurs.

AIR FRANCE

faire du ciel le plus bel endroit de la terre

le billet électronique
si simple, si pratique

17 **Dans l'avion** Complétez et puis répondez.

1. ____ le personnel parle ____ langues? (tout, quel)
2. ____ les stewards servent ____ boissons et ____ repas? (tout, quel, quel)
3. ____ les hôtesses font ____ annonces? (tout, quel)
4. ____ les passagers font enregistrer ____ bagages? (tout, quel)
5. ____ les vols ont ____ destination? (tout, quel)

18 **Toute la famille** Get together with a classmate. Tell each other some things that your whole family often does together. Compare notes and see if both your families do many of the same things.

Les verbes sortir, partir, dormir et servir
Describing more activities

The verbs **sortir, partir, dormir**, and **servir** all follow the same pattern—the consonant sound in the infinitive is heard in the plural forms but not in the singular forms. Study the following.

SORTIR		PARTIR		DORMIR		SERVIR	
je	sors	je	pars	je	dors	je	sers
tu	sors	tu	pars	tu	dors	tu	sers
il/elle/on	sort	il/elle/on	part	il/elle/on	dort	il/elle/on	sert
nous	sortons	nous	partons	nous	dormons	nous	servons
vous	sortez	vous	partez	vous	dormez	vous	servez
ils/elles	sortent	ils/elles	partent	ils/elles	dorment	ils/elles	servent

Savez-vous que... ?

Sortir means "to go out" or "to leave."

Je sors de l'école à trois heures.

With a direct object, it means "to take out."

Je sors mes livres de mon sac à dos.

Meunier tu dors

Meu-nier, tu dors, ton mou-lin,
ton mou-lin va trop vi-te.
Meu-nier, tu dors, Ton mou-lin
ton mou-lin va trop fort

Comment dit-on?

19 **Historiette** **Un vol Paris–Abidjan**
Inventez une histoire.

1. M. Kuti va prendre l'avion. Il sort son billet?
2. Il sort son passeport?
3. Son avion part de quelle porte?
4. Son avion part à quelle heure?
5. À bord, on sert des boissons?
6. On sert un repas?
7. M. Kuti dort un peu pendant le vol?

20 **Historiette** **Qui part?**
Donnez des réponses personnelles.

1. Tu pars pour l'école à quelle heure le matin?
2. Tu sors de la maison à quelle heure le matin?
3. Quand tu arrives à l'école, qu'est-ce que tu sors de ton sac à dos?
4. Quelquefois, tu dors un peu en classe?
5. Le week-end, tu sors avec tes copains? Qu'est-ce que vous faites?

M. Kuti part pour Abidjan.

21 **On part demain.** Répétez la conversation.

Valérie: Demain, on part pour Tunis, Marie et moi!

Philippe: Vous partez à quelle heure?

Valérie: On part à onze heures.

Philippe: Et vous partez de quel aéroport?

Valérie: D'Orly. C'est la première fois que je pars d'Orly.

Philippe: Ah oui?

Valérie: Oui, en général, nous partons toujours de Charles-de-Gaulle.

FRENCH Online

For more information on air travel in the Francophone world, go to the Glencoe French Web site:
french.glencoe.com

22 **Après la conversation** Complétez d'après la conversation.
1. Valérie et Marie ____ pour Tunis.
2. Elles ____ en avion.
3. Leur avion ____ à onze heures.
4. Il ____ d'Orly.
5. En général, Valérie ____ d'Orly ou de Charles-de-Gaulle?

Port El Kantaoui, Tunisie

23 **Historiette** **Un petit voyage** Complétez.
1. Vous ____ quand? (partir)
2. Votre avion ____ à quelle heure? (partir)
3. Vous ____ pendant le vol? (dormir)
4. Vos copains ____? (dormir)
5. Après votre arrivée à Paris, vous ____ tout de suite? (sortir)
6. Et vos amis, ils ____ aussi ou ils ____? (sortir, dormir)

24 **Un travail** Work with a classmate. You've got a part-time job working at your local airport because you speak French. Help each of the following passengers.

• A passenger is leaving on flight 125 for Chicago. He doesn't know if it's leaving on time. Help him out.
• Another passenger is confused. He doesn't know his flight number to New York. Let him know what it is and also what time it leaves.
• An older passenger doesn't have his glasses. They are in his suitcase. He asks you to tell him what his seat number is.
• Another passenger is in a real hurry. She wants to know what gate to go to for her flight to Los Angeles. Tell her.

Fort-de-France, Martinique

Attention!

A masculine adjective or noun that ends in **-al** changes to **-aux** in the plural.

un journal →
des journaux

un vol international →
des vols internationaux

but

une ville internationale →
des villes internationales

Complétez.

La Martinique est une île ___1___ (tropical) dans la mer des Caraïbes. Sa ville ___2___ (principal) est Fort-de-France. À Fort-de-France, il y a plusieurs petits parcs ___3___ (municipal). L'aéroport ___4___ (international) est près de la ville. Tous les jours, il y a des vols ___5___ (international) qui décollent et atterrissent. Il y a des vols ___6___ (international) à destination de Paris et de beaucoup de villes des États-Unis comme Miami et New York.

Vous êtes sur le bon chemin. Allez-y!

Conversation

On part pour Toulouse.

> Départ à destination de Toulouse, vol Air France
> numéro 6106. Embarquement immédiat, porte 24.

Cécile: C'est notre vol. On y va?

Pierre: D'accord. Tu sors les cartes
d'embarquement?

Cécile: Mais moi, je n'ai pas les cartes
d'embarquement!

Pierre: Tu n'as pas les cartes d'embarquement!
Ben, elles sont où alors?

Cécile: Dans ton sac?

Pierre: Ah, oui. Voilà! On part de la porte 24.

Cécile: On a quelles places?

Pierre: 10A et 10B.

Cécile: Ah, c'est bien. C'est à l'avant de la
cabine. On va pouvoir sortir vite.

Vous avez compris?

Répondez.

1. Où sont Cécile et Pierre?
2. Qu'est-ce qu'on annonce?
3. Quel est le numéro de leur vol?
4. Ils vont où?
5. Ils partent de quelle porte?
6. Qui a les cartes d'embarquement?
7. Ils ont quelles places?
8. Pourquoi c'est bien d'avoir des
places à l'avant de la cabine?

Parlons un peu plus

  A **Tu vas où?** You're at the airport waiting for your flight. You strike up a conversation with the person sitting next to you (your partner). Find out information about each other's flight.

  B **Un billet pour Nice** Work with a classmate. You want to fly from New York to Nice. Call the airline to get a reservation. Your partner will be the reservation agent. Before you call, think about the information you will need to give or get from the agent: date of departure, departure time, arrival time in Nice, flight number, price.

Cap Ferrat, près de Nice, France

Prononciation

Le son /l/ final 🎧

1. The names Michelle and Nicole were originally French names, but today many American girls also have these names. When you hear French people say the names Michelle and Nicole, the final /l/ sound is much softer than in English. Say "Michelle" and "Nicole" in French. Repeat the following words.

il	vol	animal	elle	école
salle	décolle	journal	quel	ville

2. Now repeat the following sentences.

   C'est un vol international spécial.
   Quelle est la ville principale?
   Mademoiselle Michelle, elle est très belle.

Il décolle.

Lectures culturelles

On va en France.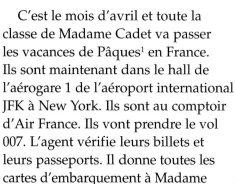

C'est le mois d'avril et toute la classe de Madame Cadet va passer les vacances de Pâques[1] en France. Ils sont maintenant dans le hall de l'aérogare 1 de l'aéroport international JFK à New York. Ils sont au comptoir d'Air France. Ils vont prendre le vol 007. L'agent vérifie leurs billets et leurs passeports. Il donne toutes les cartes d'embarquement à Madame Cadet.

Les falaises d'Étretat, Normandie

Les élèves passent par le contrôle de sécurité. Leur avion part de la porte A. Il part à l'heure. Il ne va pas avoir de retard. Après le décollage, le personnel de bord sert des boissons et un repas. Après le repas, il y a un film. Beaucoup de personnes ne regardent pas le film; elles dorment. Mais pas les élèves de Madame Cadet. Ils ne dorment pas. Ils parlent de leur voyage. Ils vont passer quelques jours à Paris et ensuite[2] ils vont en Normandie. Là, ils vont visiter le Mont-Saint-Michel. Avant l'arrivée à Paris, tout le monde remplit une carte de débarquement.

Mont-Saint-Michel, Normandie

[1] Pâques *Easter*   [2] ensuite *then*

Reading Strategy

Recognizing text organization

Before you read a passage, try to figure out how the text is organized. If you can follow the organization of a text, you will understand the main ideas more quickly and be able to look for certain ideas and information more easily.

À huit heures du matin, après un vol agréable, l'avion atterrit à l'aéroport Charles-de-Gaulle à Roissy. Charles-de-Gaulle est un des deux aéroports de Paris. D'abord, il faut passer au contrôle des passeports. Ensuite les formalités de douane[3] sont très simples et quarante minutes après l'atterrissage, les élèves de Madame Cadet sont dans l'autocar (le bus) qui fait la navette[4] entre l'aéroport et Paris. Tout le monde est très fatigué après le long vol. Vous croyez qu'ils vont dormir? Pas question! Le premier jour à Paris, on ne dort pas. On va visiter la belle ville de Paris.

[3] douane *customs*
[4] fait la navette *makes the run*

L'île de la Cité, Paris

Un car Air France, aéroport Charles-de-Gaulle

Vous avez compris?

A Un voyage en France Vrai ou faux?

1. Toute la classe de Madame Cadet va à Montréal.
2. À l'aéroport, l'agent de la compagnie aérienne donne toutes les cartes d'embarquement à un des élèves de Madame Cadet.
3. L'avion pour Paris va avoir du retard.
4. Les passagers servent un bon repas après le décollage.
5. Beaucoup de passagers dorment pendant le vol.
6. Le Mont-Saint-Michel est à Paris.
7. Les formalités de douane sont très compliquées en France.
8. Quand les élèves de Madame Cadet arrivent à Paris, ils vont dormir.

B Des informations Cherchez les informations.

1. Quel est le nom d'un aéroport à New York?
2. Quel est le nom d'un des aéroports de Paris?
3. Quel est le numéro du vol des élèves de Madame Cadet?
4. Leur avion part de quelle porte?
5. Quelle est la destination de leur vol?
6. Ils arrivent à Paris à quelle heure?

Tunisie

Le Maroc

Le Mali

Le Sénégal

Le décalage horaire

Les gens qui voyagent beaucoup souffrent souvent du décalage horaire. Le décalage horaire, qu'est-ce que c'est? C'est la différence entre l'heure d'une ville—New York, par exemple—et une autre ville comme Paris. Quand il est minuit à New York, il est six heures du matin à Paris. Les voyageurs souffrent du décalage horaire parce que quand c'est l'heure de dormir dans une ville, c'est l'heure de travailler dans une autre.

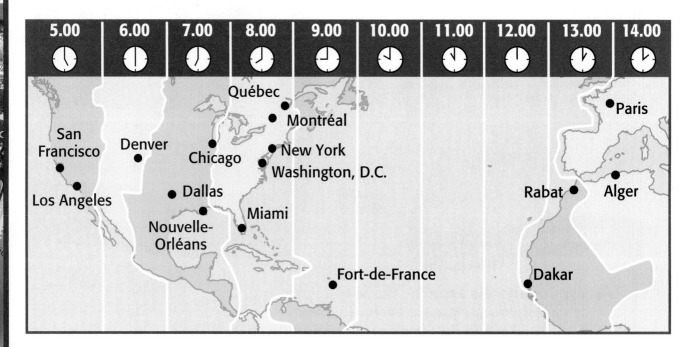

Vous avez compris?

Le décalage horaire Regardez la carte et répondez.
1. Quand il est midi à Washington, D.C., il est quelle heure à Paris?
2. Et à Dakar?
3. Et à Alger?
4. Et à Québec?
5. Et à Los Angeles?
6. Et à la Nouvelle-Orléans?

Un pilote écrivain

Antoine de Saint-Exupéry (1900–1944) est un écrivain (un auteur) français célèbre. Mais c'est aussi un homme d'action. Il est né[1] à Lyon en 1900. Pendant son service militaire, il apprend à piloter un avion. Il est pilote de ligne entre Toulouse et Dakar en Afrique. Il est aussi chef de l'Aéropostale (la poste par avion) à Buenos Aires. Il participe aux premiers vols France-Amérique.

Antoine de Saint-Exupéry

Le Petit Prince est son livre le plus connu[2]. Il est connu dans le monde entier. Ses autres romans[3] reflètent sa carrière de pilote. *Courrier sud* parle de ses vols Toulouse–Dakar. *Vol de nuit* parle de trois pilotes basés à Buenos Aires. L'un d'eux est en difficulté dans le ciel[4] noir d'Amérique du Sud. *Terre des hommes* évoque le souvenir[5] de ses camarades disparus, comme Jean Mermoz, le grand aviateur français.

Le 13 juillet 1944, Saint-Exupéry disparaît aussi. Il disparaît dans une mission aérienne militaire au-dessus de la mer Méditerranée. Il reste[6] pour la légende le courageux, le charmant, l'exceptionnel «Saint-Ex».

ANTOINE DE SAINT-EXUPÉRY

Le Petit Prince

Avec des aquarelles de l'auteur

nrf
GALLIMARD

[1] est né *was born*
[2] le plus connu *best-known*
[3] romans *novels*
[4] ciel *sky*
[5] souvenir *memory*
[6] reste *remains*

Vous avez compris?

Saint-Exupéry Identifiez.
1. le nom de l'écrivain
2. la ville où il est né
3. une ville d'Amérique du Sud où il travaille
4. le nom d'un grand aviateur français

La Belgique

La Tunisie

Le Maroc

Le Mali

CONNEXIONS

Les sciences physiques

Le climat et le temps

We often speak about the weather, especially when we are traveling. Weather can have a very positive or negative effect on our trip. When planning a vacation, for example, it's a good idea to take into account the climate of the area we are going to visit. When we talk about weather or climate, we must remember that there is a big difference between the two. Weather is the condition of the atmosphere for a short period of time. Climate refers to the weather that prevails in one area over a long period of time.

Aujourd'hui

19°
18°
16°
20°
17°
19°
21°
20°
19°
21°   21°
24°   22°   23°
25°   25°
24°   27°
27°
27°

Soleil   Averses

Eclaircies   Pluies
Peu nuageux   ou bruines

Nuageux   Orages
Courtes
éclaircies

Très nuageux   Brumes et
ou couvert   brouillard

Vent faible   Neige

Vent modéré

Vent fort   23°   Température

Demain

20°
20°   21°
19°
24°
24°
28°
22°
26°   27°
27°   24°

Différence entre climat et temps[1]

Il y a une grande différence entre le climat et le temps. Le temps est la condition de l'atmosphère pendant une courte période. Le temps peut changer très vite. Il peut changer plusieurs fois dans une seule journée.

Le climat, c'est le temps qu'il fait chaque année dans le même endroit[2], dans la même région.

[1] temps *weather*   [2] endroit *place*

Des champs de lavande, Digne, Provence

Zones climatiques

Dans le monde francophone, il y a beaucoup de zones climatiques. La France, par exemple, a un climat tempéré. Dans une région où le climat est tempéré, il y a quatre saisons: l'été, l'automne, l'hiver, le printemps. Le temps change à chaque saison.

Beaucoup de pays francophones en Afrique sont dans des zones tropicales. Le Bénin et la Côte d'Ivoire, par exemple, sont des pays tropicaux. Ils sont tout près de l'équateur. Là il fait chaud[3] toute l'année et les pluies[4] sont abondantes. Il y a deux saisons—la saison des pluies et la saison sèche[5]. Les saisons varient d'une région à l'autre.

[3] il fait chaud *it's hot*   [4] pluies *rains*   [5] sèche *dry*

Val-d'Isère, France

Un village de la brousse, Bénin

Vous avez compris?

Explication du texte
Expliquez en anglais.

1. What's the difference between weather and climate?
2. What is a characteristic of an area with a temperate climate?
3. What is a characteristic of a tropical climate?

C'est à vous

Use what you have learned

1 PARLER

Tu vas où?
✔ *Talk about a plane trip*

You just got to the airport and unexpectedly ran into a friend (your partner). Exchange information about the trip and flight each of you is about to take.

MONTE CARLO
PRINCIPAUTÉ DE MONACO
L'Extraordinaire est son quotidien.

Musées, lieux et loisirs touristiques

Découvrez
Québec

2 PARLER ÉCRIRE

On fait un voyage?
✔ *Plan a plane trip to a French-speaking destination*

Go to a travel agency in your community. Get some travel brochures and plan a plane trip. Tell all about your trip.

3 ÉCRIRE

Un voyage en avion
✔ *Write about airport activities and services aboard the plane*

You have a French pen pal who is going to visit you this winter. This will be his or her first flight. Write your pen pal a letter and explain all the things he or she is going to experience before and during the flight.

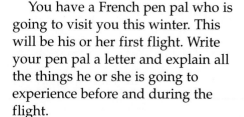

Writing Strategy

Answering an essay question When writing an answer to an essay question, first read the question carefully and determine how to structure your answer. Then restate the essay question in a single statement in your introduction. Next, support the statement with facts, details, and reasons. Finally, close with a conclusion that summarizes your answer.

ÉCRIRE

4 Un concours

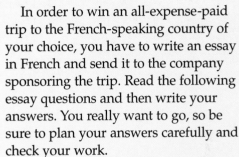

In order to win an all-expense-paid trip to the French-speaking country of your choice, you have to write an essay in French and send it to the company sponsoring the trip. Read the following essay questions and then write your answers. You really want to go, so be sure to plan your answers carefully and check your work.

Tu veux aller dans quel pays?
Tu vas y aller comment?
Qu'est-ce que tu veux faire là-bas?
Qu'est-ce que tu veux apprendre?

Lac Léman, Genève, Suisse

Fès, Maroc

Paris, France

Vocabulaire

1 Vrai ou faux?

To review **Mots 1,** turn to pages 260–261.

1. Un bagage à main est une très grande valise.
2. Avant un voyage on fait ses valises.
3. Un vol intérieur est un vol entre deux pays.
4. Les passagers partent d'une porte d'embarquement.
5. L'avion atterrit dans le hall de l'aéroport.

2 Identifiez.

To review **Mots 2,** turn to pages 264–265.

6.

7.

8.

9.

10.

Structure

3 Complétez.

To review **-ir** verbs, turn to page 268.

11. Je ＿＿ mon dîner. (finir)
12. Les passagers ＿＿ leur carte de débarquement. (remplir)
13. Il ＿＿ sa place dans l'avion. (choisir)
14. Nous ＿＿ nos devoirs. (finir)
15. L'avion ＿＿ à l'heure. (atterrir)

4 Complétez avec «quel».

To review **quel,** turn to page 270.

16. —C'est ＿＿ vol?
    —C'est le vol pour Paris.
17. —Tu voyages avec ＿＿ compagnie aérienne?
    —Air France.
18. —Il parle de ＿＿ hôtesses?
    —Des hôtesses d'Air France.

5 **Complétez pour indiquer** *the whole* **ou** *every*.

19. _____ classe va faire le voyage.
20. _____ vols n'arrivent pas à la même heure.

To review the use of **tout** with definite articles, turn to page 270.

6 **Récrivez chaque phrase.**

21. Je sers le dîner.
Ils _____.
22. Vous sortez?
Tu _____?
23. Ils partent demain.
Elle _____.

To review these **-ir** verbs, turn to page 272.

Culture

7 **Vrai ou faux?**

24. Charles-de-Gaulle est le nom d'un aéroport près de Paris.
25. Le Mont-Saint-Michel est un monument célèbre à Paris.

To review this cultural information, turn to pages 278–279.

Mont-Saint-Michel

Tell all you can about this illustration.

Vocabulaire

Getting around an airport

un aéroport	le numéro du vol	un vol
une aérogare	une porte d'embarquement	intérieur
un avion	une carte d'embarquement	international
un hall	une place	non-fumeurs
un comptoir	côté couloir	à destination de
une compagnie aérienne	côté fenêtre	en provenance de
un passager	un départ	une annonce
une passagère	une arrivée	un pays
un bagage à main	une piste	une ville
une valise	le contrôle de sécurité	
un billet		
un passeport		

Aboard the plane

à bord	une ceinture de sécurité
la cabine	un coffre à bagages
un siège	un plateau
le couloir	une carte de débarquement

How well do you know your vocabulary?

- Choose a word from the list.
- Have a classmate give a related word: **annonce, annoncer.**

Identifying airline personnel

un agent	un steward
le personnel de bord	une hôtesse de l'air
un pilote	

Describing activities at the airport and aboard the plane

voyager	partir	passer par	ramasser
faire un voyage	sortir	vérifier	être à l'heure
faire une annonce	dormir	décoller	avoir du retard
finir	servir	attacher	(faire) enregistrer
choisir			
remplir			
atterrir			

Other useful words and expressions

sous
il faut
faire ses valises

VIDÉOTOUR

Épisode 8

In this video episode, Christine has an unusual "adventure" at the airport. See page 533 for more information.

CHAPITRE 9

La gare et le train

Objectifs

In this chapter you will learn to:

- ✔ purchase a train ticket and request information about arrival and departure
- ✔ use expressions related to train travel
- ✔ talk about people's activities
- ✔ point out people or things
- ✔ discuss an interesting train trip in French-speaking Africa

LE TRAIN JAUNE

CERDAGNE

Claude Monet *La locomotive*

MONTREUX

Vocabulaire

Mots 1

À la gare 🎧

la salle d'attente

le kiosque

un journal

le buffet

une carte postale

un magazine

On vend des journaux et des magazines au kiosque.

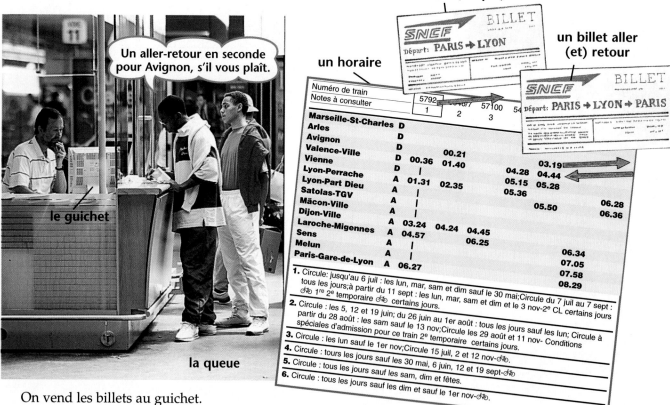

Un aller-retour en seconde pour Avignon, s'il vous plaît.

le guichet

la queue

un aller (simple)

un billet aller (et) retour

un horaire

Numéro de train Notes à consulter	5792 1		57100 2	54 3			
Marseille-St-Charles	D						
Arles	D						
Avignon	D						
Valence-Ville	D		00.21				
Vienne	D	00.36	01.40			03.19	
Lyon-Perrache	D			04.28	04.44		
Lyon-Part Dieu	A	01.31	02.35	05.15	05.28		
Satolas-TGV	A			05.36			
Mâcon-Ville	A				05.50	06.28	
Dijon-Ville	A					06.36	
Laroche-Migennes	A	03.24	04.24	04.45			
Sens	A	04.57		06.25			
Melun	A					06.34	
Paris-Gare-de-Lyon	A	06.27				07.05	
						07.58	
						08.29	

1. Circule: jusqu'au 6 juil : les lun, mar, sam et dim sauf le 30 mai;Circule du 7 juil au 7 sept : tous les jours;à partir du 11 sept : les lun, mar, sam et dim et le 3 nov-2e CL certains jours ♻️ 1re 2e temporaire ♻️ certains jours.

2. Circule : les 5, 12 et 19 juin; du 26 juin au 1er août : tous les jours sauf les lun; Circule à partir du 28 août : les sam sauf le 13 nov;Circule les 29 août et 11 nov- Conditions spéciales d'admission pour ce train 2e temporaire ♻️ certains jours.

3. Circule : les lun sauf le 1er nov;Circule 15 juil, 2 et 12 nov-♻️.

4. Circule : tours les jours sauf les 30 mai, 6 juin, 12 et 19 sept-♻️.

5. Circule : tous les jours sauf les sam, dim et fêtes.

6. Circule : tous les jours sauf les dim et sauf le 1er nov-♻️.

On vend les billets au guichet.
Les passagers font la queue au guichet.

un voyageur

une voyageuse

la voie

le quai

Les voyageurs attendent le train.
On attend le train sur le quai.

composter son billet

un chariot

On annonce le départ du train.
Un voyageur n'arrive pas à
entendre l'annonce.

Marie est en retard.
Elle n'est pas en avance.

Quel est le mot?

1 **Historiette** **Un voyage en train**
Inventez une histoire.

1. Les voyageurs sont à la gare?
2. Ils attendent le train dans la salle d'attente?
3. On vend des billets où?
4. Où est-ce que M. Merlin prend son billet?
5. Il va faire Paris–Lyon–Paris. Il veut un billet aller-retour ou un aller simple?
6. Avant de prendre son billet, il fait la queue au guichet?
7. Les voyageurs peuvent consulter l'horaire pour vérifier l'heure du départ de leur train?
8. On annonce les départs à la gare?
9. M. Merlin arrive à comprendre l'annonce?
10. Il prend un chariot?
11. Il met ses bagages sur le chariot?
12. Son train part à l'heure ou en retard?

Gare de Lyon, Paris

2 **Historiette** **Ton voyage en train** Donnez des réponses personnelles.

1. Tu fais un voyage en train? Tu vas où?
2. Tu arrives à la gare en avance?
3. Tu prends ton billet?
4. Tu achètes un billet aller-retour ou un aller simple?
5. Tu voyages en première ou en seconde?
6. Tu consultes l'horaire?
7. Ton train part à quelle heure?
8. Ton train part de quelle voie?
9. Tu vas acheter un journal ou un magazine? Où?
10. Tu vas prendre un café au buffet de la gare?

Gare de Lyon, Paris

On attend le train. Choisissez la bonne réponse.

1. On vend des journaux, des magazines et des cartes postales ___.
   a. au guichet   b. au kiosque   c. sur le quai
2. On ___ le train dans la salle d'attente.
   a. attend   b. prend   c. entend
3. Les voyageurs ___ l'annonce du départ de leur train.
   a. mettent   b. entendent   c. font
4. On fait ___ au guichet pour prendre son billet.
   a. l'annonce   b. le quai   c. la queue
5. Le train part ___.
   a. de la voie   b. du chariot   c. du kiosque
6. Il faut ___ son billet avant d'aller sur le quai.
   a. vendre   b. faire   c. composter

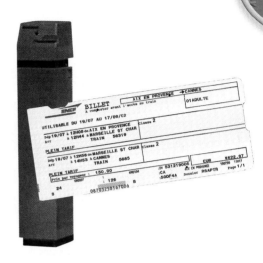

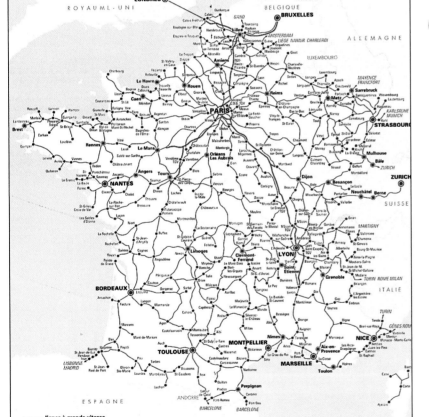

 La SNCF (La Société nationale des chemins de fer français) You're in France and you want to visit one of the cities on the map. A classmate will be the ticket agent. Get yourself a ticket and ask the agent any questions you have about your train trip.

For more information on la SNCF, go to the Glencoe French Web site: french.glencoe.com

 *For more practice using words from Mots 1, do Activity 27 on page H28 at the end of this book.*

Vocabulaire

Mots 2

Un voyage en train 🎧

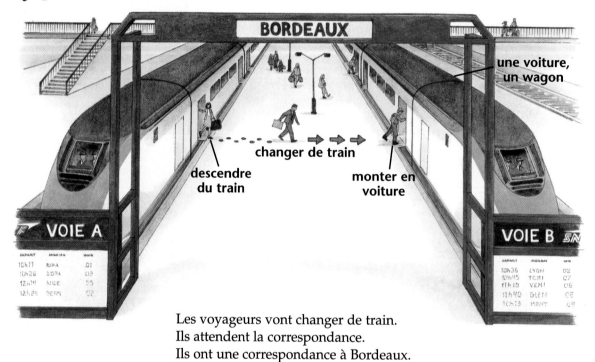

BORDEAUX

une voiture, un wagon

changer de train

descendre du train

monter en voiture

VOIE A

DEPART	MISSION	VOIE
10h11	RUMA	01
10h26	ZORA	03
12h14	NICE	05
12h29	BERN	02

VOIE B

DEPART	MISSION	VOIE
10h36	LYON	02
10h45	TORI	07
11h10	VENI	06
11h40	GLEN	08
12h13	MONT	09

Les voyageurs vont changer de train.
Ils attendent la correspondance.
Ils ont une correspondance à Bordeaux.

Dans le train 🎧

debout

assis

La plupart des voyageurs sont assis.
Il y a quelques voyageurs debout.
Sylvain lit un livre.
Sa copine Christine écrit des cartes (postales).

Le contrôleur contrôle les billets.
Romain a une question.
Le contrôleur répond à sa question.

Jean et Thouria attendent un ami
   devant la gare.
Ils vont tous les trois à La Rochelle.
Jean et Thouria attendent depuis
   quarante-cinq minutes!
Jean dit qu'il commence à perdre
   patience.

Quel est le mot?

5 **Historiette** **De Paris à Avignon** Répondez d'après les indications.

1. Pour aller à Avignon, on change de train? (non)
2. Qui monte en voiture? (les voyageurs)
3. Qui contrôle les billets? (le contrôleur)
4. Presque toutes les places sont occupées? (oui)
5. La plupart des voyageurs sont assis? (oui)
6. Il y a quelques voyageurs debout? (oui)
7. Qu'est-ce que le contrôleur contrôle? (les billets)
8. Les voyageurs descendent où? (à Avignon)

6 **Historiette** **Aïcha prend le train.** Complétez avec le mot ou l'expression qui convient.

descend	lit	écrit	monte	attendre
contrôle	rater	dit	snack-bar	arrêt

1. Aïcha fait un voyage en train. Elle _____ en voiture.
2. Le contrôleur _____ son billet.
3. Elle _____ un article dans un magazine.
4. Elle n'_____ pas de cartes postales.
5. Elle a faim. Elle va au _____.
6. Aïcha _____ au contrôleur qu'elle va à Aix-en-Provence.
7. Il répond: «Il faut changer de train à Marseille. C'est le prochain _____.»
8. Elle _____ du train à Marseille.
9. À Marseille, elle va _____ sa correspondance pour Aix-en-Provence.
10. Elle ne va pas _____ le train pour Aix-en-Provence.

Aix-en-Provence, France

 *For more practice using words from **Mots 2**, do Activity 28 on page H29 at the end of this book.*

Toujours des questions! Répondez.

1. Le train pour Lyon part de la voie numéro 5
   à six heures trente.
   C'est le train ou l'avion qui part pour Lyon?
   Le train va où?
   Il part de quelle voie?
   Il part à quelle heure?

2. Sandrine va à Nantes et elle ne trouve pas
   sa place dans le train.
   Qui va à Nantes?
   Où est Sandrine?
   Qu'est-ce qu'elle ne trouve pas?

Nantes, France

L'horaire Look at the information on this schedule. Take turns
with a classmate asking and answering questions about it.

MARSEILLE - ARLES - TARASCON - AVIGNON

SEMAINE

	•	⊙		⊙	⊙	•	⊙	⊙	⊙	•	•		⊙	⊙	⊙	⊙	⊙	⊙	⊙	⊙	•	⊙	⊙		⊙	⊙	•	⊙	⊙	•	
		CAR			TGV																				CAR		TGV					TGV
			28	3		29		30			31	32							12					33	34			14	35		36
Marseille-St-Charles		05.29			06.12	06.31	06.35	06.51			08.27	08.36	08.47	09.08	10.59		11.36	12.09			13.18	14.03	14.35		15.24			16.12		16.26	16.40	16.57
Miramas		06.00			07.04	07.15	-	07.40			09.11	09.11	-	-	11.33		-	12.42			14.04		-		15.59			16.51		-	17.27	-
Arles		06.05	06.17		06.57	07.21	07.32	07.39	08.00		09.28	09.28	09.35	-	11.51		-	12.59	13.23		14.24	14.52	15.21	15.30	16.17	16.45		17.08		-	17.49	-
Arles (Le Trébon)		·	·		·	·	·	·	·		·	·	·		·			·	·		·	·	·	·	·	·		·		·	·	·
Arles (Car. St-Gabriel)		·	·		·	·	·	·	·		·	·	·		·			·	·		·	·	·	·	·	·		·		·	·	·
Tarascon	05.06	06.25	-		07.25	-	07.31	-	07.48	-	08.42	-	-	09.44	-	-	12.16	-	13.08	-	13.52	-	-	15.50	-	-	16.54	17.21	18.02	-	-	-
Tarascon (Pl.Condamine)	·	·	·		·	·	·	·	·		·	·	·		·		·	·	·		·	·	·	·	·	·		·	·	·	·	·
Graveson (Maillane)	·	·	·		·	·	·	·	·		·	·	·		·		·	·	·		·	·	·	·	·	·		·	·	·	·	·
Graveson (Bon-Accueil)	·	·	·		·	·	·	·	·		·	·	·		·		·	·	·		·	·	·	·	·	·		·	·	·	·	·
Graveson (La Roque)	·	·	·		·	·	·	·	·		·	·	·		·		·	·	·		·	·	·	·	·	·		·	·	·	·	·
Rognonas (Emb.Gare)	·	·	·		·	·	·	·	·		·	·	·		·		·	·	·		·	·	·	·	·	·		·	·	·	·	·
Rognonas (Pl.Mairie)	·	·	·		·	·	·	·	·		·	·	·		·		·	·	·		·	·	·	·	·	·		·	·	·	·	·
Avignon (Gambetta)	·	·	·		·	·	·	·	·		·	·	·		·		·	·	·		·	·	·	·	·	·		·	·	·	·	·
Avignon	05.18	06.55	06.33	07.40	07.13		07.50		08.16	08.55	09.45	09.45		10.11	12.09	12.29	12.41			13.42	14.04	14.42	15.10		16.20	16.34	17.03	17.10		18.14	17.30	18.07	17.57

La desserte détaillée entre Marseille et Miramas figure sur la
fiche horaire Marseille - Miramas
via Rognac et Port de Bouc.

Voir aussi Fiche horaire Marseille - Salon - Cavaillon - Avignon.

• Du lundi au vendredi.
⊙ Du lundi au samedi.

Ⓓ Certains trains périodiques ne figurent pas sur ce document horaire.

CAR Desserte assurée par autocar. Tarification SNCF.

Ⓓ TGV : réservation obligatoire.

Ⓓ Horaires en italiques : train soumis à des conditions d'emprunt,
   ou à supplément ; renseignements dans les gares.

Ⓓ Ces horaires sont donnés sous réserve de toute modification.

3 Ne circule
12 Ne circule
14 Ne circule
17 Circule les
   circule aus
24 Circule du
26 Ne circule
27 Circule les

9 Jeu Les phrases Play a game with a classmate. See who can make
up the most sentences using the following words. The time limit is two minutes.

aller-retour · le contrôleur · l'annonce · assis · le quai · le train · le billet · la correspondance · debout

Structure

Les verbes en -re au présent
Describing more activities

1. Another group of regular verbs in French has infinitives that end in **-re**. Some verbs that belong to this group are: **vendre, attendre, descendre, répondre, entendre, perdre.**

			VENDRE	ATTENDRE
je	vend	-s	je vends	j' attends
tu	vend	-s	tu vends	tu attends
il/elle/on	vend	—	il/elle/on vend	il/elle/on attend
nous	vend	-ons	nous vendons	nous attendons
vous	vend	-ez	vous vendez	vous attendez
ils/elles	vend	-ent	ils/elles vendent	ils/elles attendent

2. **Descendre** can have several meanings. When used alone, it means "to go down" or "to get off." When used with a direct object, it means "to take down."

   Ils descendent du train.
   Ils descendent les bagages sur le quai.

Savez-vous que... ?

The verb **répondre** is followed by **à.**

Il répond à la question du contrôleur.
Il répond à l'employé.

La gare, Dakar, Sénégal

Comment dit-on?

10 **Historiette** **Les voyageurs** Répondez que oui.

1. Les voyageurs attendent le train?
2. Ils attendent le train dans la salle d'attente?
3. Ils perdent patience?
4. Ils entendent l'annonce du départ de leur train?
5. Ils descendent du train?

La gare Windsor, Montréal

11 **Historiette** **Un voyage à Montréal**
Répondez que oui.

1. Tu es à la gare de Grand Central à New York?
2. Tu attends le train pour Montréal?
3. Tu attends depuis une heure?
4. Tu perds patience?
5. Tu entends l'annonce du départ de ton train?
6. Tu vas sur le quai?
7. Quand tu descends du train à Montréal, tu es fatigué(e)?

12 **Le train** Complétez.

1. —Vous ____ depuis combien de temps? (attendre)
   —Nous ____ depuis cinq minutes. C'est tout! (attendre)
2. —Vous allez à Rennes?
   —Oui.
   —Vous ____ au prochain arrêt, alors. (descendre)
   —Ah bon? Merci.
   —Hé, les copains! On ____ au prochain arrêt! (descendre)

13 Historiette **Dans la salle d'attente** Complétez.

Les voyageurs __1__ (attendre) le train dans la salle d'attente. Marc __2__ (attendre) le train pour Saint-Malo. Ah, voilà son ami, Luc.

Marc: Salut, Luc! Quelle surprise! Tu __3__ (attendre) un train?

Luc: Oui, j'__4__ (attendre) le train pour Saint-Malo.

Marc: Pas vrai? Moi aussi je vais à Saint-Malo.

Les deux garçons __5__ (entendre) l'annonce du départ de leur train. Il part de la voie numéro 5. Ils vont sur le quai. Les voyageurs qui arrivent __6__ (descendre) leurs bagages du train. Ils __7__ (descendre) leurs bagages sur le quai. Le contrôleur crie: «En voiture, s'il vous plaît!» et tout le monde qui part monte dans le train. Le contrôleur demande aux garçons où ils vont. Luc __8__ (répondre) au contrôleur. Il __9__ (répondre): «À Saint-Malo».

Saint-Malo, Bretagne, France

14 À la gare Work with a classmate. Pretend you are at a train station somewhere in France. Take turns asking and answering questions about your wait at the train station. You may want to use the following expressions: **attendre le train, entendre l'annonce du départ, prendre un billet, faire la queue, aller au kiosque, prendre un café au buffet de la gare.**

Les adjectifs démonstratifs
Pointing out people and things

1. You use the demonstrative adjectives to point out people or things. In English, the demonstrative adjectives are "this," "these," "that," and "those." However, in French there is only one set of demonstrative adjectives. Study the following forms.

	Masculin		Féminin	
	Consonne	Voyelle	Consonne	Voyelle
Singulier	ce train	cet_t horaire	cette voiture	cette annonce
Pluriel	ces trains	ces_z horaires	ces voitures	ces_z annonces

2. The word **-là** is often attached to the noun following the demonstrative adjectives for emphasis.

> —**C'est un magazine super.**
> —**Ce magazine-là! Tu rigoles! Il est horrible!**

Un ancien wagon-restaurant

Comment dit-on?

15 **Tu parles de qui ou de quoi?** Suivez le modèle.

> **Tu parles d'une fille? De quelle fille?**
>
> **De cette fille-là.**

1. Tu parles d'un garçon? De quel garçon?
2. Tu parles d'une copine? De quelle copine?
3. Tu parles d'un copain? De quel copain?
4. Tu parles des élèves? De quels élèves?
5. Tu parles des filles? De quelles filles?
6. Tu parles d'un train? De quel train?
7. Tu parles d'un horaire? De quel horaire?
8. Tu parles des journaux? De quels journaux?
9. Tu parles d'un arrêt? De quel arrêt?
10. Tu parles d'une carte? De quelle carte?

16 **À Grenoble ou à Chamonix?** Complétez avec **ce, cet, cette** ou **ces.**

Christine: __1__ train va à Grenoble?

Contrôleur: Non, il va à Chamonix.

Christine: Et tous __2__ voyageurs, alors, ils ne prennent pas __3__ train?

Contrôleur: Non, ils attendent le train pour Grenoble.

Christine: Il va partir de __4__ quai aussi?

Contrôleur: Oui, mais pas de __5__ voie. De la voie numéro 2.

Chamonix-Mont-Blanc, France

17 Historiette **Au kiosque** Répondez d'après les photos.

1. Ce kiosque est dans une gare ou dans la rue?
2. Qu'est-ce qu'on vend dans ce kiosque?
3. Combien coûtent ces cartes postales?
4. Ces journaux sont français ou américains?

Gare de l'Est, Paris

 18 Au kiosque You want to buy several items but you don't know how much they cost. Ask the vendor (your partner) how much they cost. Then make sure the addition is correct when he or she asks you for the sum you owe. You may want to use the following words.

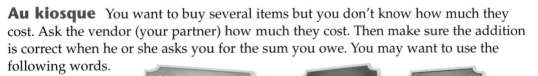

du chewing-gum   un livre   un journal

un magazine   une carte postale   des kleenex

Les verbes dire, écrire et lire
Describing more activities

Study the forms of the irregular verbs **dire** *(to say)*, **écrire** *(to write)*, and **lire** *(to read)*.

DIRE	ÉCRIRE	LIRE
je dis	j' écris	je lis
tu dis	tu écris	tu lis
il/elle/on dit	il/elle/on écrit	il/elle/on lit
nous disons	nous écrivons	nous lisons
vous dites	vous écrivez	vous lisez
ils/elles disent	ils/elles écrivent	ils/elles lisent

Comment dit-on?

19 **Historiette Christine et Juliette** Remplacez **Christine** par **Christine et Juliette.**

Christine est dans le train. Elle lit. Elle dit que le livre qu'elle lit est très intéressant. Christine a aussi des cartes postales à écrire. Elle écrit ses cartes postales. Elle dit que ses amis, eux, n'écrivent pas. Ils lisent les cartes postales de Christine? Bien sûr qu'ils lisent ses cartes postales!

20 **Petites conversations** Suivez le modèle.

lire des journaux ⟶
—**Tu lis des journaux?**
—**Oui, je lis des journaux.**

1. lire le journal local
2. lire beaucoup de livres
3. lire des magazines
4. écrire des lettres aux copains
5. écrire des cartes
6. dire toujours que oui

For more practice using these verbs, do Activity 29 on page H30 at the end of this book.

21 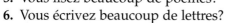 **Oui ou non?** Répondez.

1. Tes amis et toi, vous dites toujours des choses sérieuses?
2. Vous dites quelquefois des choses stupides?
3. Vous dites des choses amusantes?
4. Vous lisez beaucoup de livres?
5. Vous lisez beaucoup de poèmes?
6. Vous écrivez beaucoup de lettres?

La Conciergerie, Paris, France

Une jolie baie, Tahiti

22 **Tout le monde** Complétez.

1. (dire) Lui, il _____ toujours des choses stupides. Il _____ des bêtises. Ses amis _____ des bêtises aussi. Et vous, vous _____ quelquefois des bêtises aussi?
2. (dire) Lui, il _____ que oui. Ses amis _____ que oui. Et vous, qu'est-ce que vous _____?
3. (écrire) Lui, il _____ toujours des lettres. Mais ses amis n'_____ pas de lettres. Ils _____ quelquefois des cartes postales. Et vous, vous _____ des lettres ou des cartes postales?
4. (lire) Lui, il _____ toujours des magazines. Ses amis ne _____ pas de magazines. Ils _____ des livres. Et vous? Vous _____ des magazines ou des livres?

Vous êtes sur le bon chemin. Allez-y!

Conversation

Au guichet

Employé: Bonjour.

Voyageuse: Bonjour, monsieur. Un billet pour Nice, s'il vous plaît.

Employé: Aller-retour ou aller simple?

Voyageuse: Aller-retour en seconde, tarif étudiant, s'il vous plaît.

Employé: Vous avez votre carte?

Voyageuse: Oui, voilà… C'est combien?

Employé: Alors, tarif étudiant, c'est trente euros.

Voyageuse: Le prochain train part à quelle heure?

Employé: À dix heures trente, voie numéro 12.

Voyageuse: Merci, monsieur. Au revoir.

Vous avez compris?

Répondez.

1. La voyageuse est à la gare?
2. Elle parle à un employé de la gare?
3. Elle veut aller où?
4. Elle prend un billet aller-retour ou aller simple?
5. Elle est étudiante?
6. Elle a sa carte d'étudiante?
7. Elle a une réduction?
8. Le billet coûte combien?
9. Le prochain train part à quelle heure?
10. Il part de quelle voie?

Parlons un peu plus

A **On va à Madrid.** You and a classmate are spending a semester in Paris. You will be going to Madrid for a couple of days. One of you is going to fly, and the other is going to take the train. Compare your trips: time of departure, how long the trip takes, and what you have to do the day you leave.

Réservation: 3615 3616 AF
-www.airfrance.fr

Jours	Dép.	Arr.	Nº Vol		Corr. Validité
PARIS					
→ Madison (WI)					-6:00
1234567	16.00 C	21.05	AF380/AF8737(DL)		CVG 29/10-23
→ Madrid					+1:00
1234567	07.15 F	09.15 1	AF1000		→ 29/10-24
1234567	09.40 F	11.40 1	AF1300		→ 29/10-24
1234567	10.45 F	12.45 1	AF1500		→ 29/10-24
1234567	12.45 F	14.45 1	AF1600		→ 29/10-24
1234567	14.15 F	16.15 1	AF1700		→ 29/10-24
1234567	15.30 F	17.30 1	AF1800		→ 29/10-24
1234567	16.30 F	18.30 1	AF1900		→ 29/10-24
1234567	17.35 F	19.35 1	AF2000		→ 29/10-24
1234567	19.20 F	21.20 1	AF2100		→ 29/10-24
12345-7	20.00 F	22.00 1	AF2200		→ 29/10-23
→ Malaga					+1:00
1234567	10.25 W	12.45	AF3408		→ 29/10-24

TRAINHOTEL Francisco de Goya

HORAIRES

	TRAIN 409		TRAIN 407
PARIS-AUSTERLITZ	19.47	MADRID-CHAMARTIN	19.00
POITIERS	22.18	VALLADOLID	21.20
VITORIA/GASTEIZ	04.12	BURGOS	22.19
BURGOS	05.21	VITORIA/GASTEIZ	23.29
VALLADOLID	06.19	POITIERS	05.45
MADRID-CHAMARTIN	08.58	PARIS-AUSTERLITZ	08.29

Circulation quotidienne

B **Renseignements** You're at the information desk at one of the Paris train stations. You need some information. Have a conversation with the SNCF agent (your partner). You may wish to use the following expressions: **à quelle heure, le prochain train, quelle voie, quel quai, voyager en seconde, c'est combien, changer de train, attendre la correspondance.**

Prononciation

Les sons /õ/ et /ẽ/

1. Listen to the difference between the nasal sound /ã/ as in **cent** and the two other nasal sounds, /õ/ as in **son** and /ẽ/ as in **cinq: cent/son/cinq.** Repeat the following words with the sounds /õ/ and /ẽ/.

annonce	non	bon	son	correspondance
cinq	copain	train	pain	vingt

2. Now repeat the following sentences.

On annonce le train dans combien de temps?
Nous attendons des copains.

son train

Lectures culturelles

Un voyage intéressant

Vous dites que vous voulez faire un voyage intéressant en train. J'ai une bonne idée. Vous pouvez prendre le train de Bamako à Dakar. Deux fois par semaine, il y a un train entre ces deux villes. Les trains partent dans les deux sens (directions) tous les mercredis et les samedis matins.

Vous aimez lire? Pas de problème! Vous avez beaucoup de cartes postales à écrire à vos amis? Pas de problème non plus! Vous avez trente heures pour lire tous les livres que vous voulez et écrire beaucoup de cartes postales! Quand je dis trente heures, c'est d'après l'horaire. En réalité, le train est toujours en retard et c'est plutôt[1] un voyage de trente-cinq heures.

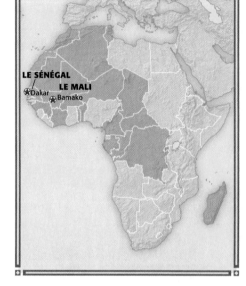

Si vous voulez dormir pendant le voyage, vous pouvez louer une couchette[2]. Il y a des wagons-couchettes et un wagon-restaurant. Le train fait beaucoup d'arrêts et les voyageurs peuvent descendre sur le quai et acheter quelque chose à manger ou à boire. Quand on entend l'annonce du départ du train, on remonte vite en voiture avec sa nourriture et le voyage continue.

[1] plutôt *more*
[2] louer une couchette *reserve a berth*

Le train qui fait Bamako–Dakar

Haïti

La Martinique

La France

Le Sahara, Mali

La Belgique

Où sont Bamako et Dakar? Bamako est la capitale du Mali. Le Mali est le pays francophone le plus grand d'Afrique Occidentale. Le Sahara couvre 60% du pays et il y a très peu de pluie[3]. Dakar est la capitale du Sénégal. Dakar est une très grande ville moderne sur l'océan Atlantique. C'est aussi un port important.

[3] pluie *rain*

Un marché, Mali

Vous avez compris?

A Bamako–Dakar Choisissez la bonne réponse.

1. Il y a un train entre Bamako et Dakar _____.
   a. une fois par semaine   b. deux fois par semaine
2. Les trains partent _____.
   a. le matin   b. l'après-midi
3. Les trains partent _____.
   a. le mardi et le dimanche   b. le mercredi et le samedi
4. Le voyage entre Bamako et Dakar dure trente heures d'après _____.
   a. les contrôleurs   b. l'horaire
5. Le train arrive presque toujours _____.
   a. en retard   b. à l'heure
6. Beaucoup de voyageurs achètent quelque chose à manger _____.
   a. dans les gares   b. au wagon-couchette

B Un peu de géographie Choisissez la bonne réponse.

1. a. Le Sahara est un grand lac.
   b. Le Sahara est un grand désert.
2. a. Le Sénégal est un pays désertique.
   b. Le Mali est un pays désertique.
3. a. Bamako est la capitale du Mali.
   b. Bamako est la capitale du Sénégal.
4. a. Il y a très peu de pluie à Dakar.
   b. Il y a très peu de pluie à Bamako.

Le Maroc

Le Mali

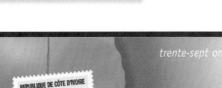

Le Sénégal

Lecture supplémentaire

La SNCF
(La Société[1] nationale des chemins de fer français)

Erica Saunders est une élève américaine. Elle passe ses vacances d'été en France. En ce moment elle est à la gare de Lyon à Paris. Elle va prendre le train pour Avignon. Tous les trains qui partent de cette gare vont vers le sud. Le train est un moyen de transport très populaire en France. Il y a six gares à Paris. Erica va au guichet et prend son billet. Elle veut un aller-retour en seconde. Elle a de la chance parce qu'il n'y a pas de queue.

Munie de[2] son billet, Erica va sur le quai et monte dans le train. Avant d'aller sur le quai, elle composte son billet—elle passe son billet dans une machine. Ça indique où elle commence son voyage. C'est très important. Si on ne composte pas son billet, on paie une amende[3]. Erica n'attend pas longtemps. Il est 10 h 11 et le train part. Comme toujours le train part exactement à l'heure. En France, le service de la SNCF est excellent. Il y a très peu de retards.

[1] société *company*
[2] Munie de *With*
[3] amende *fine*

Gare de Lyon, Paris

Si Erica a faim pendant le voyage, elle peut aller au snack-bar. Là on offre de la restauration rapide—un sandwich, une pizza ou une boisson, par exemple.

Pendant le voyage, Erica lit un guide sur Avignon. Le guide répond à toutes ses questions. Elle apprend qu'Avignon est une ville de culture et de fête. Elle va visiter le célèbre palais des Papes. Elle a de la chance, parce qu'en juillet, il y a un grand festival de théâtre qui a lieu[4] dans la cour du palais… et dans toute la ville. Elle veut voir aussi le pont d'Avignon qui traverse le Rhône. Ce pont célèbre date du douzième siècle. Là, elle va chanter «Sur le pont d'Avignon». Tous les élèves américains qui font du français apprennent cette chanson.

[4] a lieu *takes place*

Palais des Papes, Avignon, France

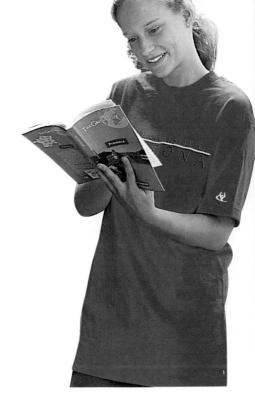

Le Maroc

Le Mali

Vous avez compris?

On va à Avignon. Répondez.
1. Qui est Erica Saunders?
2. Elle est où, en ce moment?
3. Elle va aller où?
4. Elle prend quel type de billet?
5. Le train part à quelle heure?
6. Comment est le service de la SNCF?
7. Si Erica a faim, elle peut manger où?
8. Qu'est-ce qu'elle lit pendant le voyage?
9. Qu'est-ce qu'elle veut voir à Avignon?
10. Qu'est-ce qu'il y a à Avignon pendant le mois de juillet?

CONNEXIONS

Les mathématiques

Des conversions—les horaires

When traveling through the French-speaking countries, you will need to make some mathematical conversions. The metric system is used for weights and measures rather than the English system, which we use in the United States. For schedules, the twenty-four-hour clock is used, rather than our A.M./P.M. system of indicating time. Let's learn to make some of these conversions.

Le	_Samedi 25/1_	à	_11h 45_
Le		à	
Le		à	
Le		à	
Le		à	
Le			
Le			

Docteur Marcel BEGIN
CHIRURGIEN-DENTISTE   Tel: 45-48-18-27
Maître de Conférences des Universités

71, Rue de Rennes
75006 PARIS

M lle _Annette Renaud_

Votre prochain rendez-vous est fixé le ➡

Arman *L'heure de tous*

L'heure

Il y a deux façons[1] de dire l'heure. Il y a l'heure de la conversation normale: la journée est divisée[2] en deux fois douze heures—de une heure du matin à midi et de une heure de l'après-midi à minuit. Mais il y a aussi l'heure officielle. C'est l'heure des horaires de train, d'avion, de manifestations culturelles. C'est aussi l'heure qu'on utilise quand on prend rendez-vous[3] chez le dentiste, par exemple.

[1] façons *ways*   [3] prend rendez-vous *make an appointment*
[2] divisée *divided*

Trains au départ

Les trains sont affichés au plus tard 20 minutes avant le départ | Les trains sont affichés au plus tard 20 minutes avant le départ

Quai de service
Accès interdit

15 28

(RER) (B) ROISSY MITRY CREPY-EN-VALOIS

Départ	Destination		Voie	Desserte
15 h 30	PARC DES EXPOSITIONS	AEROPORT CDG 1 ⊞ AEROPORT CDG 2 TGV ⊞	43	⑧ E K L
15 h 33	TOUTES GARES JUSQU'A	AEROPORT CDG 1 ⊞ AEROPORT CDG 2 TGV ⊞	43	⑧ E F L A
15 h 39	LE BOURGET ET TOUTES GARES D'AULNAY-S-BOIS A	MITRY-CLAYE	43	⑧ I C A F
15 h 45	PARC DES EXPOSITIONS	AEROPORT CDG 1 ⊞ AEROPORT CDG 2 TGV ⊞	43	⑧ E K L
15 h 48	TOUTES GARES JUSQU'A	AEROPORT CDG 1 ⊞ AEROPORT CDG 2 TGV ⊞	43	⑧ E F L A
15 h 54	LE BOURGET ET TOUTES GARES D'AULNAY-S-BOIS A	MITRY-CLAYE	43	⑧ I C A F

Pour l'heure officielle, la journée est divisée en 24 heures, de zéro heure à 23 heures. Étudiez le tableau suivant.

HORAIRES		CONVERSATION
0.25	zéro heure vingt-cinq	minuit vingt-cinq
8.15	huit heures quinze	huit heures et quart du matin
12.00	douze heures	midi
14.00	quatorze heures	deux heures de l'après-midi
16.40	seize heures quarante	cinq heures moins vingt de l'après-midi
22.00	vingt-deux heures	dix heures du soir
23.50	vingt-trois heures cinquante	minuit moins dix

Vous voulez prendre rendez-vous chez le dentiste pour 3 h de l'après-midi. C'est quelle heure en langage officiel? Votre train part à 21 h 35. C'est quelle heure en langage courant?

Les distances

Pour mesurer la distance, le système métrique utilise le mètre et non le *yard* ni le *mile* comme en anglais. Le mètre est un peu plus d'un *yard*. Un kilomètre (1 000 mètres) est équivalent à 0,621 *mile*—un peu plus d'un demi-*mile*.

Vous avez compris?

A **L'heure** Read the departure board on page 314 and give the departure times of the trains in conversational French.

B **Les distances** Read these road signs. Give the approximate distance in miles to each town.

C'est à vous

Use what you have learned

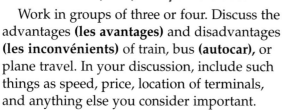

PARLER
1

Le train, l'autocar ou l'avion?
✔ *Discuss train, bus, and plane travel*

Work in groups of three or four. Discuss the advantages **(les avantages)** and disadvantages **(les inconvénients)** of train, bus **(autocar),** or plane travel. In your discussion, include such things as speed, price, location of terminals, and anything else you consider important.

Le bus, Dakar

L'aéroport, Saint-Barthélemy,
les Antilles

La gare, Québec

Un bouchon, place d'Italie, Paris

PARLER
2

Qu'est-ce qu'on va faire?
✔ *Discuss what to do if you miss your train*

You and a classmate are on a bus on the way to **la gare de l'Est** in Paris. There's an awful traffic jam **(un bouchon).** You know you are going to miss your train. Discuss your predicament and decide what you are going to do.

ÉCRIRE

3 Dans la gare

✔ *Write a paragraph using expressions related to train travel*

Look at the photograph and write a paragraph about it.

La gare Saint-Charles, Marseille

Writing Strategy

Writing a descriptive paragraph Your goal in writing a descriptive paragraph is to enable the reader to visualize a scene. To achieve this, you must select and organize details that create an impression. Using a greater number of specific nouns and vivid, descriptive adjectives will make your writing livelier.

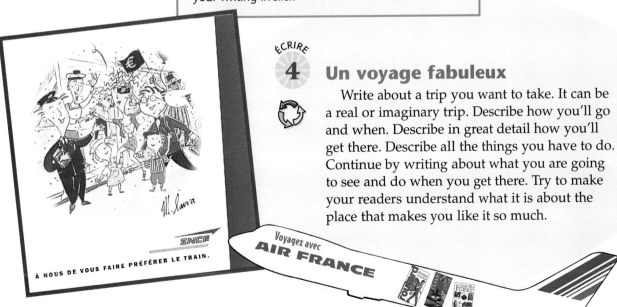

À NOUS DE VOUS FAIRE PRÉFÉRER LE TRAIN.

SNCF

Voyagez avec **AIR FRANCE**

ÉCRIRE

4 Un voyage fabuleux

Write about a trip you want to take. It can be a real or imaginary trip. Describe how you'll go and when. Describe in great detail how you'll get there. Describe all the things you have to do. Continue by writing about what you are going to see and do when you get there. Try to make your readers understand what it is about the place that makes you like it so much.

Assessment

Vocabulaire

To review **Mots 1,** turn to pages 292–293.

1 Répondez.

1. Qu'est-ce qu'on vend au kiosque?
2. Les voyageurs attendent le train où?
3. Qu'est-ce qu'on regarde pour vérifier l'heure du départ ou de l'arrivée d'un train?
4. On vend les billets de train où?

2 Complétez d'après le dessin.

5. La plupart des voyageurs sont _____.
6. Trois voyageurs sont _____.
7. Une passagère écrit _____.
8. Un autre passager lit _____.

To review **Mots 2,** turn to pages 296–297.

Structure

To review **-re** verbs in the present, turn to page 300.

3 Récrivez chaque phrase.

9. Ils attendent le train.
   Il _____.
10. Tu entends l'annonce?
    Vous _____?
11. Tout le monde perd patience.
    Je _____.
12. Qu'est-ce qu'elle vend?
    Qu'est-ce qu'elles _____?
13. On descend au prochain arrêt.
    Tu _____.

4 Complétez avec «ce».

14. ____ train va à Bordeaux.
15. ____ carte postale est très jolie.
16. Notre train part de ____ voie ou de la voie 5?
17. ____ voitures sont assez vieilles.

To review demonstrative adjectives, turn to page 303.

5 Complétez.

18. J'____ des cartes postales. (écrire)
19. Ils ____ beaucoup. (lire)
20. Vous ____ que oui ou que non? (dire)
21. Vous ____ beaucoup de lettres. (écrire)
22. Tu ____ quel livre? (lire)

To review **dire**, **écrire**, and **lire**, turn to page 306.

Culture

6 Vrai ou faux?

23. Il y a un train deux fois par semaine entre Bamako et Dakar.
24. Ce train arrive toujours à l'heure.
25. Dakar, la capitale du Sénégal, est une très grande ville moderne sur la mer Mediterranée.

To review this cultural information, turn to pages 310–311.

La gare, Dakar, Sénégal

Tell all you can about this illustration.

Getting around a train station

une gare	un guichet	un chariot	une salle d'attente
un train	un billet	un kiosque	un buffet
un quai	un aller simple	un journal	
une voie	un aller (et) retour	un magazine	
la correspondance	en seconde	une carte (postale)	
un horaire	en première		

Describing activities at a train station

faire la queue	vendre	partir
attendre	monter (en voiture)	changer (de)
descendre	composter	rater

On board the train

une voiture	lire
un wagon	dire
assis(e)	écrire
debout	répondre
un voyageur	un snack-bar
une voyageuse	un arrêt
un contrôleur	au prochain arrêt
contrôler les billets	

How well do you know your vocabulary?

- Choose five words from the vocabulary list.
- Use the words in original sentences to tell a story.

Other useful words and expressions

arriver à + infinitif
être en avance
être en retard
perdre patience
la plupart des
quelques
depuis

VIDÉOTOUR

Épisode 9

In this video episode, Amadou and Chloé set out on a train trip to Lille. Or at least they try to. See page 534 for more information.

CHAPITRE 10

Les sports

1998 France championne du monde
RF
La Poste 2000
0,46€

Objectifs

In this chapter you will learn to:

✔ talk about team sports and other physical activities

✔ describe past actions and events

✔ ask people questions

✔ discuss sports in Canada and in French-speaking Africa

Robert Delaunay *Les coureurs*

Vocabulaire

Le foot(ball) 🎧

le but
un gardien de but
arrêter le ballon

bloquer

un joueur

Le gardien arrête le ballon.
Il bloque le ballon.
Le ballon n'entre pas dans le but.

une joueuse

un ballon

des joueurs

une équipe

Une équipe de foot a onze joueurs.

Pour jouer au football, on a besoin d'un ballon.
Et c'est tout!

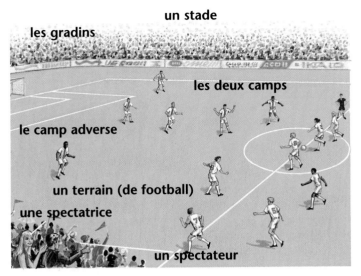

un stade

les gradins

les deux camps

le camp adverse

un terrain (de football)

une spectatrice

un spectateur

Le stade est comble.
Il y a beaucoup de monde.
Les gradins sont pleins.

un arbitre

siffler

la tête

le pied

Une joueuse passe le ballon à l'autre.

hier aujourd'hui

Hier Auxerre a joué contre Lyon.
Le match a opposé Lyon et Auxerre.
Ils ont joué au foot(ball).
Lafitte a donné un coup de pied dans le ballon.
Auxerre a gagné par 3 à 2.
Lyon a perdu.

Sissoko a envoyé le ballon dans le but.
Il a marqué un but.
Il a égalisé le score—2 à 2.

Quel est le mot?

1 **Historiette** **Un match de foot** Répondez d'après les indications.

1. On a besoin de quoi pour jouer au foot? (un ballon)
2. Dans un match de foot, il y a combien d'équipes? (deux)
3. Chaque équipe a combien de joueurs? (onze)
4. Il y a combien de joueurs sur le terrain? (vingt-deux)
5. Dans un match, il y a combien de camps? (deux)
6. Le match est divisé en quoi? (en deux mi-temps)
7. Chaque mi-temps dure combien de minutes? (quarante-cinq minutes)
8. Qui garde le but? (le gardien de but)
9. Qu'est-ce que chaque équipe veut faire? (marquer des buts)
10. Qui bloque ou arrête le ballon? (le gardien de but)

CHAMPIONNAT D'EUROPE DES NATIONS

LE LIVRE D'OR

la victoire est en bleu

SOLAR

DOMINIQUE GRIMAULT

Des fanas de foot

2 **Historiette** **Le stade est comble.** Inventez une histoire.

1. Il y a beaucoup de spectateurs dans le stade aujourd'hui?
2. Les gradins sont pleins ou il y a beaucoup de places libres?
3. Le stade est comble?
4. Il y a beaucoup de monde dans le stade?
5. Le foot, c'est un sport d'équipe ou un sport individuel?

Bienvenue au Stade de France®!

Bienve...
Stade de Fra...

http://www.stadefrance.com

Hors manifestations, le Stade de France® se visite tous les jours

Départ visites : Porte H

Le parcours "Premiers regards" vous permet d'explorer à votre rythme 500m² d'exposition ludique et interactive avant de découvrir l'arène grandeur nature. Confortablement assis en tribune, vous êtes alors rejoint par un guide du Stade de France qui vous présente l'arène et répond à vos questions. Visite de 10H00 à 18H00. Fermeture des caisses à 17H30. Adultes : 5,79 €. Enfants *(jusqu'à 18 ans)* : 4,57 €.

3 **Auxerre contre Lyon** Répondez que oui.

1. Hier, Lyon a joué contre Auxerre?
2. Lafitte a donné un coup de tête dans le ballon?
3. Lafitte a passé le ballon à Sissoko?
4. Sissoko a marqué un but?
5. Sissoko a égalisé le score?
6. L'arbitre a sifflé?
7. Il a déclaré un penalty contre Lyon?
8. Auxerre a gagné le match?
9. Lyon a perdu le match?

4 **Un match de foot** Work with a classmate. Take turns describing the soccer game in the illustration.

For more practice using words from **Mots 1**, *do Activity 30 on page H31 at the end of this book.*

Vocabulaire

D'autres sports d'équipe

Le basket(-ball)

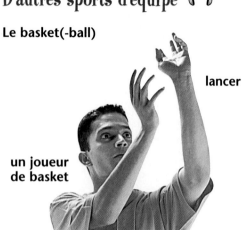

lancer

un joueur de basket

le panier

dribbler

le demi-cercle

Une joueuse a dribblé le ballon.
Elle a dribblé le ballon jusqu'au demi-cercle.

Le volley(-ball)

le filet

Un joueur a servi.

par-dessus le filet

le sol

Un autre joueur a renvoyé le ballon.
Le ballon ne doit pas toucher le sol.

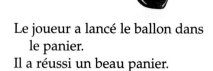

Le joueur a lancé le ballon dans le panier.
Il a réussi un beau panier.

Le cyclisme

des coureurs cyclistes

un vélo, une bicyclette

une course cycliste

Le coureur roule vite.
Pendant la course, les coureurs boivent
de l'eau.

L'athlétisme

un gagnant

la coupe

une coureuse

une piste

Khalil (Numéro 27) a gagné la course.
Leblanc (N° 10) a perdu la course.

Khalil a reçu la coupe.
C'est la première fois qu'il reçoit la coupe.

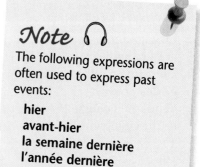

Note 🎧

The following expressions are
often used to express past
events:

hier
avant-hier
la semaine dernière
l'année dernière

Quel est le mot?

5 **Historiette** **Un match de basket**
Répondez.

1. Le basket-ball est un sport individuel ou collectif (d'équipe)?
2. Il y a cinq ou onze joueurs dans une équipe de basket?
3. Pendant un match de basket, les joueurs dribblent le ballon ou donnent un coup de pied dans le ballon?
4. Un joueur dribble le ballon jusqu'au demi-cercle ou jusqu'au sol?
5. Un joueur de basket lance le ballon dans le panier ou dans le filet?

Un match de basket

6 **Historiette** **Le volley-ball** Vrai ou faux?

1. Une équipe de volley-ball a onze joueurs.
2. Un joueur sert.
3. Un joueur du camp adverse renvoie le ballon.
4. Quand il renvoie le ballon, le ballon peut toucher le filet.
5. On renvoie le ballon par-dessus le filet.
6. Le ballon doit toucher le sol.

7 **Historiette** **Une course cycliste** Choisissez.

1. Un vélo est _____.
   a. une bicyclette   **b.** une voiture   **c.** un stade
2. _____ roule à vélo.
   a. Un spectateur   **b.** Un coureur cycliste   **c.** Un joueur
3. Dans une course internationale, chaque équipe _____.
   a. reçoit une coupe   **b.** représente son pays   **c.** roule
4. Le gagnant de la course est _____.
   a. la coupe   **b.** le champion   **c.** le coureur
5. Dans une course cycliste, les coureurs roulent sur _____.
   a. des gradins   **b.** un terrain   **c.** une piste
6. Pendant la course les coureurs boivent _____.
   a. du vinaigre   **b.** du café   **c.** de l'eau

C'est quel sport? Choisissez.

1. Le joueur a dribblé le ballon très vite.
2. Le joueur a donné un coup de tête dans le ballon.
3. La joueuse a réussi un beau panier.
4. La coureuse française a gagné.
5. Le gardien de but a arrêté le ballon.
6. La joueuse américaine a renvoyé le ballon par-dessus le filet.
7. Un joueur a servi.

 Jeu **C'est quel sport?** Work with a classmate. Give him or her some information about a sport. He or she has to guess the sport you're talking about. Take turns.

 Mon équipe favorite Work with a classmate. Find out each other's favorite team. Explain why it is your favorite team. You may like to know that "baseball" is the same word in French: **le base-ball.**

Fabien Barthez, gardien de but de l'équipe de France

Henry Rodriguez, les Expos de Montréal

FRENCH Online

For more information about team sports in the Francophone world, go to the Glencoe French Web site: french.glencoe.com

*For more practice using words from **Mots 2**, do Activity 31 on page H32 at the end of this book.*

Le passé composé des verbes réguliers
Describing past actions

1. You use the **passé composé** to express an action that began and was completed in the past. To form the **passé composé,** you use the present tense of the verb **avoir** and the past participle. Study the forms of the past participle of regular verbs.

-er → é		-ir → i		-re → u	
parler	parlé	finir	fini	perdre	perdu
jouer	joué	choisir	choisi	vendre	vendu

2. Study the forms of the **passé composé.**

JOUER	CHOISIR	PERDRE
j' ai joué	j' ai choisi	j' ai perdu
tu as joué	tu as choisi	tu as perdu
il/elle/on$_n$ a joué	il/elle/on$_n$ a choisi	il/elle/on$_n$ a perdu
nous$_z$ avons joué	nous$_z$ avons choisi	nous$_z$ avons perdu
vous$_z$ avez joué	vous$_z$ avez choisi	vous$_z$ avez perdu
ils$_z$/elles$_z$ ont joué	ils$_z$/elles$_z$ ont choisi	ils$_z$/elles$_z$ ont perdu

Hier soir, j'ai téléphoné à un copain.
Après j'ai regardé un match de foot.
Mon copain aussi a regardé le match.
Malheureusement, notre équipe a perdu.

3. In the **passé composé, n'… pas** goes around the verb **avoir.**

Tu n'as pas regardé la télé?
Non, parce que je n'ai pas fini mes devoirs.

Savez-vous que… ?

When you talk about playing a sport, you use **jouer à.**

**Ils ont joué au football.
Mais moi, j'ai joué au base-ball.**

Comment dit-on?

PARC DES PRINCES   75016 PARIS
PSG - ROSENBORG BK
LIGUE DES CHAMPIONS
MARDI 24 OCTOBRE   20H45
K BLEU HAUT PARIS
Acces: K21   Rang: 21   Place: 29
Prix TTC :
20001011/11 /B0032764445
BILLETEL

11 **Participes passés** Donnez le participe passé des verbes suivants.

1. habiter   5. remplir   9. perdre
2. parler   6. réussir   10. vendre
3. écouter   7. servir   11. attendre
4. travailler   8. dormir   12. répondre

12 **Historiette** **Hier** Donnez des réponses personnelles.

1. Hier matin, tu as quitté la maison à quelle heure?
2. Tu as rigolé un peu avec les copains avant les cours?
3. Tu as parlé au prof de français?
4. Tu as passé un examen?
5. Tu as répondu à toutes les questions?
6. Tu as quitté l'école à quelle heure?
7. Tu as attendu le bus pour rentrer à la maison?

13 **Historiette** **La fête de Chloé** Complétez au passé composé.

Samedi dernier, Chloé __1__ (donner) une fête. Elle __2__ (téléphoner) à tous ses copains. Tous ses copains __3__ (répondre) au téléphone. Chloé __4__ (inviter) tous ses amis à la fête. Tous, ils __5__ (accepter) son invitation. Yves et moi, nous __6__ (préparer) des sandwichs, mais c'est Chloé qui __7__ (acheter) la nourriture et les boissons. À la fête, on __8__ (écouter) de la musique, on __9__ (danser). On __10__ bien __11__ (rigoler).

14 **Historiette** **Un match de foot**

Inventez des réponses.

1. Tu as regardé un match de foot à la télé hier soir?
2. Auxerre a joué contre Lyon?
3. L'année dernière, qui a gagné la coupe? Lyon?
4. Mais hier soir, Lyon a perdu?
5. L'arbitre a puni un joueur lyonnais?
6. Il a déclaré un penalty contre Lyon?
7. Les spectateurs ont applaudi?

Paris-Saint-Germain contre Metz

15 **Un voyage en avion** Répondez que non.

1. Tu as voyagé l'année dernière?
2. Tu as voyagé sur Air France?
3. Tu as choisi classe économique?
4. Tu as choisi une place côté couloir?
5. L'avion a décollé à l'heure?
6. Et il a atterri à l'heure?

7. Tu as voyagé avec un copain ou une copine?
8. Tu as attendu longtemps tes bagages?
9. La compagnie aérienne a perdu tes bagages?

16 **Historiette** **Un voyage en train** Mettez au passé composé.

J'attends le train. Ma copine Alice et moi, nous voyageons ensemble. Nous attendons le train dans la salle d'attente. J'achète un magazine au kiosque. Ma copine choisit un livre. Nous entendons l'annonce du départ de notre train. Nous trouvons la voiture numéro 11. Nous montons nos bagages dans le train. Nous trouvons nos places réservées occupées par deux personnes très désagréables! Que faire? Nous laissons nos places à ces personnes!

17 **Le voyage d'Alice** Relisez l'Activité 16 et posez des questions à Alice et sa copine sur leur voyage. Suivez le modèle.

Vous avez voyagé ensemble?

Stade de France, Paris

18 **La semaine dernière** Work with a classmate. Ask each other what you did last week. Answer each other's questions. Talk about the things you both did. You can also talk about some things your friends did. Here are some words you may wish to use: **regarder, parler, jouer, quitter, étudier, acheter, voyager, écouter, travailler, préparer, gagner, servir, dormir, attendre, perdre, répondre à.**

*For more practice using regular verbs in the **passé composé**, do Activity 32 on page H33 at the end of this book.*

Qui, qu'est-ce que, quoi
Asking questions

1. You use **qui** in questions when asking about a person.

Qui va gagner?	Paul.
Tu as invité qui?	Nathalie.

2. You use **qu'est-ce que (qu')** or **quoi** to ask "what." **Qu'est-ce que (qu')** goes at the beginning of a sentence and **quoi** at the end.

Qu'est-ce que tu regardes? } Un match de foot.
Tu regardes quoi?

3. After a preposition, you use **qui** for people and **quoi** for things.

Tu vas aller au match avec qui?	Avec Loïc.
On joue au foot avec quoi?	Avec un ballon.
Tu as besoin de quoi?	D'un ballon.

Savez-vous que... ?
Qu'est-ce que tu as? can mean "What's the matter (with you)?"

Comment dit-on?

19 **Qui ça?** Posez des questions avec **qui.**

1. *Marie* parle au téléphone.
2. Elle parle à *son copain Julien.*
3. Elle invite *Julien* à un match de football.
4. *Julien* veut aller au match.
5. *Ézédine* va jouer.
6. *Ézédine* est un très bon joueur.
7. Julien parle souvent d'*Ézédine.*

20 **Comment? Qu'est-ce que tu fais?** Posez des questions d'après le modèle.

1. Je lis le journal.
2. Je regarde la télé.
3. Je fais des exercices.
4. J'écris une carte postale.
5. Nous voulons le journal.
6. Nous mettons la table.
7. Nous préparons le petit déjeuner.

21 **Mini-conversations** Posez des questions et répondez d'après le modèle.

marquer un but →
—Qu'est-ce que les joueurs ont marqué?
—Ils ont marqué un but.

1. lancer le ballon
2. dribbler le ballon
3. envoyer le ballon
4. perdre le match
5. gagner la coupe
6. égaliser le score

Le garçon dribble le ballon.

22 **On a besoin de quoi?**
Conversez d'après le modèle.

—J'ai besoin d'un verre pour boire de l'eau.
—Qu'est-ce que tu dis? Tu as besoin de quoi?

1. J'ai besoin d'une télé pour regarder des vidéos.
2. J'ai besoin d'un ballon pour jouer au basket.
3. J'ai besoin d'un billet pour prendre le train.
4. J'ai besoin d'un stylo-bille pour écrire des cartes postales.
5. J'ai besoin d'un oignon pour faire la salade.

23 **Je n'ai pas bien entendu.** Posez des questions.

1. Il aime bien *Marie.*
2. Il parle souvent de *Marie.*
3. Il parle à *Marie* maintenant.
4. Il invite Marie à *une fête.*
5. Il parle à Marie de *la fête.*

24 **Beaucoup de questions** Work with a classmate. Play a guessing game. Ask as many questions as you can. See who can answer the most questions.

Les verbes boire, devoir et recevoir
Describing more activities

Study the forms of the irregular verbs **boire** *(to drink)*, **devoir** *(to owe)*, and **recevoir** *(to receive).*

BOIRE		DEVOIR		RECEVOIR	
je	bois	je	dois	je	reçois
tu	bois	tu	dois	tu	reçois
il/elle/on	boit	il/elle/on	doit	il/elle/on	reçoit
nous	buvons	nous	devons	nous	recevons
vous	buvez	vous	devez	vous	recevez
ils/elles	boivent	ils/elles	doivent	ils/elles	reçoivent

Vous buvez de l'eau ou de la limonade?
Je dois beaucoup d'argent à mes parents.
Cet enfant reçoit toujours trop de cadeaux.

Savez-vous que... ?

When **devoir** is followed by another verb, it means "must" or "to have to." **Elle doit étudier parce qu'elle doit passer un examen demain.**

Comment dit-on?

25 **Historiette** **Un match de volley-ball** Répondez.

1. Pendant un match de volley-ball, les joueurs reçoivent le ballon?
2. Ils doivent renvoyer le ballon?
3. Le ballon doit toucher le sol?
4. Il doit passer par-dessus le filet?
5. Après le match, les joueurs boivent de l'eau?

Elles jouent au volley-ball.

26 **Moi** Donnez des réponses personnelles.

1. Tu dois boire beaucoup d'eau?
2. Tu bois de l'eau?
3. Qu'est-ce que tu bois quand tu as soif?
4. Tu dois de l'argent à tes amis?
5. Tu dois de l'argent à tes parents?
6. Tu reçois de l'argent pour ton anniversaire?
7. Tu reçois des cadeaux?

À CONSOMMER SANS MODÉRATION

C'est au cours des repas que nous consommons près de 70% de ce que nous buvons. Mais où placer les autres pauses boisson? L'idéal est de commencer par boire un verre d'eau avant le petit déjeuner pour bien drainer notre organisme. Un autre avant de passer à table remet à neuf le palais et permet de mieux jouir du goût des aliments. Enfin, un petit dernier avant de se coucher évite la trop grande concentration des urines. C'est tout? Mais non! Un verre toutes les deux heures, même sans avoir spécialement soif, cela fait du bien.

27 **Pardon?** Suivez le modèle.

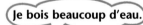 Je bois beaucoup d'eau.

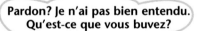 Pardon? Je n'ai pas bien entendu. Qu'est-ce que vous buvez?

1. Je bois beaucoup d'eau minérale.
2. Je dois boire beaucoup d'eau.
3. Je reçois le ballon.
4. Je dois renvoyer le ballon.

28 **Qu'est-ce que je dois faire?** Work with a classmate. Discuss some things you should or must do. Tell if you can do them or not. If you can't, try to explain why.

Le marathon de Paris

 *For more practice using **boire, devoir,** and **recevoir**, do Activity 33 on page H34 at the end of this book.*

Vous êtes sur le bon chemin. Allez-y!

Conversation

On a gagné!

Jean: Tu as regardé la télé hier soir?

Rémi: Ben, bien sûr. J'ai regardé France–Brésil, comme tout le monde!

Jean: On a gagné, mais tout juste, hein! Un–zéro.

Rémi: Oui, heureusement que Lafitte a marqué à la dernière minute.

Jean: Les Brésiliens ne doivent pas être contents!

Rémi: Ça, c'est sûr! Marcos a bien arrêté tous les ballons mais…

Jean: Il n'a pas bloqué le dernier!

Rémi: Remarque, le match d'avant, les Brésiliens ont réussi à égaliser à deux secondes de la fin!

Vous avez compris?

Répondez.

1. À qui parle Rémi?
2. Qu'est-ce qu'ils ont regardé hier?
3. Qui a gagné le match?
4. Qui a marqué le but pour la France?
5. Qui est Marcos?
6. Qu'est-ce qu'il n'a pas bloqué?
7. Dans le match précédent qui a égalisé le score?

Parlons un peu plus

A **Je ne suis pas très fana de...**
Work with a classmate. Tell him or her what sport you don't like to play. Tell what sport or sports you like. Then ask your classmate questions to find out what sports he or she does or doesn't like.

B   **Un match de foot** You are at a soccer game with a friend (your classmate). He or she has never been to a soccer game before and doesn't understand the game. Your friend has a lot of questions. Answer his or her questions and explain the game. You may want to use some of the following words: **jouer, recevoir, donner un coup de pied, donner un coup de tête, marquer, perdre, gagner, devoir, passer, arrêter, bloquer.**

Prononciation

Liaison et élision

* You know that liaison or elision occurs when certain words are followed by a vowel. Some liaisons are obligatory, some are optional.

* Liaison is obligatory with plural subject pronouns, plural articles, plural possessive and demonstrative adjectives, and plural adjectives preceding the noun. Repeat the following.

    ils‿ont   les‿équipes   des‿amateurs
    mes‿amis   ces‿arbitres   de bonnes‿équipes

des‿arbitres

* Elision is always obligatory. It occurs with **le** and **la,** with **je,** the negative **ne,** and **que.** Repeat the following.

    l'arbitre   Je n'aime pas ça.   Qu'est-ce qu'il fait?
    l'équipe   j'attends

* Now repeat the following pairs of sentences.

    Vous‿avez perdu. / Vous n'avez pas perdu.
    J'ai fini. / Je n'ai pas fini.

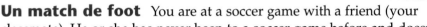

Lectures culturelles

Le hockey et le basket-ball

Au Québec

Le hockey est un sport très apprécié au Québec. Le hockey ressemble un peu au football, sauf[1] qu'on joue sur de la glace. Il y a deux équipes de cinq joueurs et deux gardiens de but. Un match de hockey est divisé en trois périodes de vingt minutes. Chaque joueur pousse le palet avec une crosse et essaie de mettre le palet dans le but de l'équipe adverse. Comme au football, on fait des passes à ses coéquipiers[2] pour essayer de marquer des buts.

[1] sauf *except*
[2] coéquipiers *teammates*

le palet

la crosse

la glace

Les Canadiens de Montréal contre les Calgary Flames

Turner Stevenson, les Canadiens de Montréal

La Polynésie française

Tahiti

Haïti

La Martinique

La Belgique

En Afrique

Dans les pays d'Afrique Occidentale, le sport numéro un, c'est le football, comme en France. Mais le deuxième sport, c'est le basket-ball. Une équipe de basket-ball est composée de cinq joueurs. Chaque joueur veut prendre possession du ballon. Il essaie de lancer le ballon dans le panier de l'équipe adverse. On joue au basket-ball avec les mains uniquement. On ne peut pas marcher[3] avec le ballon dans les mains.

Il faut dribbler le ballon.

Et toi, quel est ton sport favori? Tu es fana de foot, de basket ou de hockey? Tu aimes mieux les sports d'équipe ou les sports individuels?

Tu préfères participer ou être spectateur (spectatrice)?

[3] marcher *walk*

La Tunisie

Un match de basket: Sénégal contre Canada

Vous avez compris?

A Le hockey Répondez.

1. Quel est un sport très apprécié au Québec?
2. On joue au hockey sur quoi?
3. On joue au hockey avec quoi?
4. Il y a combien de joueurs dans une équipe de hockey?
5. Qu'est-ce qu'un joueur de hockey essaie de faire?
6. Qu'est-ce qu'il fait à ses coéquipiers?

B Le basket-ball Vrai ou faux?

1. Le basket-ball est très apprécié dans les pays d'Afrique Occidentale.
2. C'est le sport le plus populaire.
3. Une équipe de basket-ball a onze joueurs.
4. Un joueur de basket-ball essaie de lancer le ballon dans le panier de l'équipe adverse.
5. On joue au basket avec les mains et les pieds.

Le Maroc

Un joueur de basket du Cameroun

Le Mali

Le Tour de France

Un sport très apprécié

Un des sports les plus appréciés en France, c'est le cyclisme. Et l'événement sportif le plus populaire, c'est le Tour de France. Le Tour de France a lieu[1] tous les ans au mois de juillet. C'est une course cycliste sur un long circuit de routes françaises, tout autour du pays et quelquefois dans d'autres pays. Des coureurs cyclistes de tous les pays du monde participent au Tour de France.

Qu'est-ce que le Tour de France?

Le Tour de France est divisé en plusieurs étapes[2]. On va d'une ville à l'autre. On part le matin et on arrive le soir. Le Tour de France dure trois semaines. On donne au gagnant une coupe et le droit[3] de porter le maillot[4] jaune. Il reçoit aussi une somme d'argent.

On a organisé le premier Tour de France en 1903. C'est Maurice Garin qui a gagné le premier Tour de France. Il a fait 2 397 kilomètres en six étapes. Depuis 1903, 21 Français ont gagné le Tour de France.

Tour de France

Lance Armstrong a gagné!

En 1999, il y a un miracle. Un Américain, Lance Armstrong, gagne le Tour de France. Le miracle, ce n'est pas qu'un Américain gagne le Tour de France. Non, un autre Américain, Greg LeMond, a gagné le Tour de France trois fois. Pourquoi un miracle? Parce que trois ans avant, à l'âge de 25 ans, Lance Armstrong a

[1] a lieu *takes place*
[2] étapes *laps*
[3] droit *right*
[4] maillot *jersey*

le cancer. Après deux opérations et quatre traitements de chimiothérapie et beaucoup de courage et de volonté[5] de sa part, le jeune Armstrong est guéri[6] et il recommence sa carrière de coureur cycliste.

Depuis cent ans, les Français appellent le vélo, «la petite reine»[7]. Ils disent que c'est la petite reine qui choisit toujours le nouveau roi du Tour de France. Pour cinq années, de 1999 jusqu'à 2003, elle a choisi son roi—Lance Armstrong. Et pour lui, comme pour tout le monde, c'est un vrai miracle!

[5] volonté *willpower*   [7] reine *queen*
[6] guéri *cured*

Tour de France

Lance Armstrong

Vous avez compris?

A Une course cycliste Vrai ou faux?
1. Le cyclisme n'est pas très apprécié en France.
2. Le Tour de France est une course cycliste.
3. Le Tour de France a lieu au mois de décembre.
4. Tous les cyclistes qui participent au Tour de France sont français.
5. Le Tour de France est divisé en deux mi-temps.
6. Pendant le Tour de France, les cyclistes roulent la nuit—de minuit à six heures.
7. Le gagnant du Tour de France reçoit une coupe et une somme d'argent.

B Un miracle Répondez.
1. Qui a gagné le Tour de France trois fois?
2. Il est de quelle nationalité?
3. Qui est le deuxième Américain qui a gagné le Tour de France?
4. Il a quel âge quand il apprend qu'il a le cancer?
5. Armstrong a recommencé à faire du vélo après combien d'opérations?
6. Quelles sont les qualités de Lance Armstrong?
7. D'après les Français, qui est la petite reine qui choisit le gagnant du Tour de France?
8. C'est une personne?
9. Elle a choisi qui de 1999 jusqu'à 2003?

La Belgique

Le Maroc

Le Mali

CONNEXIONS

Les sciences naturelles

L'anatomie

Staying in good physical condition is important for all athletes. To do so, they have to know how to care for their bodies. They also have to know something about their bone structure to avoid injuries. Athletes should have some basic knowledge of anatomy. Anatomy is the branch of science that studies the structures of humans and animals.

Before reading this selection on anatomy, study the diagrams of the human body.

le squelette

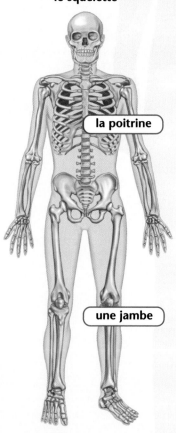

la poitrine

une jambe

Le corps humain

Le squelette

Le squelette humain a en tout 206 os. Il y a 32 os dans chaque bras et 31 os dans chaque jambe. Il y a plus de 600 muscles dans le corps humain. Certains muscles sont attachés à un os. Ils peuvent être attachés directement à l'os ou par l'intermédiaire d'un tendon.

En plus des muscles squelettiques, il y a de nombreux muscles internes. Le cœur, par exemple, est un muscle.

Le cerveau et le système nerveux

Le cerveau est bien protégé par la boîte cranienne[1]. Le cerveau est

[1] boîte crânienne *skull*

le cerveau

la moelle épinière

composé de deux hémisphères. Le tronc cérébral relie[2] le cerveau à la moelle épinière. Le tronc cérébral contient les centres nerveux qui contrôlent les fonctions automatiques telles que le rythme cardiaque et la respiration[3].

Le cœur et les poumons

Le cœur est un organe musculaire. C'est le principal organe de la circulation du sang. Le cœur est situé plus ou moins au centre de la poitrine. Les poumons sont situés de part et d'autre[4] du cœur. Le poumon est le principal organe de l'appareil respiratoire. L'air arrive dans chaque poumon par une bronche. Le sang arrive par l'artère pulmonaire. Quand il arrive, l'air est chargé de gaz carbonique. Quand le sang ressort[5] par les veines pulmonaires, il est purifié et enrichi en oxygène.

Il n'y a pas de doute, le corps humain est une machine extraordinaire!

[2] relie *connects*
[3] respiration *breathing*
[4] de part et d'autre *on each side*
[5] ressort *leaves*

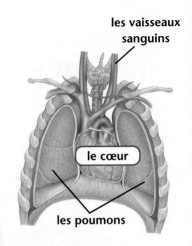

les vaisseaux sanguins

le cœur

les poumons

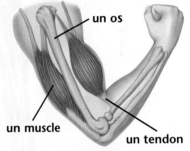

le bras

un os

un muscle

un tendon

Vous avez compris?

A Les mots apparentés Trouvez les mots apparentés dans la lecture.

B Des informations Identifiez.

1. le nombre d'os dans chaque bras
2. le nombre de muscles dans le corps humain
3. ce qui attache un muscle à un os
4. un muscle interne très important, un muscle vital
5. ce qui protège le cerveau
6. ce qui relie le cerveau à la moelle épinière
7. ce qui contrôle les fonctions automatiques du corps humain
8. l'organe vital situé au centre de la poitrine
9. l'organe principal de l'appareil respiratoire
10. là où le sang est purifié et enrichi en oxygène

C'est à vous

Use what you have learned

1 Je suis fana de...

✔ *Describe your favorite sport*

Work with a classmate. Each of you will name a sport you really like and give a description of that sport.

La France est victorieuse.

Elles jouent au foot.

2 Une interview du capitaine

✔ *Ask someone questions about his or her team*

You have to interview the captain of one of the school's sports teams (your classmate) for a French television station. Find out as much information as possible from him or her. Then reverse roles.

3 Devinette

✔ *Describe your favorite sports hero and ask questions about your classmates' favorites*

Think of your favorite sports hero. Tell a classmate something about him or her. Your classmate will ask you three questions about your hero before guessing who it is. Then reverse roles and guess who your classmate's hero is.

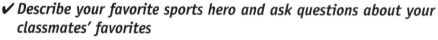

4 Reportage
✔ Write a description of a sporting event

Work in groups of three. One of you is the captain of one of the school's teams. The other two are sports reporters for a French newspaper. The two reporters will prepare an interview with the captain about the team's last game. The reporters will edit the information they get from the interview and write their report for tomorrow's paper. The report can be in the present tense.

5 Calendrier sportif
✔ Post a schedule of sporting events

Your French class has a Web site. Prepare your school's schedule of sporting events for the coming month in French to post at your site.

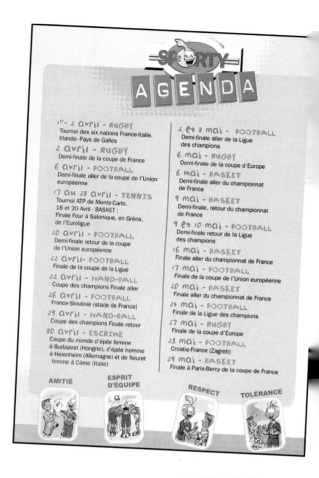

Writing Strategy

Gathering information If your writing projects deal with a subject you are not familiar with, you may need to gather information before you begin to write. Some of your best sources are the library, the Internet, and people who know something about the topic. Even if you plan to interview people about the topic, it may be necessary to do some research in the library or on the Internet to acquire enough knowledge to prepare good interview questions.

6 La Coupe du Monde

Many of you already know that the World Cup is a soccer championship. Try to give a description of the World Cup as best you can in French. If you are not familiar with it, you will need to do some research. It might be interesting to take what you know or find out about the World Cup and compare it to the World Series in baseball. Gather information about both these championships and write a report in French.

Assessment

Vocabulaire

1 Complétez.

To review Mots 1, turn to pages 324–325.

1–2. Il y a onze ____ dans une ____ de foot.

3. Le gardien veut arrêter ou ____ le ballon.

4. Le stade est comble. Les ____ sont pleins.

5. Le joueur peut donner un coup de ____ ou un coup de tête dans le ballon.

2 Identifiez.

6.

7.

To review Mots 2, turn to pages 328–329.

8.

9.

10.

Structure

*To review the **passé composé** of regular verbs, turn to page 332.*

3 Récrivez au passé composé.

11. Je joue au foot.

12. Ils regardent le match à la télé.

13. Elle réussit un beau panier.

14. Notre équipe ne perd pas.

15. Vous finissez la course?

4 Complétez.

16. —Tu as invité ____?
    —Nathalie.
17. —____ tu as regardé à la télé?
    —La course cycliste.
18. —Pour jouer, tu as besoin de ____?
    —D'un ballon et d'un filet.

To review asking questions, turn to page 335.

5 Complétez au présent.

19. Tu ____ des cadeaux. (recevoir)
20. Je ____ beaucoup d'eau. (boire)
21. Elle ____ passer l'examen. (devoir)
22. Vous ____ combien d'argent? (recevoir)
23. Ils ____ faire attention. (devoir)

To review *boire*, *devoir*, and *recevoir* in the present, turn to page 337.

Culture

6 Identifiez.

24. un sport populaire qui est très apprécié au Québec
25. le deuxième sport dans les pays d'Afrique Occidentale

To review this cultural information, turn to pages 342–343.

Un match de hockey

Tell all you can about this illustration.

Vocabulaire

Describing a sports event

un stade	une joueuse	jouer (à)	gagner
des gradins (m. pl.)	une équipe	lancer	perdre
un spectateur	le camp (adverse)	servir	siffler
une spectatrice	un arbitre	envoyer	beaucoup de monde
un terrain	un penalty	renvoyer	comble
une piste	le score	passer	plein
un match	un(e) gagnant(e)	recevoir	contre
un joueur	une coupe	égaliser	

Describing a soccer game

le foot(ball)	un coup	bloquer
un ballon	de pied	arrêter
marquer un but	de tête	
un gardien de but	un but	

Describing a basketball game

le basket(-ball)	dribbler
un panier	réussir un beau panier
un demi-cercle	

Describing a volleyball game

le volley(-ball)	le sol
un filet	

How well do you know your vocabulary?

- Choose a sport from the list.
- Ask classmates to give a word associated with the sport you chose.

Describing a bicycle race

un vélo	un coureur cycliste	le cyclisme	rouler vite
une bicyclette	une coureuse cycliste	une course	

Describing a track event

l'athlétisme (m.)	un coureur
une piste	une coureuse

Expressing the past

hier	avant-hier	une fois
hier matin	la semaine dernière	
hier soir	l'année dernière	

VIDÉOTOUR

Épisode 10

In this video episode, Manu entertains the crowd with his narration of an exciting game. See page 535 for more information.

Other useful words and expresssions

par-dessus

L'été et l'hiver

Objectifs

In this chapter you will learn to:

✔ *describe summer and winter weather*

✔ *talk about summer activities and sports*

✔ *talk about winter sports*

✔ *discuss past actions and events*

✔ *make negative statements*

✔ *talk about a ski trip in Quebec*

Maurice Utrillo *Montmartre sous la neige*

Vocabulaire

À la plage 🎧

au bord de la mer
une station balnéaire

la plage

une vague

la mer

une serviette

un maillot de bain

de la créme solaire

Fabien a passé la journée à la plage.
Il a apporté sa crème solaire et sa serviette.
À la plage, il faut faire attention.
Il faut mettre de la crème solaire.
Il ne faut pas rester trop longtemps au soleil.

des lunettes de soleil

Caroline a pris un bain de soleil.
Elle a bronzé.
Elle a mis de la crème solaire.
Elle n'a pas attrapé de coup de soleil.

Des activités d'été 🎧

**faire de la planche
à voile**

faire du ski nautique

une surfeuse

un surfeur

faire du surf

faire une promenade

plonger

une piscine

nager

un moniteur

Cécile a plongé dans la piscine.
Laure a pris des leçons de natation.
Elle a appris à nager.

Le printemps 🎧

Il fait quel temps au printemps?

L'été 🎧

le ciel

un nuage

Il fait beau.
De temps en temps,
   il y a des nuages.

Il y a du vent.
Il pleut.
Il fait mauvais.

En été il fait chaud.
Il fait du soleil.

Vocabulaire

Quel est le mot?

1 **Historiette** À la plage

Inventez une histoire.

1. Juliette a passé la journée à la plage?
2. Elle a beaucoup nagé?
3. Elle a pris un bain de soleil?
4. Elle a apporté de la crème solaire?
5. Elle a fait attention? Elle a mis de la crème solaire?
6. Elle a mis aussi des lunettes de soleil?
7. Elle a bronzé?
8. Elle a fait du ski nautique?
9. Elle a fait une promenade sur la plage?
10. Elle a fait de la planche à voile aussi?

Nice, France

De la crème solaire et des lunettes de soleil

2 **Historiette** En été Donnez des réponses personnelles.

1. En été, tu aimes aller à la plage?
2. Tu vas dans quelle station balnéaire?
3. Tu vas à la plage quand il pleut?
4. Tu aimes nager dans la mer ou dans une piscine?
5. Tu aimes plonger?
6. Qu'est-ce que tu mets pour nager?
7. Il faut mettre de la crème solaire quand on va à la plage?
8. Et toi, tu mets de la crème solaire?
9. Tu bronzes facilement ou tu attrapes des coups de soleil?
10. Tu mets des lunettes de soleil quand tu vas à la plage?
11. Tu apportes ta serviette?

3 **Historiette** **Au bord de la mer** Complétez.

1. Au bord de la mer, on va à la ＿＿ pour nager et bronzer.
2. Il y a beaucoup de plages et de stations balnéaires sur la ＿＿ Méditerranée.
3. Il y a de grandes ＿＿ sur la mer ou sur l'océan, surtout quand il y a du ＿＿.
4. Beaucoup de gens aiment prendre un ＿＿ de soleil sur la plage.
5. Il faut mettre de la ＿＿ si on ne veut pas attraper de coup de soleil.
6. Quand on va nager, on met un ＿＿.
7. Quand il fait chaud à la plage, il ne faut pas ＿＿ trop longtemps au soleil.
8. On peut faire du ＿＿ ou du ＿＿ sur la mer quand il fait beau.
9. Quand il fait mauvais, il y a souvent des ＿＿ dans le ciel.
10. À Biarritz, sur l'océan Atlantique, il y a souvent des ＿＿ qui font du surf.

Une leçon de natation

4 **Qu'est-ce qu'elle a appris?**
Répondez d'après la photo.

1. Jeanne a appris à nager?
2. Elle a pris des leçons de natation?
3. Elle a appris à nager dans la mer ou dans une piscine?
4. Elle a compris toutes les instructions de la monitrice?

 5 **On va à la plage.** Work with a classmate. You are going to spend a day or two at the beach. Go to the store to buy some things you need for your beach trip. One of you will be the salesperson and the other will be the shopper. Take turns.

 6 **Des vacances parfaites** Plan a great summer vacation. Tell your classmate where you want to go and why. Tell him or her what you do there. Then find out your classmate's summer plans.

Une jolie baie, Tahiti

 7 **Le temps au printemps ou en été**
With a classmate describe the spring or summer weather where you live.
Which season do you prefer? Tell why.

For more practice using words from Mots 1, do Activity 34 on page H35 at the end of this book.

Vocabulaire

Une station de sports d'hiver 🎧

un sommet

une montagne

la neige

un télésiège

une skieuse

un bonnet

une écharpe

un gant

un anorak

une piste

une bosse

un skieur

le ski de fond

un ski

un bâton

une chaussure de ski

le ski alpin

Les skieurs ont descendu la piste verte.
La piste verte, c'est pour les débutants.

Marie est débutante.
Elle n'a jamais fait de ski.
Elle tombe tout le temps.

Ce matin, elle a pris sa première leçon.
Elle a eu un très bon moniteur.

une patinoire

la glace

un patin

Les filles font du patin à glace avec leur mère.

L'automne

L'hiver

Il fait quel temps en hiver?

En automne il ne fait pas froid.
Il fait frais.

Il fait froid.

Il neige.

Il gèle.

Quel est le mot?

8 **Historiette** **Dans une station de sports d'hiver**
Répondez d'après les indications.

1. Les stations de sports d'hiver sont très fréquentées en quelle saison? (en hiver)
2. Quel temps fait-il en hiver à la montagne? (froid)
3. Il y a quelles catégories de pistes dans une station de sports d'hiver? (pour les skieurs débutants, pour les skieurs moyens et pour les skieurs experts)
4. Les skieurs ont fait du ski où? (sur la piste verte)
5. Qu'est-ce qu'ils ont pris pour monter au sommet de la montagne? (un télésiège)
6. Ils ont descendu quelle piste? (la piste noire)
7. Qu'est-ce qu'il y a sur les pistes noires? (beaucoup de bosses)
8. Les bosses, c'est dangereux pour les débutants? (oui, très)
9. Après le ski, ils ont mis leurs patins? (oui)
10. Ils ont fait du patin à glace où? (à la patinoire)

9 **On fait du ski.** Répondez d'après les dessins.

1. C'est une station balnéaire ou une station de sports d'hiver?
2. C'est une plage ou une montagne?
3. C'est la neige ou la mer?
4. C'est le sommet de la montagne ou la vallée?
5. C'est quelle saison? L'automne ou l'hiver?
6. C'est une piste ou une piscine?
7. C'est une skieuse ou une nageuse?
8. Elle fait du ski alpin ou du ski de fond?
9. Elle skie bien ou elle tombe souvent?

10 **Historiette** **Leçons de ski**
Inventez une histoire.

1. Christine a appris à faire du ski?
2. Qui a appris à Christine à faire du ski?
3. Elle a eu un très bon moniteur?
4. Christine a mis un anorak de quelle couleur?
5. Elle a mis des gants, une écharpe et un bonnet?
6. Elle a mis ses chaussures de ski et ses skis?
7. Elle a pris le télésiège?
8. Elle a descendu quelle piste?
9. Il a fait très froid? Il a neigé? Il a gelé?

11 **Qu'est-ce qu'on fait?** A French exchange student (a classmate) asks you what the weather is like in your town in the summer and in the winter and what people do during these seasons. Answer his or her questions, giving as much information as possible.

12 **Dans une station de sports d'hiver** Have a conversation with a classmate. Tell as much as you can about what people do at a ski resort. Find out which one of you knows more about skiing. If skiing is a sport that is new to you, tell whether you think you would like to ski.

13 **Dans quelle ville?**
With a classmate, look at this weather map that appeared in a Paris newspaper. You are both in Paris and you want to take a short side trip. Since you both have definite preferences concerning weather, use the map to help make a decision. Choose what city you want to go to, tell why, and explain what you are going to do there.

 For more practice using words from Mots 2, do Activity 35 on page H36 at the end of this book.

Le passé composé des verbes irréguliers
Describing more past actions

1. You have already learned that the past participles of regular verbs end in the sounds /**é**/, /**i**/, and /**ü**/. The past participles of most irregular verbs also end in the sounds /**i**/ or /**ü**/, even though they are not spelled the same way.

Infinitif → participe passé /i/		Infinitif → participe passé /ü/	
dire	dit	avoir	eu
écrire	écrit	croire	cru
		voir	vu
mettre	mis	boire	bu
permettre	permis	devoir	dû
		pouvoir	pu
prendre	pris	lire	lu
apprendre	appris	recevoir	reçu
comprendre	compris	vouloir	voulu

J'ai pris des leçons de natation.　　**Tu as lu son livre?**
J'ai appris à nager.　　**Il a écrit un livre?**
J'ai eu un bon moniteur.　　**Tu as compris ce qu'il a dit?**

2. The verbs **être** and **faire** have irregular past participles.

être → été　　faire → fait

J'ai fait un voyage à Megève l'année dernière.
J'ai été content d'apprendre à faire du ski.

Une classe de ski

Comment dit-on?

14 **Historiette** **Gilles a fait du ski.**
Répondez que oui.

1. Gilles a mis son anorak?
2. Son ami a dit «Bonne chance» à Gilles?
3. Son ami a déjà fait du ski aujourd'hui?
4. Gilles a bien fait du ski?
5. Il a eu un accident?
6. Après l'accident, il a lu un livre pour les débutants?

Une vue de la ville de Québec

15 **Ce matin**
Donnez des réponses personnelles.

1. Tu as pris ton petit déjeuner à quelle heure ce matin?
2. Qu'est-ce que tu as bu au petit déjeuner?
3. Est-ce que tu as lu le journal ce matin? Et tes parents?
4. Est-ce que tu as reçu une lettre?
5. Est-ce que tu as vu tes copains avant les cours?
6. Est-ce que tu as dit bonjour à ton prof de français?

16 **Qu'est-ce que tu as dit?**
Complétez d'après le modèle.

—J'_____ que j'_____ ce que j'_____.
—J'ai dit que j'ai lu ce que j'ai écrit.

1. Il _____ qu'il _____ ce qu'il _____.
2. Nous _____ que nous _____ ce que nous _____.
3. Tu _____ que tu _____ ce que tu _____.
4. J'_____ que j'_____ ce que j'_____.
5. Vous _____ que vous _____ ce que vous _____.
6. Elles _____ qu'elles _____ ce qu'elles _____.

17 **Historiette** À Chamonix
Complétez au passé composé.

Laurent aime beaucoup le ski. Son ami Étienne et lui __1__ (décider) d'aller faire du ski. Ils __2__ (prendre) le Guide Michelin et __3__ (lire) la description de plusieurs stations. Finalement, ils __4__ (choisir) Chamonix. Ils __5__ (avoir) de la chance. Les parents de Laurent __6__ (permettre) aux deux garçons de prendre leur voiture. La voiture, c'est plus pratique que le train! Alors les deux copains __7__ (mettre) leurs skis sur la voiture et... en route! Mais la voiture, ça n'est pas toujours plus pratique que le train: il y __8__ (avoir) une avalanche et la route __9__ (être) bloquée pendant dix heures!

Chamonix, France

18 **L'été dernier** Your classmate wants to know what you did last summer. Tell him or her several things you did, using some of the verbs below. Then reverse roles.

recevoir

écrire

prendre

voir

bronzer

nager

lire

pouvoir

boire

mettre

faire

 For more practice using irregular verbs in the *passé composé*, do Activity 36 on page H37 at the end of this book.

Les mots négatifs
Making negative statements

1. You already know the negative expressions **ne... pas** and **ne... plus.** Study the following negative expressions that function the same way as **ne... pas** and **ne... plus.**

Affirmatif	Négatif
Elle voit quelque chose.	Elle ne voit rien.
Elle voit quelqu'un.	Elle ne voit personne.
Il lit toujours.	Il ne lit jamais.
Il lit souvent.	Il ne lit jamais.
Il lit quelquefois.	Il ne lit jamais.
Il lit encore.	Il ne lit plus.

> **Rappelez-vous que...**
>
> Un, une, des, du, de la, de l' change to **de (d')** after **pas** and other negative expressions.
>
> Il n'a pas d'amis.
> Il ne fait jamais de sport.
> Elle n'écrit plus de lettres.

2. With the exception of **personne,** the negative words go around the verb **avoir** in the **passé composé. Personne** goes after the past participle.

Je n'ai jamais dit ça!
On n'a plus parlé de ça.   *mais*   **Je n'ai vu personne.**
On n'a rien dit.   **Et je n'ai parlé à personne!**

Comment dit-on?

19 **Le matin, en haut de la montagne** Répondez que non.

Il voit quelque chose?   Non, il ne voit rien.

1. Il dit quelque chose?
2. Il entend quelque chose?
3. Il regarde quelque chose?
4. Il voit quelqu'un?
5. Il regarde quelqu'un?
6. Il parle à quelqu'un?
7. Il attend quelqu'un?

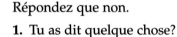
De la planche à voile à la Martinique

 20 **Elle ne fait jamais de sport.**
Répondez d'après le modèle.

 —**Jeanne adore nager.**
—**Elle dit ça, mais elle ne nage jamais!**

1. Jeanne adore faire du surf.
2. Elle adore aller à la plage.
3. Elle adore faire de la planche à voile.
4. Elle adore faire du sport.
5. Elle adore jouer au tennis.
6. Elle adore faire du ski nautique.

21 **C'est fini!** Répondez que non.

1. Ta grand-mère travaille encore?
2. Ta sœur joue encore au foot?
3. Tu écris encore à ton amie Marie?
4. Tes amis et toi, vous allez encore en vacances à Chamonix?
5. Tes amis sont encore à Paris?

22 **Non, non et non!**
Répondez que non.

1. Tu as dit quelque chose?
2. Il a vu quelque chose?
3. Ils ont acheté quelque chose?
4. Ils ont appris quelque chose?
5. Ils ont toujours fait du sport?
6. Il a vu quelqu'un?
7. Ils ont entendu quelqu'un?
8. Tu as téléphoné à quelqu'un?

23 **L'été** Work with a classmate. Tell him or her some things you like to do in the summer. For some reason, you didn't get to do these things last summer. Tell what you didn't do.

Une piscine, Paris

Le passé composé avec être
Describing more past actions

1. Certain verbs form their **passé composé** with **être** instead of **avoir**. Many verbs that are conjugated with **être** express motion to or from a place.

arriver	Il est arrivé.
entrer	Il est entré.
monter	Il est monté.
descendre	Il est descendu.
aller	Il est allé.
partir	Il est parti.
sortir	Il est sorti.
rentrer	Il est rentré.

Rappelez-vous que...

Ne... **pas** goes around the verb **avoir** in the **passé composé.** It also goes around the verb **être** in the **passé composé.**
Il n'est pas arrivé.

2. The past participle of verbs conjugated with **être** must agree with the subject in number (singular and plural) and in gender (masculine and feminine). Note that when **on** means **nous,** the past participle agreement is the same as for **nous.** Study the following forms.

Masculin	Féminin
je suis parti	je suis partie
tu es parti	tu es partie
il est parti	elle est partie
on est partis	on est parties
nous sommes partis	nous sommes parties
vous êtes parti(s)	vous êtes partie(s)
ils sont partis	elles sont parties

Note that since all the past participles of the verbs above end in a vowel, there is no difference in sound.

3. Although the following verbs do not express motion to or from a place, they are also conjugated with **être.**

rester	Il est resté huit jours.	*He stayed a week.*
tomber	Il est tombé.	*He fell.*
naître	Elle est née en France.	*She was born in France.*
mourir	Elle est morte en 2003.	*She died in 2003.*

Comment dit-on?

24 **Historiette** **Un voyage à Grenoble**
Répondez que oui.

1. Carine est allée à Grenoble?
2. Elle est arrivée à la gare de Lyon à 10 h?
3. Elle est allée sur le quai?
4. Elle est montée dans le train?
5. Le train est parti à l'heure?
6. Le train est arrivé à Grenoble à l'heure?
7. Carine est descendue du train à Grenoble?
8. Elle est sortie de la gare?

Un téléphérique, Grenoble

25 **Historiette** **À l'école** Donnez des réponses personnelles.

1. Tu es allé(e) à l'école ce matin?
2. Tu es arrivé(e) à quelle heure?
3. Tu es entré(e) immédiatement?
4. Tu es sorti(e) de l'école à quelle heure hier?
5. Tu es rentré(e) chez toi à quelle heure?

Villefranche, Côte d'Azur

26 **Historiette** **Au bord de la mer**
Mettez au passé composé.

Michel et sa sœur vont au bord de la mer. Ils partent à l'heure. Ils montent dans l'autocar. Ils arrivent à Villefranche. Ils descendent de l'autocar. Ils vont à la plage. La sœur de Michel va nager. Elle sort de l'eau. Tous les deux, ils vont au café. Ils rentrent chez eux très tard.

27 **Qui est sorti?** Donnez des réponses personnelles.

1. Le mois dernier, vous êtes allés au cinéma, tes copains et toi?
2. Vous y êtes allés comment? En voiture? En bus?
3. Qu'est-ce que vous avez vu comme film?
4. Vous êtes partis tous ensemble?
5. Vous êtes arrivés en retard?
6. Vous êtes allés manger et boire quelque chose après le film?
7. À quelle heure est-ce que vous êtes rentrés chez vous?

28 **Une excursion** Complétez en utilisant le passé composé.

Mathieu: Tu __1__ (aller) en Normandie avec Laure. C'est ça?

Thérèse: C'est ça. Nous __2__ (aller) au Mont-Saint-Michel.

Mathieu: Vous avez aimé?

Thérèse: Nous avons adoré! Nous __3__ (monter) à la basilique. Heureusement, nous __4__ (arriver) avant tous les touristes!

Mathieu: Vous __5__ (sortir) sur la terrasse?

Thérèse: Oui. Superbe, la vue! Mais des cars entiers de touristes __6__ (arriver), alors nous __7__ (partir). Nous __8__ (rentrer) à l'hôtel.

Mont-Saint-Michel, Normandie

Saint-Jean-de-Luz, Pays Basque

29 **Être ou ne pas être**
Donnez des réponses personnelles.

1. Tu es né(e) quel jour?
2. Tu es né(e) à l'hôpital? Dans quel hôpital?
3. Ta mère est restée combien de jours à l'hôpital?
4. Tes parents sont nés où?
5. Et tes grands-parents, ils sont nés où?
6. Ta grand-mère est morte? Et ton grand-père?

30 **À Saint-Jean-de-Luz** Work with a classmate. You both went to Saint-Jean-de-Luz, on the Atlantic Ocean, near the Spanish border, but you did not go together. Ask each other what you did there. Find out as much as you can about each other's trip.

ENCORE PLUS

*For more practice using the **passé composé** with **être**, do Activity 37 on page H38 at the end of this book.*

Vous êtes sur le bon chemin. Allez-y!

Conversation

À la plage

Laurène: Qu'est-ce que tu as fait hier?

Marine: Je suis allée à la plage.

Laurène: Tu as eu de la chance. Il a fait très beau hier!

Marine: Oui, mais je suis arrivée à la plage, j'ai regardé dans mon sac et… pas de maillot!

Laurène: Ben, qu'est-ce que tu as fait, alors?

Marine: Je suis allée dans l'eau.

Laurène: Sans maillot!

Marine: Oui, mais en blue-jean! Et toi, qu'est-ce que tu as fait?

Laurène: Absolument rien. Je n'ai rien fait et je n'ai vu personne.

Vous avez compris?

Répondez.

1. Marine est allée où hier?
2. Il a fait beau?
3. Elle a pris son maillot?
4. Elle a nagé?
5. Elle est allée dans l'eau sans maillot?
6. Elle est allée dans l'eau comment?
7. Et Laurène, qu'est-ce qu'elle a fait hier?
8. Elle a vu quelqu'un?

Parlons un peu plus

A **Quel temps fait-il?** Work with a classmate. Pretend that one of you lives in Montreal and the other lives in Fort-de-France in Martinique. Compare what it's like on a typical day in February. Tell some things you do in February.

B **À Tahiti** Work with a classmate. Pretend you spent a week on the beach in Tahiti. Tell your partner about your vacation and answer any questions he or she may have.

Martinique
Les Plages

Vauclin / Plage de Macabou : Entrée payante, plage aménagée, sable blanc et raisiniers bord de mer, tables pour pique-nique.

Plage du Diamant / Plage de la Dizac : Plage sauvage, très ventilée, beaucoup de vagues. Littoral ombragé et aménagé. Baignade avec prudence.

Anses d'Arlets / Plage de Grande Anse et Petite Anse : Jolies plages de sable blanc, très ensoleillées. Mer très calme, peu ventée, restaurants à proximité.

Sainte-Luce : Plage de Corps de Garde et de Gros Raisin, plages animées et aménagées, tables et bancs, sable blanc.

L'Anse Céron / L'Anse Couleuvre : Belle plage aménagée et typique. Sable noir. En continuant le petit chemin pittoresque, à un kilomètre de marche, vous arriverez à l'Anse Couleuvre, plage déserte de dable noir. Eaux profondes.

Plage du Carbet / Anse Turin : Grande plage de sable noir, eaux profondes.

Prononciation

Le son /y/ 🎧

1. The sound /y/ occurs in two positions: final, and between two vowel sounds. Repeat the following.

fille	soleil	travaille	taille
bouteille	maillot	travailler	billet

2. Now repeat the following sentences.

   J'ai un vieux maillot.
   On ne travaille pas bien au soleil.

un soleil en maillot

Lectures culturelles

Un petit voyage au Canada

En février, pendant les huit jours de vacances d'hiver, les élèves de Madame Lebrun sont allés au Canada, avec Madame Lebrun, bien sûr. Ils ont pris le train à New York et sont descendus à Montréal. Ils ont passé trois jours à Montréal. Montréal est la deuxième ville francophone après Paris. Les élèves de Madame Lebrun ont été très contents parce qu'ils ont pu pratiquer leur français. Et ils ont tout compris!

Après trois jours à Montréal, ils sont partis pour le parc du Mont-Tremblant. Le Mont-Tremblant est une station de sports d'hiver tout près de la jolie ville de Québec. Ils sont arrivés au parc à midi. Ils ont mis leurs skis et sont montés au sommet de la montagne en télésiège. De là-haut, quelle vue superbe on a sur les montagnes et les vallées couvertes de neige! Tu n'as jamais vu de montagnes couvertes de neige? Il n'y a rien de plus beau!

Une rue résidentielle, Montréal

Vieux-Port à Montréal

Mont-Tremblant, Québec

Haïti

La Martinique

CHAPITRE 11

Skis aux pieds et bâtons en mains, ils ont commencé à descendre la piste. Ils ont choisi une piste verte. Au Québec, les pistes vertes sont les pistes faciles pour débutants. Après trois heures sur les pistes, ils sont allés à la patinoire où ils ont fait du patin à glace.

À neuf heures du soir, un des élèves a dit: «Moi, je n'ai jamais été aussi fatigué!» Ça a été le signal de la retraite vers les dortoirs[1]. Ils ont tous dormi comme des souches[2]!

[1] dortoirs *dormitories*
[2] souches *tree stumps*

Vous avez compris?

A Au Canada Répondez.
1. La classe de Madame Lebrun est allée où?
2. Ils y sont allés quand?
3. Ils y sont allés comment?
4. Ils ont pratiqué leur français où?
5. Après trois jours à Montréal, ils sont partis pour où?
6. Qu'est-ce que le Mont-Tremblant?
7. C'est près de quelle ville?
8. Ils y sont arrivés à quelle heure?
9. Ils sont montés jusqu'où?
10. Qu'est-ce qu'ils ont vu du sommet?

B Les vacances d'hiver Vrai ou faux?
1. Les élèves ont eu un mois de vacances.
2. Ils ont pris le train pour aller à Montréal.
3. Montréal est une petite ville.
4. Les élèves sont montés à skis au sommet de la montagne.
5. Pour faire du ski, ils ont mis des patins.
6. Ils ont pris la piste rouge pour les très bons skieurs.
7. Ils ont fait aussi du patin à glace.

Les grandes vacances

Le mois d'août, c'est le mois des grandes vacances en France. Beaucoup de Français quittent la ville et vont à la montagne, à la campagne[1] ou au bord de la mer.

En été, quand le soleil brille dans le ciel bleu, il est fabuleux de passer la journée à la plage. La France est un pays de plages merveilleuses. Il y a plus de mille kilomètres de côtes et des stations balnéaires tout le long de ces côtes—sur la Manche au nord; sur l'océan Atlantique à l'ouest; sur la mer Méditerranée au sud.

La Polynésie française

Étretat, Normandie

Biarritz, Pays Basque

Cannes, Côte d'Azur

Tahiti

Vous voulez passer une petite semaine sur une belle plage en France? Vous voulez rentrer chez vous bien bronzé(e)(s)? Vous allez aller où?

[1] campagne *countryside*

Vous avez compris?

Au bord de la mer Identifiez.
1. le mois des grandes vacances en France
2. la mer qui sépare l'Angleterre de la France
3. l'océan à l'ouest de la France
4. la mer au sud de la France

Le carnaval

La neige arrive au Québec fin novembre et reste jusqu'au mois d'avril. Les jours sont courts, froids, mais très beaux. Le soleil brille souvent dans le ciel bleu et la neige scintille[1].

En février, les Québécois sortent de chez eux pour célébrer le carnaval. Des milliers de visiteurs vont à Québec à cette époque pour célébrer le carnaval. Pendant les dix jours de festivités, il y a un grand défilé de chars[2]. On construit un magnifique palais de glace et il y a un concours[3] de sculptures de glace.

Toutes ces festivités sont orchestrées par un gigantesque bonhomme de neige appelé «Bonhomme Carnaval».

[1] scintille *sparkles*
[2] défilé de chars *float parade*
[3] concours *contest*

«Bonhomme Carnaval», Québec

Le palais de glace, Québec

Vous avez compris?

Au Québec et à Québec Décrivez.
1. un jour d'hiver au Québec
2. le carnaval de Québec
3. «Bonhomme Carnaval»

La Belgique

Tunisie

Le Maroc

Le Mali

CONNEXIONS

Les Beaux-Arts

La peinture

One may know a great deal or just a little about art. But almost everyone has at least some interest in art. How often have we heard, "I may not know anything about art, but I certainly know what I like"?

There is no doubt that France has produced many of the world's greatest artists. Do you recognize the names of these famous French artists: Renoir, Monet, Manet, Degas, Seurat, Boudin, Gauguin?

In 1874, two of these painters, Monet and Renoir, were among a group of artists who held a famous exhibition of their works in Paris. The critics laughed at their works and called the artists "Impressionists" to mock one of Monet's paintings entitled *Impression, soleil levant*. Today, paintings by the Impressionists are among the most admired works in the history of art.

Claude Monet *La pie*

Claude Monet *La route sous la neige à Honfleur*

Les impressionnistes

On dit que les impressionnistes sont les peintres de la vie moderne. Ils ont peint la vie quotidienne[1] des gens (personnes) simples. Pour eux, tous les sujets sont bons. Ils ont peint des parcs, des gares, des usines[2]. Beaucoup de peintres impressionnistes ont préféré quitter leur atelier[3] pour aller peindre en plein air. Les scènes d'été et les scènes d'hiver sont des sujets favoris de plusieurs impressionnistes.

Voici deux tableaux de paysages d'hiver de Claude Monet—*La pie* et *La route sous la neige à Honfleur*.

[1] vie quotidienne *daily life*
[2] usines *factories*
[3] atelier *studio*

Eugène Boudin *La plage de Trouville*

Voici maintenant des scènes de plage. Eugène Boudin a peint *La plage de Trouville*.

Ce tableau *Sur la plage* a été peint par l'ami de Monet, Édouard Manet.

Georges Seurat a peint *Les baigneurs à Asnières*. Asnières est dans la banlieue[4] parisienne sur la Seine. Au fond, on voit les cheminées des usines de Clichy. Il fait très chaud et les ouvriers[5] font un petit plongeon dans la Seine.

[4] banlieue *suburbs*
[5] ouvriers *workers*

Édouard Manet *Sur la plage*

Georges Seurat *Les baigneurs à Asnières*

Vous avez compris?

A Un peu de géographie
Find all the places mentioned where these artists painted.

B Mon tableau favori Pick your favorite painting, describe it, and explain why it is your favorite.

C'est à vous

Use what you have learned

PARLER 1

La mer ou la montagne?
✔ *Talk about summer or winter vacations*

Work with a classmate. Tell him or her where you like to go on vacation. Tell what you do there and some of the reasons you enjoy it so much. Take turns.

Mont-Blanc, Chamonix

Dans les Alpes

PARLER 2

Des vacances merveilleuses
✔ *Talk about vacation activities*

Work with a classmate. Pretend you each had a million dollars. You went on a dream vacation. Take turns describing what you did.

PARLER 3

Le ski
✔ *Talk about skiing*

You're having a hot chocolate on the terrace of a chalet near the slopes of Pralognan-la-Vanoise in the French Alps. You make friends with a French skier (your classmate). Find out as much as you can about each other's skiing habits and abilities.

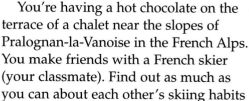

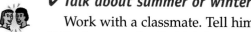

ÉCRIRE 4 Une carte postale

✔ *Write about a summer or winter vacation destination*

Look at these postcards. Choose one. Pretend you spent a week there. Write the postcard to a friend.

Saint-Malo, Bretagne

Mont-Tremblant, Québec

Writing Strategy

Comparing and contrasting Before you begin to write a comparison of people, places, or things, you must be aware of how they are alike or different. When you compare, you are emphasizing similarities; when you contrast, you are emphasizing differences. Making a diagram or a list of similarities and differences is a good way to organize your details before you begin to write.

ÉCRIRE 5 En été et en hiver

A summer day in most parts of the world is quite different from a winter day. Write a paragraph comparing how you spend a vacation day in the summer in comparison to the way you spend a vacation day in the winter. Because of the weather, many of your activities are probably quite different. Not everything is different, however. Describe some things you do whether it's summer or winter.

Assessment

Vocabulaire

1 Complétez.

To review **Mots 1,** turn to pages 356–357.

1. Au bord de la mer, on va à la ____.
2. Il faut mettre de la ____ quand on prend un bain de soleil.
3. Laure apprend à nager. Elle a un très bon ____.
4. Elle apprend à nager dans une ____.
5. Quand il fait mauvais, il y a souvent des nuages dans le ____.
6. Il y a beaucoup de stations balnéaires sur la ____ Méditerranée.

2 Identifiez.

To review **Mots 2,** turn to pages 360–361.

7.

8.

9.

10.

3 Répondez.

11. Il fait quel temps en hiver?
12. Qui tombe souvent—un skieur débutant ou un bon skieur?

Structure

4 Complétez au passé composé.

To review irregular verbs in the **passé composé,** turn to page 364.

13. Il ____ des leçons de natation. (prendre)
14. Il ____ un très bon moniteur. (avoir)
15. Elles ____ un maillot de bain. (mettre)
16. J'____ une carte postale. (écrire)
17. Tu ____ le match? (voir)

5 **Donnez le contraire.**

18. Il joue toujours au foot.
19. Il entend quelque chose.
20. Il regarde quelqu'un.

To review negative statements, turn to page 367.

6 **Récrivez au passé composé.**

21. Elles arrivent à la plage.
22. Il part.
23. Anne et Marie, vous sortez?

To review the **passé composé** with **être**, turn to page 369.

Culture

7 **Vrai ou faux?**

24. On peut pratiquer le français au Québec parce que les Québécois parlent français.
25. Il y a beaucoup de stations de sports d'hiver dans la ville de Montréal.

To review this cultural information, turn to pages 374–375.

Le ski alpin

Tell all you can about this illustration.

Vocabulaire

Going to the beach

une station balnéaire
au bord de la mer
la mer
une plage
une vague

des lunettes (*f. pl.*) de
  soleil
de la crème solaire
un maillot de bain
une serviette

How well do you know your vocabulary?

- Choose one of the seasons from the list.
- Have a classmate make up a sentence that tells something about that season.

Describing summer activities

nager
plonger
prendre un bain de soleil
bronzer
attraper un coup de soleil

faire du surf
faire du ski nautique
faire de la planche à voile
faire une promenade

la natation
une leçon de natation
un moniteur, une monitrice
une piscine
un surfeur, une surfeuse

Going to a ski resort

une station de sports
  d'hiver
une montagne
un sommet
un skieur, une skieuse
un(e) débutant(e)

un télésiège
une piste
une bosse
le ski alpin
le ski de fond
un ski

une chaussure de ski
un bâton
une patinoire
la glace
le patin à glace
un patin

un gant
un bonnet
une écharpe
un anorak

Describing winter activities

faire du ski
monter en télésiège

descendre une piste
tomber

faire du patin à glace

Describing weather and seasons

le temps
le printemps
l'été (*m.*)
l'automne (*m.*)
l'hiver (*m.*)

Il fait quel temps… ?
  au printemps
  en été
  en automne
  en hiver

Il fait beau.
Il fait mauvais.
Il fait chaud.
Il fait froid.
Il fait frais.
Il fait du soleil.

Il pleut.
Il neige.
Il gèle.
le vent

le ciel
le soleil
un nuage

Other useful words and expressions

la journée
passer
faire attention

apporter
rester

longtemps
de temps en temps
tout le temps

VIDÉOTOUR

Épisode 11

In this video episode, Christine experiences "almost firsthand" the wonderful world of skiing. See page 536 for more information.

Révision

Conversation

En vacances

Anne: Tu es arrivé à Nice quand?

Loïc: Je suis arrivé ce matin.

Anne: Tu as pris le train ou l'avion?

Loïc: J'ai pris le train—le TGV.

Anne: Et maintenant qu'est-ce que tu vas faire?

Loïc: Absolument rien! Je ne vais rien faire. Je vais passer toute la journée à la plage et lire tous les magazines sportifs que je n'ai jamais le temps de lire.

Promenade des Anglais, Nice

Vous avez compris?

Répondez.

1. Loïc est arrivé à Nice quand?
2. Qu'est-ce qu'il a pris, le train ou l'avion?
3. Il a pris le TGV?
4. Qu'est-ce que Loïc va faire à Nice?
5. Il va passer toute la journée où?
6. Qu'est-ce qu'il veut lire?

Structure

Les verbes au présent

1. Review the following regular **-ir** and **-re** verbs.

FINIR	je finis, tu finis, il/elle/on finit, nous finissons, vous finissez, ils/elles finissent
VENDRE	je vends, tu vends, il/elle/on vend, nous vendons, vous vendez, ils/elles vendent

2. Review these other **-ir** verbs.

SORTIR	je sors, tu sors, il/elle/on sort, nous sortons, vous sortez, ils/elles sortent
PARTIR	je pars, tu pars, il/elle/on part, nous partons, vous partez, ils/elles partent
DORMIR	je dors, tu dors, il/elle/on dort, nous dormons, vous dormez, ils/elles dorment
SERVIR	je sers, tu sers, il/elle/on sert, nous servons, vous servez, ils/elles servent

3. Review the following irregular verbs.

ÉCRIRE	j'écris, tu écris, il/elle/on écrit, nous écrivons, vous écrivez, ils/elles écrivent
LIRE	je lis, tu lis, il/elle/on lit, nous lisons, vous lisez, ils/elles lisent
DIRE	je dis, tu dis, il/elle/on dit, nous disons, vous dites, ils/elles disent

RECEVOIR	je reçois, tu reçois, il/elle/on reçoit, nous recevons, vous recevez, ils/elles reçoivent
DEVOIR	je dois, tu dois, il/elle/on doit, nous devons, vous devez, ils/elles doivent
BOIRE	je bois, tu bois, il/elle/on boit, nous buvons, vous buvez, ils/elles boivent

1 **Historiette** **Un voyage en train** Complétez au présent.

Nous __1__ (partir) en voyage. Maman __2__ (attendre) devant le guichet. Elle __3__ (choisir) deux places en seconde. Maman __4__ (sortir) de l'argent et achète les billets. Nous __5__ (attendre) le train sur le quai. Le train __6__ (partir) à l'heure. Je __7__ (sortir) les billets de mon sac à dos. Je __8__ (donner) les billets au contrôleur. Nous __9__ (aller) au snack-bar. Je __10__ (choisir) un sandwich au jambon. Maman aussi __11__ (prendre) un sandwich au jambon. Le serveur __12__ (servir) Maman en premier. Nous __13__ (finir) notre sandwich. Nous commandons un express; nous __14__ (boire) notre express. Nous retournons à notre place. Nous __15__ (dormir) un peu… Et nous arrivons à Toulon. Tous les voyageurs __16__ (descendre) du train. Nous __17__ (descendre) aussi. Enfin, nous sommes en vacances!

2 **Qu'est-ce que tu fais?** Donnez des réponses personnelles.

1. Tu lis tous les magazines que tu reçois?
2. Tu écris des articles dans le journal de l'école?
3. Tu dis toujours quels sont tes projets à tes amis?
4. Tu reçois quelquefois des e-mails de tes amis?
5. Tu dois aller voir tes grands-parents de temps en temps?

3 **Qu'est-ce qu'il fait?**
Refaites l'Activité 2 en remplaçant **tu** par **il,** et puis répondez.

4 **Qu'est-ce que vous faites?**
Refaites l'Activité 2 en remplaçant **tu** par **vous,** et puis répondez.

Les adjectifs

1. Review the adjectives **quel, ce,** and **tout.**

Quel groupe?	Quels garçons?	Quelle classe?	Quelles filles?
Ce groupe?	Ces garçons?	Cette classe?	Ces filles?
Oui, tout le groupe.	Oui, tous les garçons.	Oui, toute la classe.	Oui, toutes les filles.

2. Remember that you use **cet** before a singular masculine noun that begins with a vowel or a silent **h: cet‿ami, cet‿horaire.**

5 **Quels sont tes favoris?** Répondez.

1. Toutes les classes sont intéressantes?
   Tu aimes cette classe aussi?
   Quelle classe est vraiment ta favorite?
2. Tu trouves tous les sports intéressants?
   Tu aimes ce sport?
   Quel est ton sport favori?
3. Tous les joueurs de cette équipe sont bons?
   Cette équipe gagne tous les matchs?
   Tous les spectateurs aiment ce sport?
   On parle de quel sport?

Ils jouent au foot.

6 **Les sports**
Complétez d'après les indications.

1. Tu parles de _____ équipe et de _____ match? (quel)
2. Je parle de _____ équipe, de _____ match et de _____ arbitre. (ce)
3. J'aime _____ les sports, mais pas _____ les équipes. (tout)
4. Voilà _____ les joueurs de l'équipe. (tout)
5. _____ trois joueurs sont excellents. C'est pourquoi _____ équipe gagne toujours. (ce)

Révision

Les verbes au passé composé

1. The **passé composé** expresses an action begun and completed at a specific time in the past. You form the **passé composé** by using the present tense of **avoir** and the past participle. Review the regular **-er, -ir,** and **-re** verbs.

PARLER	CHOISIR	ATTENDRE
j' ai parlé	j' ai choisi	j' ai attendu
tu as parlé	tu as choisi	tu as attendu
il/elle/on a parlé	il/elle/on a choisi	il/elle/on a attendu
nous avons parlé	nous avons choisi	nous avons attendu
vous avez parlé	vous avez choisi	vous avez attendu
ils/elles ont parlé	ils/elles ont choisi	ils/elles ont attendu

2. Review the verbs that have an irregular past participle.

devoir	dû	recevoir	reçu	dire	dit
boire	bu	avoir	eu	écrire	écrit
croire	cru				
voir	vu	prendre	pris	être	été
lire	lu	apprendre	appris	faire	fait
pouvoir	pu	comprendre	compris		
vouloir	voulu	mettre	mis		

Aéroport Charles-de-Gaulle, Roissy

7 **Historiette** **En voyage** Répondez.

1. Tu as fait tes valises?
2. Tu as pris ton billet et ton passeport?
3. À l'aéroport, tu as fait enregistrer tes bagages?
4. Tu as choisi ta place?
5. Tu as fait bon voyage?

8 **Historiette** **C'est passé.** Complétez en utilisant le passé composé.

1. Ils ____ ce que vous ____. (croire, dire)
2. Elle ____ des leçons de natation et elle ____ toutes les instructions de son moniteur. (prendre, comprendre)
3. Nous ____ une lettre de Marianne mais nous n'____ pas ____ à sa lettre. (recevoir, répondre)
4. Il ____ des courses. Il ____ tout ce qu'il ____ dans un grand sac. (faire, mettre, acheter)
5. Chez elle, elle ____ un verre d'eau et elle ____ son journal. (boire, lire)
6. J'____ très contente de voir Sébastien, mais je n'____ pas ____ sortir avec lui. (être, vouloir)

Le passé composé avec être

1. Many verbs that express motion to or from a place are conjugated with **être** in the **passé composé.** Such verbs are: **aller, descendre, rentrer, entrer, sortir, monter, arriver,** and **partir.**

MASCULIN		FÉMININ	
ALLER	**DESCENDRE**	**ALLER**	**DESCENDRE**
je suis allé	je suis descendu	je suis allée	je suis descendue
tu es allé	tu es descendu	tu es allée	tu es descendue
il est allé	il est descendu	elle est allée	elle est descendue
on est allés	on est descendus	on est allées	on est descendues
nous sommes allés	nous sommes descendus	nous sommes allées	nous sommes descendues
vous êtes allé(s)	vous êtes descendu(s)	vous êtes allée(s)	vous êtes descendue(s)
ils sont allés	ils sont descendus	elles sont allées	elles sont descendues

Note that the past participle of verbs conjugated with **être** agrees with the subject.

2. The verbs **rester, tomber, naître,** and **mourir** are also conjugated with **être.**

Il est resté huit jours. **Elle est née le 20 décembre.**
Elle est tombée. **Son grand-père est mort le 2 janvier.**

9 **Historiette** **À l'école** Répondez.

1. Tu es allé(e) à l'école à quelle heure ce matin?
2. Tu es sorti(e) de la maison à quelle heure?
3. Quand tu es entré(e) dans la classe de français, tu as dit bonjour au professeur?
4. Tu es resté(e) à l'école après les cours?
5. Tu es allé(e) où après les cours?
6. Tu es rentré(e) chez toi vers quelle heure?

10 **Historiette** **En train** Refaites les phrases avec le sujet indiqué.

1. Ils sont allés à Genève. (elles)
2. Les voyageurs sont descendus du train. (la voyageuse)
3. Elle est sortie de la gare. (il)
4. Il a cherché un taxi. (elle)
5. Elles sont rentrées à neuf heures du soir. (nous)

Genève, Suisse

Les mots négatifs

Review the negative words. Pay particular attention to their placement.

Je ne vais pas au café.
Je ne vais jamais au café.
Je ne vais plus au café.

Je ne suis pas allé(e) au café.
Je ne suis jamais allé(e) au café.
Je ne suis plus allé(e) au café.

Je ne vois rien et je n'ai rien vu.
Je ne vois personne et je n'ai vu personne.

LITERARY COMPANION *You may wish to read the adaptation of* **La Chanson de Roland.** *You will find this literary selection on page 512.*

11 **Non.** Répondez que non.

1. Tu vois quelqu'un?
2. Tu entends quelqu'un?
3. Tu vois quelque chose?
4. Tu veux quelque chose?
5. Tu vas encore au café?

6. Tu arrives toujours en retard?
7. Tu as vu quelque chose?
8. Tu as dit quelque chose?
9. Tu as vu quelqu'un?
10. Tu as attendu quelqu'un?

12 **Enquête sur les saisons** You want to know if your partner prefers summer or winter. On a separate sheet of paper, make a chart like the one to the right. Fill it out for both seasons. Compare your chart with your partner's and try to guess which season your partner prefers by asking questions about his or her choices.

	L'hiver	L'été
Vêtements		
Activités	le ski	le ski nautique
Équipement		
Nourriture		

13 **Un match** Work with a classmate. Discuss the last sports event you saw.

14 **On y va comment?** Look at these train and plane schedules. You want to go from Paris to London. With a classmate decide how you are going to get there and discuss your choice. Then tell what you are going to do there.

1. La ville de Québec vue du Saint-Laurent
2. La porte Saint-Louis à Québec
3. Le complexe Desjardins à Montréal
4. La chute Montmorency à l'est de la ville de Québec
5. Bateau de pêche dans la baie de Gaspé
6. Skieurs à Sainte-Agathe-des-Monts dans les Laurentides
7. Marionnettes sur le Vieux-Port à Montréal

6

NATIONAL
GEOGRAPHIC

REFLETS
du Canada

7

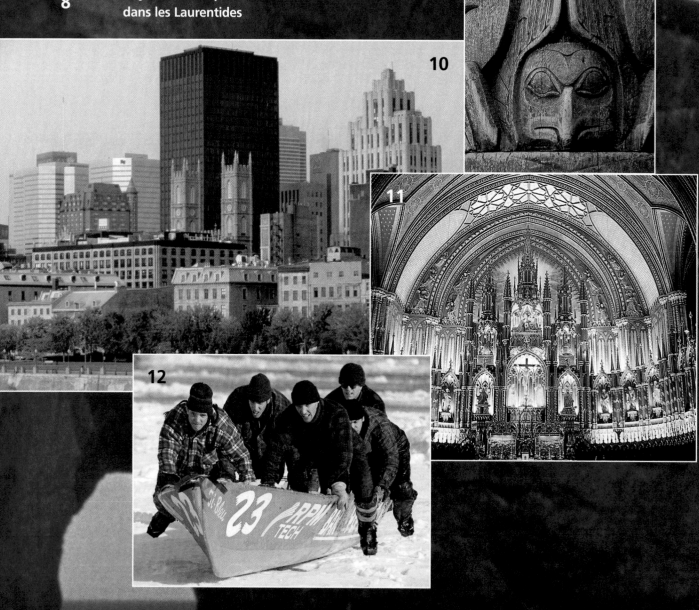

13

14

La routine quotidienne

Objectifs

In this chapter you will learn to:

✔ *describe your personal grooming habits*

✔ *talk about your daily routine*

✔ *talk about your family life*

✔ *tell some things you do for yourself*

✔ *talk about daily activities in the past*

✔ *discuss a French family's daily routine*

1901 Le lave-linge
La Poste 2000
RF   0.46€

Edgar Degas *Toilette matinale*

Vocabulaire

La routine 🎧

se réveiller

se lever

Elle se lève tôt.
Elle ne se lève pas tard.

se laver

un gant
de toilette

du savon

Il se lave la figure.

se laver
les cheveux

du shampooing

tôt   tard

un peigne

une brosse

Une fille se peigne.
L'autre se brosse les cheveux.

se laver (se brosser)
les dents

une brosse à dents

du dentifrice

une glace

se raser

un rasoir

se maquiller

s'habiller

se coucher

prendre une douche

prendre un bain

Elle s'appelle Mélanie.
Mélanie se réveille.
Elle se lève tout de suite.

D'abord, elle se lave.

Ensuite elle se lave les dents.

Enfin elle prend son
petit déjeuner.

Elle se dépêche.

Quel est le mot?

1 **Historiette** **La matinée de Guillaume**
Inventez des réponses.

1. Le matin Guillaume se réveille à six heures?
   Il se lève tôt ou tard?
2. Il se lève tout de suite?
3. D'abord, il va dans la salle de bains pour
   se laver?
4. Il se lave la figure avec un gant de toilette?
5. Ensuite, il se lave les dents avec une brosse
   à dents et du dentifrice?
6. Il prend un bain ou une douche?
7. Il se regarde dans la glace quand il se rase?
8. Il s'habille dans sa chambre à coucher?
9. Enfin, il prend son petit déjeuner avant
   d'aller à l'école?
10. Il se dépêche? Pourquoi?

Guillaume se rase.

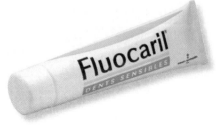

2 **Dans quelle pièce?** Complétez.

1. On se brosse les dents dans _____.
2. On se couche dans _____.
3. On prend une douche dans _____.
4. On se maquille dans _____.
5. On dort dans _____.
6. On prend son petit déjeuner dans _____.

3 **Qu'est-ce qu'il faut?** Choisissez la bonne réponse.

1. Pour se laver les dents il faut _____.
   a. de la crème   **b.** du dentifrice   **c.** du déodorant
2. Pour se laver la figure et les mains, il faut _____.
   a. du déodorant   **b.** du dentifrice   **c.** du savon
3. Pour se raser il faut _____.
   a. un rasoir   **b.** une brosse à dents   **c.** un peigne
4. Pour se peigner il faut _____.
   a. du shampooing   **b.** un peigne   **c.** du savon
5. Pour se laver les cheveux il faut _____.
   a. du déodorant   **b.** du shampooing   **c.** du savon
6. Pour se brosser les cheveux il faut _____.
   a. une brosse   **b.** un peigne   **c.** une brosse à dents

4 **Pendant la journée** Work with a classmate. Each of you will choose a family member and tell each other about that person's daily activities.

mon père   mon cousin   ma mère

ma sœur   ma cousine   mon frère

Une famille fait les courses, Yerres, France.

 For more practice using words from Mots 1, do Activity 38 on page H39 at the end of this book.

Vocabulaire

Chez les Moulin 🎧

la cuisine

un évier

un frigidaire, un réfrigérateur

un lave-vaisselle

Avant le dîner, Christophe met la table.

une télécommande

faire la vaisselle

débarrasser la table

Après le dîner, Mélanie débarrasse la table.
Et Maman fait la vaisselle.

M. Moulin a mis (a allumé) la télé.

la salle de séjour

faire ses devoirs

M. Moulin a zappé pour éviter les publicités.
Il a changé de chaîne.
Il a regardé son émission favorite.
Mélanie a fait ses devoirs après le dîner.

un magnétoscope

une cassette vidéo

Mélanie a fait ses devoirs.
Elle n'a pas pu regarder le film à la télé.
Elle a enregistré le film.

Après l'émission M. Moulin a
    éteint la télé.

Quel est le mot?

Ils regardent la télé.

5 **Historiette** **Chez les Fauvet**

Répondez d'après les indications.

1. Qui a mis la table? (Paul)
2. Qui a servi le dîner? (Mme Fauvet)
3. Qui a débarrassé la table? (M. Fauvet)
4. Qui a fait la vaisselle? (Sophie)
5. Où est-ce qu'elle a mis les assiettes, les verres et les couverts? (dans le lave-vaisselle)
6. Après le dîner, qui a mis la télé? (M. Fauvet)
7. Qu'est-ce qu'ils ont regardé à la télé? (leur émission favorite)
8. Ils ont zappé pour éviter les publicités? (oui)
9. Qui a éteint la télé? (M. Fauvet)
10. Qui est sorti après le dîner? (Sophie)
11. Elle s'est bien amusée? (oui)
12. Elle a fait ses devoirs avant de sortir? (oui)

6 **Quel est le mot?** Complétez.

1. L'évier, le frigidaire et le lave-vaisselle se trouvent dans la ____.
2. On rince la vaisselle dans l'____, et ensuite, on met les verres, les assiettes et les couverts dans le ____.
3. Avant le dîner, on ____ la table.
4. Après le dîner, on ____ la table.
5. Quand on veut regarder la télévision, on ____ la télévision.
6. M. Fauvet n'arrive pas à trouver une émission qu'il aime. Il change souvent de ____.
7. On peut changer de chaîne avec une ____.
8. Si on n'est pas à la maison pour regarder un film, on peut ____ le film sur une cassette vidéo.
9. Pour enregistrer un film à la télé il faut avoir un ____.

Pour 20€/MOIS*

découvrez
les nouveaux pouvoirs
de votre télécommande
...

LYONNAISE CABLE

7 **Historiette** **Chez moi** Donnez des réponses personnelles.

1. Tu rentres à la maison vers quelle heure?
2. Qui prépare le dîner chez toi?
3. Qui met la table?
4. Qui sert le dîner?
5. Qui débarrasse la table?
6. Qui fait la vaisselle?
7. Qu'est-ce que vous faites après le dîner?
8. Tu fais tes devoirs avant de regarder la télévision?

8 **Chez nous** Work with a classmate. Share information about what you usually do when you return home after school. Decide if much of your routine is the same.

9 **En famille** Work with a classmate. Ask each other questions about the illustration. Answer each other's questions.

For more practice using words from **Mots 2,** *do Activity 39 on page H40 at the end of this book.*

Structure

Les verbes réfléchis au présent
Telling what people do for themselves

1. Compare the following pairs of sentences.

Paul regarde le bébé.

Paul se regarde.

Anne couche le bébé.

Anne se couche.

In the sentences on the left, one person performs the action and another receives the action. In the sentences on the right, the person performs the action and also receives the action. For this reason, the pronoun **se** must be used. **Se** refers to the subject or doer of the action and is called a "reflexive" pronoun. It indicates that the action of the verb is reflected back to the subject.

2. Each subject pronoun has its corresponding reflexive pronoun. Study the following.

SE LAVER		S'HABILLER	
je	me lave	je	m'habille
tu	te laves	tu	t'habilles
il/elle/on	se lave	il/elle/on	s'habille
nous	nous lavons	nous	nous‿habillons
vous	vous lavez	vous	vous‿habillez
ils/elles	se lavent	ils/elles	s'habillent

3. The reflexive pronoun cannot be separated from the verb. In the negative, **ne** comes before the reflexive pronoun and **pas** comes after the verb.

> **Je me réveille mais je ne me lève pas tout de suite.**
> **On ne se lave jamais les dents avant le dîner.**
> **Je ne me lave plus les cheveux tous les jours.**

4. When a reflexive verb follows another verb, the reflexive pronoun agrees with the subject.

> **Je ne veux pas me lever tôt.**
> **Vous allez vous coucher tard.**

Les lavages publics du Banco, Abidjan, Côte d'Ivoire

Comment dit-on?

10 **La matinée de Jean-Marc** Répétez la conversation.

11 **Historiette** **C'est malin!** Répondez d'après la conversation.

1. Jean-Marc se lève à quelle heure?
2. Il se lave?
3. Il se lave les dents?
4. Il se rase?
5. Il s'habille?
6. Qu'est-ce qu'il fait en une demi-heure?

12 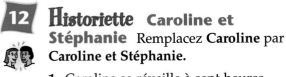 **Historiette** Caroline et
Stéphanie Remplacez **Caroline** par
Caroline et Stéphanie.

1. Caroline se réveille à sept heures.
2. Caroline se lève tout de suite.
3. Caroline se lave les dents.
4. Caroline se lave les mains et la figure.
5. Caroline se brosse les cheveux.
6. Caroline s'habille.
7. Caroline se maquille.

Les deux sœurs se maquillent.

13 **Historiette** Le matin Donnez des réponses personnelles.

1. Tu te lèves à quelle heure le matin?
2. Tu vas dans la salle de bains?
3. Tu te laves?
4. Tu te laves les mains et la figure?
5. Tu prends une douche ou un bain?
6. Tu te laves les cheveux avec du shampooing?
7. Tu te peignes?
8. Tu te regardes dans la glace quand tu te peignes?

14 **Historiette** Ma famille Remplacez **on** par **nous.**

 Je m'appelle Christian. Dans la famille on se réveille tôt. On ne se lave pas le matin parce qu'on se lave le soir. Ensuite on s'habille. On prend notre petit déjeuner tous ensemble. Après, on se lave les dents. Et on se dépêche d'aller, moi à l'école, mes parents au travail.

15 Ta famille Posez des questions à Christian. Utilisez le paragraphe de l'Activité 14 comme guide. Vous pouvez utiliser les sujets suivants.

16 **Historiette** Dimanche Donnez des réponses personnelles.

1. Tu vas te réveiller à quelle heure dimanche?
2. Tu vas t'habiller avant de prendre le petit déjeuner?
3. Tu vas sortir avec des amis?
4. Vous allez vous habiller comment?
5. Tu vas te coucher tard?

 For more practice using reflexive verbs, do Activity 40 on page H41 at the end of this book.

17 **Je me réveille et...** Work in groups of three or four. Tell the order of your daily activities from morning to night. Do you all do everything in the same order? What's the most common routine? Who has the oddest routine? Describe it.

18 **Jeu** **J'ai quelque chose.** You have something you use routinely. Tell a classmate what it is. He or she will guess what you use it for.

J'ai du dentifrice.

Tu te laves les dents.

Attention!

1. Note the changes in pronunciation and spelling of the following verbs.

SE LEVER
je me lève
tu te lèves
il se lève

nous nous levons
vous vous levez
ils se lèvent

S'APPELER
je m'appelle
tu t'appelles
il s'appelle

nous nous‿appelons
vous vous‿appelez
ils s'appellent

The verbs **se promener** and **acheter** have the same spelling changes as **se lever.**

2. Note the spelling of the **nous** form of verbs that end in **-ger** and **-cer: nous mangeons, nous nageons, nous voyageons, nous commençons.**

Répondez d'après le modèle.

— **Je me lève à six heures!**
— **Nous aussi, nous nous levons à six heures.**

1. Je me lève à cinq heures.

2. Je me promène un peu dans le parc.

3. Je nage dans la piscine.

4. J'achète un café et un croissant.

5. Je commence à manger mon croissant dans la rue.

6. Je mange tout mon croissant dans la rue.

Les verbes réfléchis au passé composé
Telling what people did for themselves

1. You form the **passé composé** of reflexive verbs with the verb **être.** Note the agreement of the past participle with reflexive verbs.

SE LAVER

Masculin	Féminin
je me suis lavé	je me suis lavée
tu t'es lavé	tu t'es lavée
il s'est lavé	elle s'est lavée
on s'est lavés	on s'est lavées
nous nous sommes lavés	nous nous sommes lavées
vous vous êtes lavé(s)	vous vous êtes lavée(s)
ils se sont lavés	elles se sont lavées

2. Note that when a part of the body follows a reflexive verb, there is no agreement.

Agreement	No agreement
Marie s'est lavée.	Marie s'est lavé les mains.
Nous nous sommes brossés.	Nous nous sommes brossé les cheveux.

3. In the negative sentence, you put the negative words around the reflexive pronoun and the verb **être.**

Je ne me suis pas levée tard.
Mes amis ne se sont jamais amusés chez Paul.

Comment dit-on?

Papa va se réveiller?

Il s'est déjà réveillé.

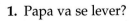

19 **Déjà fait** Répondez d'après le modèle.

1. Papa va se lever?
2. Papa va se laver?
3. Papa va se peigner?
4. Papa va s'habiller?

20 **Maman** Refaites l'Activité 19 en remplaçant **Papa** par **Maman.**

21 **Historiette** **Tôt** Donnez des réponses personnelles.

1. Tu t'es réveillé(e) tôt ce matin?
2. Tu t'es levé(e) tout de suite ou tu t'es rendormi(e)?
3. Tu as pris une douche ou tu t'es lavé seulement la figure et les mains?
4. Tu t'es habillé(e) avant ou après le petit déjeuner?
5. Tu t'es peigné(e) ou tu t'es brossé les cheveux ce matin?
6. Tu t'es lavé les dents après le petit déjeuner?
7. Tu t'es bien amusé(e) à l'école?
8. Tu t'es couché(e) à quelle heure hier soir?

22 **Nous et vous** Complétez au passé composé.

1. Ce matin, ma sœur et moi, nous _____ à sept heures. Et vous, vous_____ à quelle heure? (se réveiller)
2. Nous _____ tard. Vous _____ tard? (se lever)
3. Nous _____. Vous _____ aussi? (se dépêcher)
4. Nous _____ très vite. Vous _____ vite aussi? (s'habiller)

23 **Mes cousins** Mettez au pluriel.

1. Il s'est levé.
2. Il s'est lavé.
3. Il s'est rasé.
4. Il s'est habillé.
5. Elle s'est levée tard.
6. Elle s'est maquillée.
7. Elle s'est vite habillée.
8. Elle s'est dépêchée.

Elles se dépêchent.

24 **Historiette** **Ce matin** Inventez une histoire.

1. Tu t'es levé(e) à quelle heure ce matin?
2. Et ton frère, il s'est levé à quelle heure?
3. Vous vous êtes tous habillés avant le petit déjeuner?
4. Vous vous êtes lavé les dents après le petit déjeuner?
5. Tes parents se sont dépêchés pour aller au travail?

25 **Qu'est-ce qu'elle a fait?** Complétez.

1. Elle s'est levé__ ce matin à six heures.
2. Elle s'est lavé__ la figure.
3. Elle s'est lavé__ les dents.
4. Elle s'est amusé__ à l'école.
5. Elle s'est couché__ de bonne heure.

26 **Ce matin** Work with a classmate. Tell each other what you did this morning from the time you woke up until you left for school.

27 **On s'est bien amusé(e)s.** Choose one of the illustrations. Describe it. A classmate will tell which one you're describing and let you know whether the people had fun. Take turns.

1.

2.

3.

28 **Une journée extraordinaire!** Work with a classmate. Imagine that yesterday was really a great day. Tell each other what happened.

 For more practice using reflexive verbs, do Activity 41 on page H42 at the end of this book.

Vous êtes sur le bon chemin. Allez-y!

Conversation

Quelle interro?

Thomas: Tu n'as pas l'air très réveillée, ce matin.
Magali: Ben, non, je n'ai pas assez dormi.
Thomas: Tu t'es couchée à quelle heure?
Magali: À trois heures du matin.
Thomas: À trois heures du mat! Ça va pas, non?
Qu'est-ce que tu as fait? Tu n'as pas pu
éteindre la télé, c'est ça?
Magali: La télé? Tu rigoles! L'interrogation de
maths, plutôt.
Thomas: L'interro de maths? Quelle interro de
maths?

Vous avez compris?

Répondez.

1. Magali a assez dormi hier soir?
2. Elle s'est couchée à quelle heure?
3. Elle a regardé la télévision?
4. Qu'est-ce qu'elle a fait?
5. Et Thomas, il a étudié ses maths?

Parlons un peu plus

A **Je suis fatigué(e)!** Neither you nor your classmate look too good this morning. You both got to bed really late. Tell each other why.

B **Une journée horrible!** Work with a classmate. Imagine that yesterday was a really bad day. Tell each other what happened.

Prononciation

Les sons /s/ et /z/

1. It is important to make a distinction between the sounds /s/ and /z/. After all, you would not want to confuse **poisson** and **poison!** Repeat the following words with the sound /s/ as in **assez** and /z/ as in **raser.**

/s/		/z/	
assez	dessert	désert	télévision
classe	séjour	maison	zapper
vaisselle	boisson	raser	cousin
salle	savon	cousine	

2. Now repeat the following sentences.

> Son cousin choisit le dessert et les boissons.
> La télévision est dans la salle de séjour.
> La salle de classe est assez grande.

poisson **poison**

Lectures culturelles

Reading Strategy

Skimming

There are several ways to read an article or a passage—each one with its own purpose. Skimming means reading quickly in order to find out the general idea of a passage. To skim means to read without paying careful attention to small details, noting only information about the main theme or topic. Sometimes a reader will skim a passage only to decide whether it's interesting enough to read in detail.

La famille Ben Amar

Les Ben Amar habitent à Saint-Quentin-en-Yvelines. C'est une ville nouvelle dans la banlieue[1] parisienne. Les Ben Amar sont des Français d'origine algérienne. En France, il y a beaucoup de gens originaires des pays du Maghreb, c'est-à-dire des trois pays francophones d'Afrique du Nord— le Maroc, l'Algérie et la Tunisie. Aujourd'hui, la deuxième religion en France, c'est la religion musulmane.

Le matin

Dans la famille Ben Amar, il y a six personnes: M. Ben Amar, sa femme et leurs quatre enfants. Ce matin, comme d'habitude, les Ben Amar se sont levés entre six heures et six heures et demie. Ils se sont lavés, peignés, habillés et ils ont pris leur petit déjeuner. Ils sont partis de chez eux vers sept heures et demie. M. Ben Amar est allé à l'usine[2] où il travaille comme contremaître[3]. Ahmed et Halima vont au collège et Aïcha est à l'école primaire. Le petit Jamal a deux ans. Il ne peut pas encore aller à l'école maternelle. Il passe la journée chez sa grand-mère qui habite dans le même immeuble. Comme beaucoup de femmes françaises, Mme Ben Amar travaille à l'extérieur. Tout est assez cher et la famille a besoin de deux salaires. Mme Ben Amar est assistante sociale[4]. Et Mima est toujours contente de garder son petit Jamal.

Les Ben Amar rentrent déjeuner? Non, ils ne rentrent pas chez eux à midi. M. et Mme Ben Amar déjeunent là où ils travaillent et les enfants déjeunent à la cantine de leur école. Le petit Jamal déjeune avec sa grand-mère.

[1] banlieue *suburbs* [3] contremaître *supervisor*
[2] usine *factory* [4] assistante sociale *social worker*

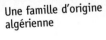

Une famille d'origine algérienne

Tahiti

Mima avec son petit-fils

Haïti

La Martinique

Le soir

Le soir, les enfants rentrent de l'école vers cinq heures. Ils vont chez leur grand-mère. Ils mangent une tartine de confiture ou des petits gâteaux faits par Mima et ils font leurs devoirs. Vers sept heures et demie, leurs parents rentrent. Ce soir, Mima a préparé un bon couscous pour toute la famille. Après le dîner, Ahmed débarrasse la table, Halima aide sa mère à faire la vaisselle et M. Ben Amar regarde la télévision. Ce soir, il y a un bon film égyptien à 22 h 30. Les films égyptiens sont excellents et M. et Mme Amar aiment bien voir de temps en temps un film en arabe.

Saint-Quentin-en-Yvelines, près de Paris

Un bon couscous

Vous avez compris?

A Les Ben Amar Lisez rapidement le texte et trouvez les informations suivantes.

1. le nom de la petite ville où les Ben Amar habitent
2. les noms des pays du Maghreb
3. la deuxième religion en France
4. le nombre d'enfants dans la famille
5. leurs prénoms respectifs
6. l'heure où les Ben Amar se lèvent
7. comment les enfants appellent leur grand-mère

B La journée des Ben Amar Décrivez.

1. le travail de M. Ben Amar
2. le travail de Mme Ben Amar
3. le travail de la grand-mère
4. le dîner des Ben Amar
5. la soirée des Ben Amar

La France

La Suisse

BELGIE

Belgique

La Tunisie

Le Maroc

Le Mali

Le Sénégal

Lecture supplémentaire

Le petit déjeuner

Tout le monde se réveille le matin, se lève, se lave, s'habille et… prend son petit déjeuner. On commence la journée par un bon petit déjeuner. Mais le petit déjeuner n'est pas le même partout[1].

Aux États-Unis

Aux États-Unis, on boit souvent un verre de jus de fruit—du jus d'orange, par exemple. Ensuite on mange des céréales ou des œufs— des œufs brouillés[2], des œufs sur le plat avec du bacon, des saucisses ou du jambon et du pain grillé. Avec ça, on boit du café ou du chocolat ou même un verre de lait. C'est un vrai petit déjeuner américain, mais ce n'est pas un petit déjeuner français. En France, on ne mange jamais d'œufs ni de bacon au petit déjeuner.

[1] partout *everywhere*
[2] brouillés *scrambled*

Un petit déjeuner américain—des œufs sur le plat

En France

Un petit déjeuner typiquement français, c'est du pain, des croissants ou des brioches avec un bol de café au lait (le lait est chaud.) Les enfants boivent souvent du chocolat chaud. On mange souvent des tartines. Une tartine, c'est une tranche de pain beurré avec de la confiture.

Une tartine

La Belgique

La Tunisie

Une tartine

Un croissant et une brioche

Du droî

Des olives

Des figues et des raisins secs

Au Maghreb

En Tunisie, les enfants mangent souvent du droî pour le petit déjeuner. Le droî est de la farine de sorgho[3] cuite à l'eau bouillante[4]. On mange le droî chaud avec un peu de sucre. Les adultes mangent aussi quelquefois du droî, mais souvent ils mangent des tartines comme en France. À la campagne, on mange quelquefois des figues et des raisins secs blancs.

En Algérie, on mange des tartines et du café au lait comme en France, mais à la campagne, on mange quelquefois du fromage, des olives, du pain et de la soupe.

[3] farine de sorgho *sorghum flour*
[4] cuite à l'eau bouillante *cooked in boiling water*

Le Maroc

Vous avez compris?

Un petit déjeuner excellent Décrivez.
1. un petit déjeuner américain
2. un petit déjeuner français
3. un petit déjeuner tunisien
4. un petit déjeuner algérien

Le Mali

CONNEXIONS

Les sciences

L'écologie

Ecology is a subject of great interest to people around the world. No one wants to wake up each morning and breathe polluted air or drink contaminated water. Unfortunately, however, much of what we do in our daily life has a negative impact on our environment. The way we dispose of waste litters fields and pollutes waterways. Factories and vehicles belch smoke and fumes that pollute the air. We are all aware that urgent and dramatic steps must be taken to avert future disasters.

L'air pollué, Lyon

L'air pur, Pays Basque

L'écologie

L'écologie, c'est l'équilibre entre les êtres vivants[1] et la nature. Le terme est maintenant synonyme de survie[2] pour beaucoup d'êtres humains à cause de problèmes écologiques très graves.

La pollution de l'air

L'air que nous respirons est souvent pollué. Le plus souvent, il est pollué par des émissions de gaz qui s'échappent des voitures

[1] êtres vivants *living beings*
[2] survie *survival*

et des camions[3]. Il est pollué aussi par la fumée qui se dégage des cheminées des usines qui brûlent[4] des substances chimiques.

La pollution de l'eau

La contamination de l'eau de nos lacs, de nos rivières et de nos mers est catastrophique dans certaines régions. Les accidents de pétroliers font que des millions de litres de pétrole se déversent[5] dans les mers et les océans. Dans les zones industrielles les usines déversent des déchets[6] industriels dans les rivières. Beaucoup de ces déchets sont toxiques et peuvent causer des maladies[7] très graves.

Le recyclage

De nos jours, il y a de grandes campagnes de recyclage. Grâce au recyclage, nous pouvons utiliser à nouveau des déchets de verre, de papier, de métal et même de plastique.

[3] camions *trucks*
[4] brûlent *burn*
[5] se déversent *are spilled*
[6] déchets *wastes*
[7] maladies *illnesses*

Le naufrage d'un pétrolier, Bretagne

Conteneurs pour le recyclage

Vous avez compris?

A En français, s'il vous plaît.
Trouvez l'équivalent des mots suivants dans la lecture.

1. ecology
2. ecological problems
3. chemical substances
4. air pollution
5. toxic wastes
6. recycling

B Discussion Répondez.

1. L'air est pollué là où vous habitez?
2. Il y a beaucoup d'usines près de chez vous?
3. Il y a beaucoup de voitures, d'autocars et de camions qui passent?
4. Vous recyclez? Qu'est-ce que vous recyclez? Le papier, le carton (*cardboard*), le verre… ?

C'est à vous

Use what you have learned

PARLER
1

Ma famille
✔ *Compare your family life to someone else's*

Work with a classmate. Find out about some family habits in your respective homes: who does what chores, what you do after dinner, etc. Compare your findings.

PARLER
2

Pas la même chose
✔ *Talk about your weekday and weekend routines*

Most people like a change of pace on the weekend. Talk with a classmate about things that students do or don't do during the week. Your partner will say how that differs on the weekend and why. Take turns.

Vincent Van Gogh *La chambre de Vincent à Arles*

> Pendant la semaine, on se lève tôt.

> Pendant le week-end, on se lève plus tard.

PARLER
3

Quel jour!
✔ *Talk about an atypical day*

You have a set routine but sometimes you just can't stick to it. That was the case yesterday. Have a conversation with a friend. Use the model as a guide.

—D'habitude je me lève à sept heures.

—Tu t'es levé(e) à quelle heure hier?

—Je me suis levé(e) à dix heures et demie.

ÉCRIRE

4 **Une journée typique**

✔ *Write about your daily routine*

Your Tunisian pen pal is curious about your daily routine. Write him or her an e-mail describing all the activities you do on a typical day, from the time you wake up to the time you go to bed.

Halima est de Kairouan en Tunisie.

Writing Strategy

Taking notes Taking notes gives you a written record of important information you may need for later use. When taking notes from a lecture, write down key words and phrases as you continue to focus on what the speaker is saying. When the speaker has finished, go back over your notes as soon as possible, highlighting the most important points and adding details to make them as complete as possible. If necessary, rewrite your notes, organizing them so they will be of utmost use to you.

ÉCRIRE

5 **Un job d'été**

You are working in Quebec this summer. You are going to help take care of two small children. The children's parents give you many instructions about the children's routine and activities. Since you probably will not remember all they are telling you, you jot down notes. Take your notes and organize them to describe each child's day. Then write down your responsibilities— what it is you have to do.

Assessment

Vocabulaire

1 Identifiez.

1.   2.   3.

4.   5.

To review **Mots 1**, turn to pages 400–401.

2 Mettez en ordre.

6. _____   **a.** se laver
7. _____   **b.** se réveiller
8. _____   **c.** se coucher
9. _____   **d.** se lever

3 Choisissez.

To review **Mots 2**, turn to pages 404–405.

10. Après le dîner, il _____ la table.
    a. met   **b.** débarrasse   **c.** fait
11. Il lave les assiettes, les verres, etc. Il fait _____.
    a. le lave-vaisselle   **b.** la vaisselle   **c.** l'évier
12. Il _____ pour éviter les publicités.
    a. allume la télé   **b.** fait ses devoirs   **c.** zappe
13. Après son émission favorite, il a _____ la télé.
    a. éteint   **b.** regardé   **c.** mis

Structure

To review reflexive verbs in the present, turn to pages 408–409.

4 Complétez au présent.

14. Il _____ la figure. (se laver)
15. Elles _____ les cheveux. (se brosser)
16. Nous _____ beaucoup. (s'amuser)
17. Je _____ à onze heures. (se coucher)
18. Éric, tu _____ tous les matins? (se raser)

5 Récrivez.

19. Tu t'appelles comment?
Vous _____?

20. Nous nous levons tôt.
Je _____.

6 Complétez au passé composé.

21. Elle _____. (se laver)
22. Elles _____ les cheveux. (se laver)
23. Mes amis _____. (s'amuser)

Culture

7 Identifiez.

24. les pays du Maghreb
25. la deuxième religion en France

To review verbs with spelling changes, turn to page 412.

*To review reflexive verbs in the **passé composé**, turn to page 413.*

To review this cultural information, turn to pages 418–419.

Un marché, Alger, Algérie

FRENCH Online

For more information on the Maghreb, go to the Glencoe French Web site: french.glencoe.com

LA ROUTINE QUOTIDIENNE

Tell all you can about this illustration.

Doing daily activities

la routine	se laver	s'habiller
prendre un bain	se brosser	s'amuser
prendre une douche	se raser	se dépêcher
se réveiller	se maquiller	se coucher
se lever	se peigner	

Identifying grooming articles

du savon	une brosse à dents	un rasoir
un gant de toilette	du dentifrice	un peigne
du shampooing	une glace	une brosse

Identifying more parts of the body

la figure
les cheveux *(m. pl.)*
les dents *(f. pl.)*

Identifying household appliances

un évier	une télé(vision)
un lave-vaisselle	une télécommande
un frigidaire, un réfrigérateur	un magnétoscope

How well do you know your vocabulary?

• Choose an expression from the list that describes something you do as part of your daily routine.

• Ask a classmate to give words related to that particular daily activity.

Discussing home activities

mettre la table	mettre la télévision	zapper	une émission
débarrasser la table	allumer	changer de chaîne	une publicité
faire la vaisselle	éteindre		une chaîne
faire ses devoirs	enregistrer		

Other useful words and expressions

s'appeler	d'abord	tout de suite
tôt	ensuite	
tard	enfin	

VIDÉOTOUR

Épisode 12

In this video episode, you will join Vincent as he "coaches" Manu through his morning routine. See page 537 for more information.

Les loisirs culturels

Camille **Claudel** 1,02 €

La Valse

La Poste 2000

RF

Objectifs

In this chapter you will learn to:

✔ *discuss movies, plays, and museums*

✔ *tell what you know and whom you know*

✔ *tell what happens to you or someone else*

✔ *refer to people and things already mentioned*

✔ *talk about some cultural activities in Paris*

Des statues béninoises du seizième siècle

Vocabulaire

Au cinéma

Pierre est devant le guichet.
La prochaine séance est à treize heures.

Qui joue dans ce film?
On joue un film étranger au Rex.
Le film est en V.O. (version originale).
On le voit avec des sous-titres.
Dans un autre cinéma, le film est doublé.
On peut le voir en français.

un film de science-fiction

un film d'horreur

un film policier

un documentaire

un film en vidéo

louer une vidéo
(un DVD)

un film d'amour

un dessin animé

un film d'aventures

Au théâtre 🎧

chanter

un chanteur

une chanteuse

danser

une danseuse

On va monter *Roméo et Juliette*.
C'est une pièce de théâtre en
    trois actes.
Chaque acte a deux scènes.
Entre deux actes, il y a un entracte.
Roméo et Juliette est aussi un ballet.

Voici d'autres genres de
    pièces:
    une tragédie
    une comédie
    un drame
    une comédie musicale

**Roméo
et
Juliette**

ballet en trois actes
d'après William Shakespeare

musique
Sergueï Prokofiev

chorégraphie et mise en scène
Rudolf Noureev

réglées par
**Patricia Ruanne
Frederick Jahn**

choréologue
Kristin Johnson

décors
Ezio Frigerio
avec la collaboration de
Alexandre Beliaev

costumes
Ezio Frigerio et Mauro Pagano

lumières
Vinicio Cheli

production créée pour le Ballet
de l'Opéra en 1984

Orchestre de l'Opéra National de Paris

direction
Vello Pähn

fin du spectacle vers 22 h 40

OPÉRA
NATIONAL
DE PARIS

**Roméo
et
Juliette**

ÉRA NATIONAL DE PARIS

...sentation

...ion de

...handon

...ociation
...t de
...ris

BASTILLE

Quel est le mot?

1 **Fana de cinéma ou pas?**
Donnez des réponses personnelles.

1. Tu vas souvent au cinéma?
2. Qu'est-ce que tu aimes comme films?
3. Quel est ton acteur préféré? Et ton actrice préférée? Il/Elle est très connu(e)?
4. Il y a un cinéma près de chez toi?
5. La première séance est à quelle heure?
6. Où est-ce que tu achètes les billets?
7. Tu fais souvent la queue devant le guichet?
8. Dans la salle de cinéma, tu aimes mieux une place près de l'écran ou loin de l'écran?
9. Si tu vas voir un film étranger, tu aimes mieux voir le film doublé ou en version originale avec des sous-titres?

Le cinéma Champollion, Paris

2 **Historiette** **Au cinéma** Complétez.

Ce soir, on __1__ un très bon film au Wepler. C'est un film étranger. Il n'est pas doublé. Il y a des __2__. Le film est en __3__ originale. La prochaine __4__ est à quelle heure? Les __5__ coûtent combien?

Les garçons louent un DVD.

3 **Tu aimes mieux quels genres de film?**
Donnez des réponses personnelles.

1. Tu aimes mieux (préfères) les documentaires ou les westerns?
2. Tu aimes mieux les films policiers ou les films d'horreur?
3. Tu aimes mieux les films comiques ou les films d'amour?
4. Tu aimes mieux les films d'aventures ou les films de science-fiction?
5. Tu vas voir quelquefois des dessins animés?
6. Tu loues quelquefois des films en vidéo ou DVD? Quels genres de film?

Des pièces et des films Complétez.

1. Au lycée les élèves ____ une pièce tous les ans.
2. On voit un film au cinéma. On voit une pièce au ____.
3. Une ____ a des actes et les actes sont divisés en ____.
4. Entre deux actes, il y a un ____.
5. Un ____ joue le rôle de Roméo.
6. Une ____ joue le rôle de Juliette.
7. Dans une comédie musicale, les ____ chantent et les ____ dansent.

Comédie-Française

Molière

Le Malade imaginaire

 Historiette **Au théâtre** Donnez des réponses personnelles.

1. Tu aimes le théâtre?
2. Tu vas souvent au théâtre?
3. Il y a un théâtre là où tu habites?
4. Ton école a un club d'art dramatique?
5. Tu es membre de ce club?
6. Le club monte combien de pièces par an?
7. Cette année, le club va monter quelle pièce?
8. C'est quel genre de pièce?
9. Il y a combien d'actes?
10. Il y a combien d'entractes?

 Mon film préféré Find out what a classmate's favorite movies are and why. Then find out which movies he or she dislikes and why. Take turns.

 *For more practice using words from **Mots 1**, do Activity 42 on page H43 at the end of this book.*

Vocabulaire

Au musée 🎧

Une exposition de peinture et sculpture

un tableau

une peintre

un sculpteur

une sculpture, une statue

Le musée n'est pas ouvert le mardi.
Il est ouvert tous les jours sauf le mardi.

Quel est le mot?

7 **Un peu de culture** Répondez d'après les dessins.

1. C'est un musée ou un théâtre?

2. Le musée est ouvert ou fermé?

3. Elle est peintre ou sculpteur?

4. C'est un tableau ou une statue?

8 **Historiette** **Au musée**
Inventez des réponses.

1. Michel sait comment s'appelle le peintre?
2. Il connaît le peintre personnellement?
3. Il connaît l'œuvre du peintre?
4. Annick sait dans quel musée il y a une exposition de Monet?
5. Elle trouve ses tableaux extraordinaires?
6. Elle connaît le musée de l'Orangerie?
7. Elle le visite souvent?
8. Elle sait que le musée est fermé le mardi?
9. Le musée de l'Orangerie est ouvert tous les jours sauf le mardi?

Claude Monet *Le bassin aux nymphéas*

9 **L'art français** Work with a classmate. Discuss together what you have learned so far about French art and French artists. Find out who appreciates art more and who knows more about art.

Paul Cézanne *Pommes et oranges*

Tours et crypte archéologique
de **Notre-Dame** –12 ans : gratuit

Rue de Cloître, Paris 4ᵉ. **M°**: Cité, ou **RER C**: St. Michel. <u>Tours</u>: **tél**: 01 44 32 16 72, groupes: 01 44 32 16 72. **Horaires**: 9h30-19h30 du 1.04 au 30.09; 10h-17h du 1.10 au 31.03. Fermeture des caisses 45mn plus tôt. <u>Crypte</u>: **tél**: 01 43 29 83 51. **Horaires**: 9h30-18h du 1.04 au 30.09; 10h-16h30 du 1.10 au 31.03.
Du haut des tours: une vue exceptionnelle sur la cathédrale et la ville. . . Dans la crypte archéologique: l'histoire de Paris de l'époque gallo-romaine au XIXᵉ s.

Musée de l'**Ordre de la Libération**
–12 ans : gratuit

Hôtel national des Invalides, 51 bis, boulevard de Latour-Maubourg, Paris 7ᵉ. **Tél**: 01 47 05 35 15. **M°**: Invalides. **Horaires**: 10h-17h.
Musée de la France Libre, de la Résistance et de la Déportation.

Musée d'**Orsay**
– 18 ans : gratuit

1, rue de Bellechasse, Paris 7ᵉ. **Tél**: 01 40 49 48 14 . **M°**: Solférino, ou **RER C**: Musée d'Orsay. **Horaires**: 10h-18h, nocturne le jeudi jusqu' à 21h45. Le dimanche, et du 20.06 au 20.09: 9h-18h. Fermé le lundi.
Peintures impressionnistes et ensemble de la création artistique de 1848 à 1914.

10 **Renseignements** You're in Paris and you'd like to visit one of the museums listed in the brochure on the left. Call the museum and find out from the museum employee (your partner) where it's located, what time it opens and closes, what day it's closed, and how much a ticket costs. Your partner can use the information in the brochure to answer your questions.

For more practice using words from Mots 2, do Activity 43 on page H44 at the end of this book.

Les verbes savoir et connaître
Telling whom and what you know

1. Study the following present-tense forms of the verbs **savoir** and **connaître,** both of which mean "to know."

SAVOIR		CONNAÎTRE	
je	sais	je	connais
tu	sais	tu	connais
il/elle/on	sait	il/elle/on	connaît
nous	savons	nous	connaissons
vous	savez	vous	connaissez
ils/elles	savent	ils/elles	connaissent

Note the **passé composé** of these verbs: **j'ai su, j'ai connu.**

2. You use **savoir** to indicate that you know a fact or that you know something by heart.

> **Tu sais à quelle heure la séance commence?**
> **Tu sais le numéro de téléphone de Philippe?**

3. You use **savoir** + infinitive to indicate that you know how to do something.

> **Tu sais danser le tango?**
> **Il ne sait pas nager.**

4. **Connaître** means "to know" in the sense of "to be acquainted with." You can use **connaître** only with nouns—people, places, and things. Compare the meanings of **connaître** and **savoir** in the sentences below.

> **Je sais comment elle s'appelle. Nathalie.**   **Je connais bien Nathalie.**
> **Je sais où elle habite. À Grenoble.**   **Je connais bien Grenoble.**
> **Je sais le nom de l'auteur. Victor Hugo.**   **Je connais son œuvre.**

Grenoble, France

Comment dit-on?

11 **Qu'est-ce que tu sais?** Donnez des réponses personnelles.

1. Tu sais où habite ton ami(e)? Il/Elle habite dans quelle ville?
2. Tu connais bien cette ville?
3. Tu sais où on peut bien manger pour pas cher?
4. Tu sais le nom de l'auteur de *Hamlet?*
5. Tu connais les pièces de Shakespeare?
6. Tu connais *Hamlet?*

12 **On sait tout!** Complétez.

1. Moi, je _____ où se trouve le théâtre.
2. Paul, tu _____ quel est le numéro de téléphone?
3. Nous ne _____ pas l'adresse exacte.
4. Nos amis _____ à quelle heure la pièce commence.
5. Vous _____ quelle pièce on joue en ce moment à la Comédie-Française?
6. Il faut demander à Julie. Elle _____ tout.

13 **Qu'est-ce que tu connais?** Complétez.

1. Je _____ bien la France.
2. Les élèves de Mme Benoît _____ bien la peinture française.
3. Mais ils ne _____ pas très bien la littérature française.
4. Tu _____ la culture française?
5. Et Paul, il _____ la peinture française contemporaine?
6. Vous _____ les sculptures de Rodin?
7. Nous _____ des impressionnistes comme Monet, Manet et Renoir.
8. Tu _____ l'œuvre du peintre Edgar Degas?
9. Oui, je _____ son œuvre. J'adore ses danseuses.

Edgar Degas *Deux danseuses en scène*

14   **Tu le/la connais bien!** Work with a classmate. Think of someone in the class whom you know quite well. Tell your partner some things you know about this person. Don't say who it is. Your partner will guess. Take turns.

*For more practice using **savoir** and **connaître**, do Activity 44 on page H45 at the end of this book.*

Les pronoms me, te, nous, vous
Telling who does what for whom

1. The pronouns **me, te, nous,** and **vous** are object pronouns.

Marie t'invite au théâtre?	Oui, elle m'invite au théâtre.
Elle te parle au téléphone?	Oui, elle me parle au téléphone.
Le prof vous regarde?	Oui, il nous regarde.
Il vous explique la leçon?	Oui, il nous explique la leçon.

2. The object pronoun **me, te, nous,** or **vous** always comes right before the verb it is linked to.

Il	me parle.
Il ne	me parle pas.
Il veut	me parler.
Il ne veut pas	me parler.

Comment dit-on?

15 **Historiette** **Une invitation**
Répondez que oui.

1. Jean te téléphone?
2. Il te parle longtemps?
3. Il t'invite au cinéma?
4. Il te demande quel film tu veux voir?
5. Il te paie la place?
6. Après le film il t'invite au café?

16 **Historiette** **En classe** Répondez que oui.

1. En classe, la prof vous parle, à toi et aux autres élèves?
2. Elle vous apprend à lire et écrire en français?
3. Elle vous explique la grammaire?
4. Elle vous présente le vocabulaire?
5. Elle vous donne beaucoup de devoirs?
6. Elle vous donne trop de devoirs?
7. Elle vous parle toujours en français?

Une conversation au café

17 **Au rayon des chemisiers** Complétez avec **me** ou **vous**.

Je suis au rayon des chemisiers des Galeries Lafayette. La vendeuse
__1__ parle. Elle __2__ demande:

La vendeuse: Vous désirez?
Moi: Je voudrais ce chemisier, s'il __3__ plaît. Je fais du 40.
La vendeuse: Je __4__ donne quelle couleur?
Moi: Qu'est-ce que vous __5__ proposez?
La vendeuse: Je ne sais pas. En bleu marine, il __6__ plaît?
Moi: Oui, il __7__ plaît.
La vendeuse: Mais je __8__ suggère d'essayer un 38.
Moi: D'accord. Je peux __9__ payer par carte de crédit?
La vendeuse: Mais bien sûr, mademoiselle!

18 **Pourquoi ça?** Répondez d'après le modèle.

1. Il me pose des questions!
2. Il me parle!
3. Il me téléphone!
4. Il me dit son numéro de téléphone!
5. Il me donne son adresse!

19 **Historiette** **C'est ton anniversaire.**
Inventez une histoire.

1. Tes copains vont te téléphoner le jour de ton anniversaire?
2. Ils vont te voir?
3. Ils vont t'inviter au cinéma ou au concert?
4. Ils vont te dire «Joyeux anniversaire!» ?
5. Ils vont te faire un gâteau?
6. Ils vont te donner des cadeaux?

Les pronoms le, la, les
Referring to people and things already mentioned

1. You have already learned to use **le, la, l'**, and **les** as definite articles. These words are also used as direct object pronouns. A direct object receives the action of the verb. A direct object pronoun can replace either a person or a thing.

Singulier	Je connais ce film.	Je le connais.
	Je connais cet acteur.	Je le connais.
	J'admire cet acteur.	Je l'admire.
	Je connais cette pièce.	Je la connais.
	Je connais cette actrice.	Je la connais.
	J'admire cette actrice.	Je l'admire.
Pluriel	Je connais les tableaux de Monet.	Je les connais.
	Je connais les pièces de Molière.	Je les connais.
	Je connais ces actrices.	Je les connais.
	J'admire ces acteurs.	Je les‿admire.

2. Just as with the pronouns **me, te, nous, vous,** the pronouns **le, la, l',** and **les** come right before the verb they are linked to.

Attention!

Note the elision and liaison with the direct object pronouns.

Vous l'admirez.   **Vous les‿admirez.**

Je le vois.
Je ne le vois pas.
Je veux le voir.
Je ne veux pas le voir.

Opéra Garnier, Paris

Comment dit-on?

20 **Contacts** Répondez d'après le modèle.

Tu vois toujours Mélanie?

Oui, je la vois de temps en temps.

1. Tu vois toujours Sylvie?
2. Tu vois toujours tes copains tunisiens?
3. Tu vois toujours Marc?
4. Tu vois toujours tes cousines de Lyon?
5. Tu vois toujours tes professeurs de l'année dernière?

21 **En version originale** Complétez.

Paul: On va voir le film doublé ou en V.O.?

Annick: On va __1__ voir en V.O.

Paul: Tu connais l'actrice principale?

Annick: Tu rigoles! Bien sûr que je ne __2__ connais pas, mais je sais qui c'est!

Paul: Tu comprends l'espagnol?

Annick: Oui, je __3__ comprends un peu.

Paul: Tu __4__ comprends assez bien pour comprendre le film?

Annick: Non, mais il y a des sous-titres. Alors je __5__ lis quand je ne comprends pas les dialogues.

GAUMONT PARNASSE
PARIS
12 Cinémas

ALESIA
-GAUMONT PARIS-
18H05
SCOLAIRE
G
MARIUS ET JEANNETE
06.02 17:36 003242 2
D 30   Ni repris, ni échangé

22 Tout est très beau!
Répondez d'après le modèle.

—**Tu vois la statue?**

—**Oui, je la trouve très belle.**

1. Tu vois le théâtre?
2. Tu vois les tableaux?
3. Tu vois l'acteur?
4. Tu vois l'actrice?
5. Tu vois les sculptures?

Jean-Antoine Houdon *Molière*

23 Tout n'est pas très beau. Refaites l'Activité 22
d'après le modèle.

—**Tu vois la statue?**

—**Oui, mais je ne la trouve pas très belle.**

Pierre Auguste Renoir *Bal du moulin de la Galette*

*For more practice using pronouns, do Activity
45 on page H46 at the end of this book.*

24 **Demain** Répondez d'après le modèle.

—**Tu as vu ce film?**
—**Non, mais je vais le voir demain.**

1. Tu as vu cette pièce?
2. Tu as vu cette exposition?
3. Tu as vu ces sculptures de Rodin?
4. Tu as vu ces tableaux?
5. Tu as vu l'exposition des tableaux de Gauguin?

25 **Devinettes** Devinez ce que c'est.

1. On le présente quand on va dans un pays étranger.
2. On le prend pour voyager très loin.
3. On les lave avant de manger.
4. On les lave avec une brosse à dents.
5. On la remplit avant de débarquer.
6. On l'écoute attentivement en classe.

Auguste Rodin *Le penseur*

26 **Jeu**
Encore des devinettes Work in groups and make up riddles similar to those in Activity 25. Ask other groups your riddles. The group that guesses the most riddles wins.

27 **L'artiste** Have some fun. Pretend you are an artist. Draw something. Have a classmate give a critique of your artwork. Take turns.

Vous êtes sur le bon chemin. Allez-y!

Conversation

On va au cinéma?

Bruno: Qu'est-ce que tu veux faire?

Léa: Je ne sais pas, moi. Aller au cinéma.

Bruno: Qu'est-ce que tu veux voir?

Léa: Ça m'est égal. Comme tu veux. Qu'est-ce qu'il y a de bien?

Bruno: Attends. Je vais te dire… *(Il prend l'Officiel des Spectacles, il l'ouvre et il le lit…)* Il y a un film avec Ricki Dean.

Léa: Ah non, pas Ricki Dean. Je le déteste, ce type. Il est parfaitement ridicule et il ne le sait même pas!

Bruno: Il y a un film espagnol au Ciné-Élysées. Ça t'intéresse?

Léa: Oui, un film espagnol, ça me dit. On va pouvoir travailler notre espagnol.

Bruno: Alors, il faut se dépêcher. La prochaine séance est à seize heures.

Vous avez compris?

Répondez.

1. Qu'est-ce que Léa veut faire?
2. Qui a *l'Officiel des Spectacles*?
3. Qui le lit?
4. Léa aime Ricki Dean? Pour quelle raison?
5. Bruno et Léa vont voir quel film?
6. Pourquoi est-ce que Léa veut voir un film espagnol?
7. Ils vont aller à quelle séance?

Parlons un peu plus

On va au cinéma? Look at the movie guide. Decide which movie you'd like to see and invite a classmate to see it with you. Tell your partner when and where the movie is playing, whether it is dubbed or in the original language with subtitles. Discuss whether or not you both want to see the movie or figure out an alternative.

EXPLICATION DES SIGNES — GENRE DES FILMS

● Films classés X
■ Interdits aux moins de 16 ans.
▲ Interdits aux moins de 12 ans.
◆ Recommendés aux très jeunes.
(vo) : version originale
(va) : version anglaise

E Epouvante Horreur
F Fantastique Science-Fiction
G Guerre
H Historique
J Dessin animé Vie animaux
K Karaté

A Aventure
B Biographie
C Comédie
D Drame

N Film musical
O Comédie dramatique
P Policier
R Espionnage
S Erotisme
W Western
X Divers

Les Films dont le titre commence par un nombre sont classés en tête de liste.

J ◆ **1001 PATTES** Amér., (1h35). Film d'animation, de John Lasseter, et Andrew Stanton: Aussi maladroit que sympathique, Tilt met en péril la colonie de fourmis à laquelle il appartient en détruisant la récolte de la saison et exposant les siens aux représailles des sauterelles. La réplique des studios Walt Disney à « Fourmiz ». **Studio Galande 5ᵉ, Cinoches 6ᵉ, 5 Caumartin 9ᵉ, Denfert 14ᵉ, Grand Pavois 15ᵉ, Saint-Lambert 15ᵉ.**

P ▲ **ARLINGTON ROAD** - Amér., (1h57). Thriller, de Mark Pellington: Dans une banlieue résidentielle de Washington, un professeur d'histoire spécialisé dans le terrorisme et ébranlé depuis la mort de sa femme, agent du FBI tué au cours d'une bavure, enquête sur les activités de ses nouveaux voisins. Avec Tim Robbins, Jeff Bridges, Joan Cusack, Hope Davis, Robert Gossett, Mason Gamble, Spencer Treat Clark, Stanley Anderson, Vivianne Vives, Lee Stringer. **Grand Pavois 15ᵉ** (vo).

O **BARRIO** - Espagnol, (1h40). Comédie dramatique, de Fernando Leon de Aranoa : Un « barrio », une cité perdue quelque part en Espagne, l'été. Manu, Javi et Raï, trois copains, traînent entre les squares desséchés et les vitrines inaccessibles, rêvant d'ailleurs... Avec Crispulo Cabezas, Timy, Eloi Yebra, Marieta Orozco, Alicia Sanchez, Enrique Villen. **Latina 4ᵉ** (vo).

D **CASABLANCA** - Amér., noir et blanc (1h42). Aventure dramatique, de Michael Curtiz: Traqué par la Gestapo, un couple de résistants se cache chez Rick, le propriétaire d'un bar de Casablanca, qui viendra en aide aux fugitifs à cause de la femme qu'il aima jadis à Paris. D'après une pièce de Murray Burnett. 3 Oscars en 1943. Avec Humphrey Bogart, Ingrid Bergman, Paul Henreid, Claude Rains, Conrad Veidt, Sydney Greenstreet, Peter Lorre, S.Z. Sakall, Madeleine Lebeau, Dooley Wilson, John Qualen, Marcel Dalio. **Action Ecoles 5ᵉ** (vo).

Prononciation

Le son /ü/ 🎧

1. To say the sound /ü/, first say the sound /i/, then round your lips. Repeat the following words.

   une statue   une sculpture   une peinture
   une voiture   un musée

2. The sound /ü/ also occurs in combination with other vowels. Repeat the following words.

   aujourd'hui   depuis   je suis   huit

3. Now repeat the following sentences.

   Tu as vu ces statues?
   C'est une sculpture très connue?
   Le musée est rue Sully depuis huit ans.

une statue

Lectures culturelles

Les loisirs culturels en France

Les musées

Les musées en France sont toujours très fréquentés par les Français et par les touristes qui visitent la France. Tu connais les impressionnistes? Tu apprécies leurs tableaux? Alors il faut aller au musée d'Orsay. Le musée d'Orsay est une ancienne gare qui a été transformée en musée. C'est le musée du dix-neuvième siècle[1]. On trouve des tableaux, des sculptures, des meubles[2], tout du dix-neuvième siècle. Il y a une exposition permanente de tableaux des impressionnistes.

Si tu es fana d'art moderne, tu vas beaucoup aimer le centre Pompidou. Là, il y a toujours des expositions d'art moderne. Il y a aussi une vue extraordinaire sur Paris.

Mais la perle des musées français, c'est le Louvre. Au Louvre, tu peux admirer des tableaux et des sculptures de grands artistes de tous les siècles.

Le premier dimanche de chaque mois, l'entrée des musées nationaux est gratuite. Les autres dimanches, elle est demi-tarif[3]. C'est pourquoi les musées sont toujours combles le dimanche.

[1] siècle *century*
[2] meubles *furniture*
[3] demi-tarif *half-price*

Centre Pompidou

Musée d'Orsay

Tahiti

Haïti

La Martinique

Opéra Garnier

Le ballet et l'opéra

Si tu aimes la danse classique, il faut aller voir un ballet à l'opéra Garnier.

Si tu aimes l'opéra, il faut aller à l'opéra Bastille. On a inauguré le nouvel opéra sur la place de la Bastille en 1989 pour commémorer le bicentenaire de la Révolution française de 1789. Tu préfères l'architecture de quel opéra? De l'ancien opéra Garnier ou du nouvel opéra Bastille? L'architecture, c'est un art aussi, tu sais.

Le théâtre

Tu connais les grands auteurs dramatiques du dix-septième siècle: Racine, Corneille, Molière? Si tu as envie[4] d'aller voir une de leurs pièces, tu peux aller à la Comédie-Française, le plus vieux théâtre national du monde.

[4] as envie *feel like*

La Tunisie

Opéra Bastille

Comédie-Française

Vous avez compris?

A Les musées Répondez.

1. Qui fréquente les musées français?
2. Tu connais quelques peintres impressionnistes?
3. Tu apprécies leurs tableaux?
4. Tu connais leur œuvre?
5. Il y a une exposition permanente des impressionnistes dans quel musée?
6. Quel est le musée d'art moderne?
7. Quel est un autre musée très célèbre à Paris?
8. Qu'est-ce qu'il y a dans ce musée?
9. Les musées sont presque toujours combles le dimanche. Pourquoi?

B D'autres loisirs Répondez.

1. Tu es à Paris et tu veux voir un ballet. Tu vas où?
2. Tu veux voir un opéra. Tu vas où?
3. Tu veux voir une tragédie de Racine ou une comédie de Molière. Tu vas où?

Lecture supplémentaire

La musique africaine

Quand on parle de musique africaine, on parle de deux sortes de musique—la musique traditionnelle et la musique moderne pop. Il y a une grande différence entre les deux.

La musique traditionnelle

La musique traditionnelle est la musique de la brousse[1], des villages ruraux. Cette musique traditionnelle accompagne toutes les activités de la vie quotidienne ainsi que[2] les événements mémorables de la vie sociale. Il y a de la musique pour les femmes, par exemple, de la musique pour les jeunes, pour les chasseurs[3], etc. À toutes ces festivités, les griots, des poètes musiciens, racontent des histoires et jouent de la musique. Tous les instruments de musique sont souvent faits à la main par les griots eux-mêmes[4].

Un griot

La musique moderne

La musique pop africaine est devenue[5] très populaire au-dehors des pays africains, surtout en Europe. La première fois que vous l'entendez, vous pensez que c'est un mélange de rythmes latins et afro-américains des États-Unis comme le rock et le jazz. C'est vrai. Pourquoi? Parce que la musique africaine est à l'origine de la musique latino-américaine et de la musique afro-américaine d'aujourd'hui.

[1] brousse *brush*
[2] ainsi que *as well as*
[3] chasseurs *hunters*
[4] eux-mêmes *themselves*
[5] est devenue *has become*

Un musicien joue du kora, Gambie

Youssou N'Dour

Le chanteur sénégalais Youssou N'Dour a un très grand succès. Il est né dans le quartier pauvre de la Médina à Dakar. Il est fils et petit-fils de griots, les poètes musiciens en Afrique. C'est lui le plus grand interprète de la musique «fusion pop». C'est une fusion d'un rythme africain, le m'balax, avec des rythmes de reggae, de rock et de jazz.

Vous avez compris?

La musique africaine Vrai ou faux?
1. La musique traditionnelle d'Afrique, c'est la musique des grandes villes cosmopolites.
2. La musique traditionnelle varie selon l'événement.
3. Les griots sont des poètes et des musiciens.
4. Les griots jouent toujours de la guitare électrique.
5. La musique moderne africaine est très populaire en Europe.
6. Le rock et le jazz ont influencé la musique africaine.
7. Youssou N'Dour est un chanteur sénégalais très connu.
8. La musique latino-américaine est une fusion de musique africaine avec du reggae, du rock et du jazz.

La Belgique

La Tunisie

Le Maroc

Le Mali

CONNEXIONS

Les Beaux-Arts

La musique

Like painting and literature, music is a form of art. Think of all the times you hear music each day. Music has been an integral part of the daily lives of people since the beginning of recorded history.

Before reading some general information about music, let's take a look at some of the many cognates that exist in the language of music.

un ballet

un orchestre symphonique

un opéra

une fanfare

un chœur

The names of many musical instruments are also cognates.

un piano	un saxophone	une trompette
une guitare	une flûte	une clarinette
un accordéon	un violon	une harpe

La musique

Les instruments musicaux

On peut classifier les instruments musicaux en quatre groupes principaux— les instruments à cordes, les instruments à vent, les instruments à percussion et les instruments à clavier.

Un orchestre ou une fanfare

Quelle est la différence entre un orchestre et une fanfare? Une fanfare n'a pas d'instruments à cordes. Il n'y a pas de violons, par exemple. Et dans une fanfare, il n'y a pas de flûtes ni de hautbois[1]. Les fanfares qui jouent de la musique pendant les événements sportifs et qui participent aux défilés[2] sont plus populaires aux États-Unis qu'en France.

[1] hautbois *oboes*   [2] défilés *parades*

L'orchestre symphonique

Un orchestre symphonique est un grand orchestre composé d'instruments de tous les groupes musicaux. Une symphonie est une composition musicale pour orchestre. Une symphonie est en général une composition ambitieuse qui dure de vingt à quarante-cinq minutes.

L'opéra

Un opéra est une composition dramatique sans dialogue parlé. Dans un opéra, les acteurs chantent; ils ne parlent jamais. Ils chantent des airs d'une beauté extraordinaire. L'orchestre les accompagne. L'histoire est en général très tragique. Un opéra comique est un opéra avec des dialogues parlés. Un opéra comique n'est pas nécessairement très amusant. Un opéra bouffe est un opéra dont l'histoire est une comédie. *Carmen* de Georges Bizet et *Dialogue des Carmélites* de Francis Poulenc sont deux opéras français très célèbres.

La musique populaire

Il y a toutes sortes de musique populaire. Il y a des groupes de jazz, de rock et de rap, par exemple. De nos jours, le rap et la musique techno sont très populaires. Les chansons populaires ont souvent des thèmes romantiques. Il y a toujours une relation intime entre la musique populaire et la danse.

La chanteuse Céline Dion

Vous avez compris?

A Des instruments Nommez.

1. un instrument à cordes
2. quelques instruments à vent

B Vous le savez? Répondez.

1. Quelle est la différence entre un orchestre et une fanfare?
2. Qu'est-ce qu'un opéra?
3. Quels sont quelques types de musique populaire?

C'est à vous

Use what you have learned

PARLER
1

Pour t'amuser
✔ *Discuss movies, plays, and museums*

Work with a classmate. Pretend you're on vacation in Brussels in Belgium. You meet a Belgian teenager (your partner) who's interested in what you do for fun in your free time. Tell him or her about your leisure activities. Then your partner will tell you about what he or she does.

PARLER
2

Une journée au musée
✔ *Ask and answer questions about a museum visit*

Maison du Roi, Bruxelles, Belgique

Work in groups of three or four. Pretend that one or two of you spent the day at a museum last Saturday. Other friends have some questions. Describe your museum visit and be sure to answer all their questions.

Musée du Louvre

ÉCRIRE
3

Une affiche
✔ *Make a poster for a play*

Prepare a poster in French for your school play. Give all the necessary information to advertise **le spectacle.**

ÉCRIRE
4

Des renseignements, s'il vous plaît.

✔ *Write for information about cultural events*

You're going to spend a month in the French city of your choice. Write a letter or an e-mail to the tourist office **(le syndicat d'initiative)** asking for information about cultural events during your stay. Be sure to mention your age, what kind of cultural activities you like, and the dates of your stay.

Une colonne Morris, Paris

Les Grandes Heures du Parlement

L'Assemblée nationale présente dans l'aile du Midi du Château de Versailles un musée qui vous permet de découvrir la salle des séances du Congrès du Parlement, troisième hémicycle de la République, dans laquelle vous assisterez à un spectacle audiovisuel sur les grands débats de la Nation.

Sur le pourtour de cette salle, vous revivrez deux cents ans d'histoire parlementaire et vous vous familiariserez avec le travail au quotidien du député. Vous découvrirez l'activité internationale du Parlement français et ses liens avec les différents parlements du monde.

Prix d'entrée

Individuel:visite libre avec audioguide
Tarif normal: 4€ - Tarif réduit 3€ - Gratuit pour les scolaires

Group de 30 personnes au plus: visite commentée
Tarif normal: 40€ - Tarif réduit 30€ - Gratuit pour les scolaires

Writing Strategy

Persuasive writing Persuasive writing is writing that encourages a reader to do something or to accept an idea. Newspaper and magazine advertisements, as well as certain articles, are examples of persuasive writing. As you write, present a logical argument to encourage others to follow your line of thinking. Your writing should contain sufficient evidence to persuade readers to "buy into" what you are presenting. Explain how your evidence supports your argument; end by restating your argument.

Visitez la salle
du Congrès du Parlement
au Château de Versailles

Découvrez

l'histoire du Parlement
l'activité parlementaire à l'aube de l'an 2000
le spectacle audiovisuel dans la salle des séances

" Les grandes heures du Parlement "

Musée présenté par l'Assemblée nationale
du mardi au samedi de 9h00 à 17h30

ÉCRIRE
5

Un reportage

Your local newspaper has asked you to write an article to attract French-speaking readers to a cultural event taking place in your community. You can write about a real or fictitious event. You have seen the event and you really liked it. Tell why as you try to convince or persuade your readers to go see it.

Assessment

Vocabulaire

1 **Choisissez.**

To review **Mots 1**, turn to pages 432–433.

1. On joue des films où?
  - **a.** dans une séance
  - **b.** dans une salle de cinéma
  - **c.** dans un théâtre

2. Qui joue dans un film?
  - **a.** des acteurs et des actrices
  - **b.** des sous-titres
  - **c.** des joueurs

3. Une pièce de théâtre est divisée en quoi?
  - **a.** en version originale
  - **b.** en entractes
  - **c.** en actes et en scènes

4. Le film est doublé?
  - **a.** Oui, il y a deux films.
  - **b.** Non, il est en V.O.
  - **c.** Oui, il y a des sous-titres.

5. Qu'est-ce que *l'Officiel des Spectacles?*
  - **a.** un magazine
  - **b.** une place
  - **c.** un film

2 **Identifiez.**

To review **Mots 2**, turn to pages 436–437.

6.

7.

8.

9.

10.

Structure

3 Récrivez.

11. Je sais le numéro.
    Vous _____.
12. Vous connaissez mon ami?
    Il _____?

To review the verbs **savoir** and **connaître**, turn to page 440.

4 Complétez avec «savoir» ou «connaître».

13. Je ____ son numéro de téléphone.
14. Vous ____ où il habite, non?
15. Je ____ très bien l'œuvre de cet artiste.
16. Tu ____ Paris?
17. Ils ____ danser le tango.

5 Répondez avec un pronom.

18. Il te parle au téléphone? Oui, ____.
19. Tu invites Jean? Oui, ____.
20. Tu vas inviter sa petite amie aussi? Oui, ____.
21. Le prof vous donne beaucoup de devoirs? Oui, ____.
22. Tu vois la petite fille? Oui, ____.
23. Tu connais les pièces de Molière? Oui, ____.

To review the object pronouns, turn to pages 442–444.

Culture

6 Identifiez.

24. un musée à Paris
25. un auteur français dramatique du dix-septième siècle

To review this cultural information, turn to pages 450–451.

Musée du Louvre, Paris

Tell all you can about this illustration.

Vocabulaire

Discussing a movie

un cinéma
une salle de cinéma
un guichet
une place
une séance
un écran

un film comique
    policier
    d'horreur
    de science-fiction
    d'aventures
    d'amour

un documentaire
un dessin animé
    étranger
    en V.O.
    doublé
    avec des sous-titres

jouer un film
louer une vidéo

Describing a play

un théâtre
une pièce
un acteur
une actrice
un chanteur
une chanteuse

un danseur
une danseuse
une scène
un acte
un entracte
une tragédie

une comédie
un drame
monter une pièce
chanter
danser

How well do you know your vocabulary?

- Choose the name of a cultural event or artistic profession.
- Have a classmate tell you his or her favorite in the category you chose.

Describing a museum visit

un musée
une exposition
un tableau
une sculpture
une statue

une œuvre
une peinture
un(e) peintre
un sculpteur *(m. et f.)*

Other useful words and expressions

connaître
savoir
ouvert
fermé

célèbre
connu
sauf
ça (m')est égal

VIDÉOTOUR

Épisode 13

In this video episode, you will join Chloé and Vincent as they experience some cultural wonders. See page 538 for more information.

La santé et la médecine

Objectifs

In this chapter you will learn to:

✓ explain a minor illness to a doctor

✓ have a prescription filled at a pharmacy

✓ tell for whom something is done

✓ talk about some more activities

✓ give commands

✓ refer to people, places, and things already mentioned

✓ discuss medical services in France

Édouard Vuillard *Le docteur Viau dans son cabinet*

Vocabulaire

On est malade. 🎧

la tête

une oreille

un œil

le nez

la bouche

la gorge

le ventre

avoir de la fièvre

Atchoum!

À tes souhaits!

un mouchoir

Paul a un rhume.
Il est enrhumé.
Il éternue.
Il a besoin d'un kleenex
   ou d'un mouchoir.

David tousse.

Christophe a très mal à la gorge.
Il a une angine.

un médicament

Martin n'est pas en bonne santé.
Il est en mauvaise santé.
Il est très malade, le pauvre.
Il ne se sent pas bien. Il se sent très mal.

La pauvre Miriam, qu'est-ce qu'elle a?
Elle a la grippe.
Elle a de la fièvre.
Elle a des frissons.

Note 🎧

Study the following cognates related to health and medicine:

allergique
bactérien(ne)
viral(e)
une allergie
un antibiotique

un sirop
de l'aspirine
une infection
de la pénicilline
la température

Elle a mal à la tête.

Elle a mal au ventre.

Elle a mal aux oreilles.

Elle a le nez qui coule.

Elle a les yeux qui piquent.

Elle a la gorge qui gratte.

Quel est le mot?

1 **Qu'est-ce que c'est?**
Identifiez.

2 **Historiette** **Qu'est-ce qu'il a?**
Inventez une histoire.

1. David est malade?
2. Il ne se sent pas bien?
3. Qu'est-ce qu'il a?
4. Il a de la fièvre et des frissons?
5. Il a la gorge qui gratte?
6. Il a les yeux qui piquent et le nez qui coule?
7. Il a mal à la tête?
8. Il a mal au ventre?
9. Il a mal aux oreilles?

3 **Historiette** **La santé** Donnez des réponses personnelles.

1. Tu es en bonne santé ou en mauvaise santé?
2. Quand tu es enrhumé(e), tu as le nez qui coule?
3. Tu as les yeux qui piquent?
4. Tu as la gorge qui gratte?
5. Tu tousses?
6. Tu éternues?
7. Qu'est-ce qu'on te dit quand tu éternues?
8. Tu as mal à la tête?
9. Tu ne te sens pas bien?
10. Tu as de la fièvre quand tu as un rhume?
11. Et quand tu as la grippe, tu as de la fièvre?
12. Quand tu as de la fièvre, tu as quelquefois des frissons?

On a mal. Complétez.

1. On prend de l'aspirine quand on a mal à la ____.
2. Si on a très mal à la gorge, on a une ____.
3. La ____ est un antibiotique.
4. L'aspirine et les antibiotiques sont des ____.
5. On ne peut pas prendre de pénicilline quand on est ____ à la pénicilline.
6. Si on a une température de 40° Celsius, on a de la ____.
7. Quand on est toujours malade, on est en ____.
8. On donne des antibiotiques comme la pénicilline pour combattre des infections bactériennes, pas des infections ____.
9. Quand on a le nez qui coule, on a besoin d'un ____ ou d'un ____.
10. Quand on a un rhume, on ____ et on ____.
11. Quand on est enrhumé ou quand on écoute la musique trop fort, on a mal aux ____.

 Qu'est-ce que tu as? Work with a classmate. Ask him or her what the matter is. Your classmate will tell you. Then suggest something he or she can do to feel better. Take turns.

 Devinette Have some fun! Work with a classmate and look at the following illustrations and French sayings. Together come up with some English equivalents.

Je ne suis pas dans mon assiette aujourd'hui.

Tu vas vite être sur pied.

Il a une fièvre de cheval.

Ça fait mal. Aïe aïe aïe!

J'ai un chat dans la gorge.

For more practice using words from Mots 1, do Activity 46 on page H47 at the end of this book.

Vocabulaire

Chez le médecin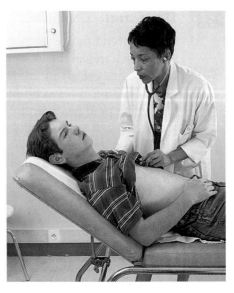

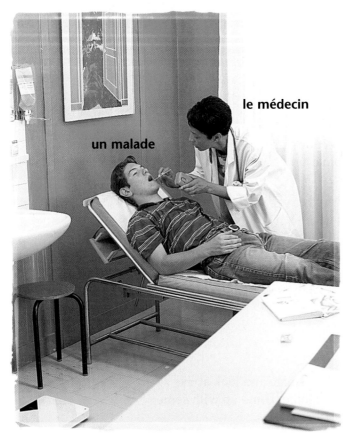

Le médecin examine le malade.
Le malade ouvre la bouche.
Le médecin examine la gorge du malade.

Elle ausculte le malade.
Il souffre, le pauvre.

Où avez-vous mal?

Là!

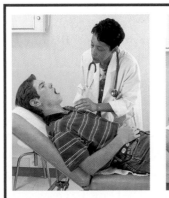 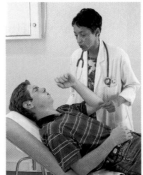 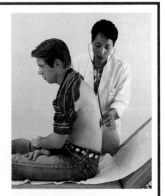

Le médecin parle. Ouvrez la bouche! Toussez! Respirez à fond!

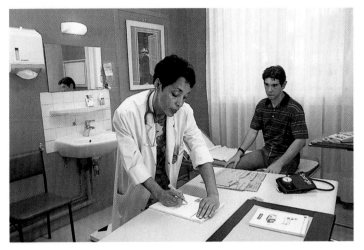

une ordonnance

Le médecin fait un diagnostic.
Sébastien a une sinusite aiguë.
Le médecin lui prescrit des antibiotiques.
Elle lui fait une ordonnance.

À la pharmacie 🎧

le pharmacien

la pharmacienne

un comprimé

avaler un comprimé

Sébastien prend les médicaments.
Il va mieux.

Qu'est-ce que la pharmacienne donne à Sébastien?
Elle lui donne des médicaments.

Quel est le mot?

7 **Il est malade.** Choisissez.

1. Où est le malade?
   a. au travail   **b.** à la crémerie   **c.** chez le médecin

2. Qui souffre?
   a. le médecin   **b.** le malade   **c.** le pharmacien

3. Qu'est-ce que le médecin examine?
   a. la fièvre   **b.** la grippe   **c.** la gorge

4. Qu'est-ce que le malade ouvre?
   a. le ventre   **b.** la bouche   **c.** l'oreille

5. Quand le médecin l'ausculte, comment respire le malade?
   a. à fond   **b.** rien   **c.** bien

6. Qui est-ce que le médecin ausculte?
   a. le malade   **b.** le pharmacien   **c.** la pharmacienne

7. Que fait le médecin?
   a. des comprimés   **b.** des médicaments   **c.** des diagnostics

8. Qu'est-ce qu'il a, le malade?
   a. une cassette   **b.** une sinusite aiguë   **c.** un grand nez

9. Qu'est-ce que le médecin lui fait?
   a. un pharmacien   **b.** une ordonnance   **c.** des antibiotiques

10. Qu'est-ce qu'elle prescrit?
    a. des yeux   **b.** des ordonnances   **c.** des comprimés

Une pharmacie

8 **Historiette** **Chez le médecin**
Donnez des réponses personnelles.

1. Tu vas chez le médecin quand tu es malade?
2. Le médecin te demande où tu as mal?
3. Qu'est-ce que tu réponds au médecin?
4. Quand tu as une angine, tu as mal où?
5. Qu'est-ce que le médecin te dit quand il t'ausculte?
6. Le médecin fait un diagnostic?
7. Il te prescrit des antibiotiques?
8. Tu vas à la pharmacie pour acheter des médicaments?
9. Tu prends quelquefois de l'aspirine? Quand?
10. Pour avaler des comprimés, qu'est-ce que tu bois?
11. Après quelques jours, tu vas mieux?

9 **Je ne suis pas dans mon assiette.** Work with a classmate. Yesterday you did something that made you feel ill today. Using the first list below, tell a classmate what you did. He or she has to guess what's wrong with you, choosing from the second list.

trop regarder la télé →
—Hier, j'ai trop regardé la télé.
—Tu as mal aux yeux.

lire pendant six heures	être enrhumé(e)
manger trop de chocolat	avoir mal aux yeux
passer beaucoup d'examens	avoir mal aux pieds
faire une longue promenade	être fatigué(e)
étudier jusqu'à trois heures du matin	avoir mal aux oreilles
écouter de la musique trop fort	avoir mal à la tête
jouer dans la neige en t-shirt	avoir mal au ventre

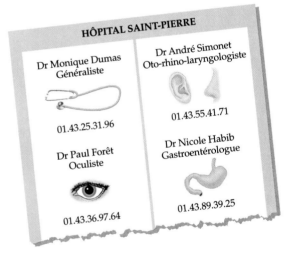

HÔPITAL SAINT-PIERRE

Dr Monique Dumas
Généraliste
01.43.25.31.96

Dr André Simonet
Oto-rhino-laryngologiste
01.43.55.41.71

Dr Paul Forêt
Oculiste
01.43.36.97.64

Dr Nicole Habib
Gastroentérologue
01.43.89.39.25

10 **Qu'est-ce que tu as?** You were absent from school today. Your classmate, a French exchange student, is concerned about you and calls to find out how you are feeling. Let him or her know and tell all that you are doing to get better.

11 **Quel médecin?** While on a trip to France, you get sick. Describe your symptoms. A classmate will look at the list of doctors at the Hôpital Saint-Pierre and tell you which one to call and what the phone number is.

—J'ai mal à la gorge.
—On va appeler le docteur Simonet au 01.43.55.41.71.

12 **Au cabinet de consultation** Work with a classmate. You're sick. The doctor (your partner) will ask you questions about your symptoms. Answer the doctor's questions as completely as you can. Then reverse roles.

 For more practice using words from Mots 2, do Activity 47 on page H48 at the end of this book.

Structure

Les pronoms lui, leur
Telling what you do for others

1. You have already learned the direct object pronouns **le, la,** and **les.** Now, you will learn the indirect object pronouns **lui** and **leur.** Observe the difference between a direct and an indirect object in the following sentences.

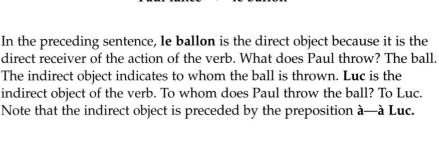

Paul lance le ballon à Luc.

Paul lance ⟶ le ballon.

Paul lance ⟶ le ballon ↗ à Luc.

In the preceding sentence, **le ballon** is the direct object because it is the direct receiver of the action of the verb. What does Paul throw? The ball. The indirect object indicates to whom the ball is thrown. **Luc** is the indirect object of the verb. To whom does Paul throw the ball? To Luc. Note that the indirect object is preceded by the preposition **à**—**à Luc.**

2. The indirect object pronouns in French are **lui** and **leur.** Note that the masculine and feminine forms are the same. Study the following chart.

Singulier	Le médecin parle à Pierre. Le médecin parle à Marie.	} Il lui parle.
Pluriel	Le médecin parle à ses patients. Le médecin parle à ses patientes.	} Il leur parle.

Just like the direct object pronouns, the indirect object pronouns **lui** and **leur** come right before the verb they are linked to.

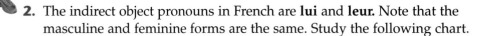

Rappelez-vous que...

The object pronouns **me, te, nous, vous** are both direct and indirect.
Je te vois.
Je te parle.

Je lui parle.
Je ne lui parle pas.
Je veux lui parler.
Je ne veux pas lui parler.

Comment dit-on?

13 Historiette Une consultation
Répondez en utilisant **lui.**

1. Le médecin parle à Paul?
2. Il demande à Paul s'il a de la fièvre?
3. Paul explique ses symptômes au médecin?
4. Le médecin dit à Paul qu'il a de la fièvre?
5. Il donne une ordonnance à Paul?
6. Paul téléphone à la pharmacienne?

Pour te souhaiter une meilleure santé

14 Un match de foot Complétez avec **lui** ou **leur.**

1. Il lance le ballon à Marianne? Oui, il ____ lance le ballon.
2. Les joueurs parlent à l'arbitre? Oui, ils ____ parlent.
3. Et l'arbitre parle aux joueurs? Oui, il ____ parle.
4. L'arbitre explique les règles aux joueuses? Oui, il ____ explique les règles.
5. L'employée au guichet parle à un spectateur? Oui, elle ____ parle.

15 Personnellement Répondez en utilisant **lui** ou **leur.**

1. Tu parles souvent à tes professeurs?
2. Tu dis toujours bonjour à ton professeur de français?
3. Tu vas téléphoner à ton copain/ta copine ce week-end?
4. Tu aimes parler à tes copains au téléphone?
5. Tu parles souvent à tes copains?
6. Tu vas écrire à tes grands-parents?

16 Des cadeaux pour tout le monde? Work with a classmate. Describe your
favorite friends or relatives. Then tell what you buy or give to each one as a gift.

*For more practice using **lui** and **leur**, do Activity 48 on page H49 at the end of this book.*

*For more practice using **lui** and **leur**, do Activity 48 on page H49 at the end of this book.*

Les verbes souffrir et ouvrir
Describing more activities

1. The verbs **souffrir** and **ouvrir** are conjugated the same way as regular **-er** verbs in the present.

SOUFFRIR		OUVRIR	
je	souffre	j'	ouvre
tu	souffres	tu	ouvres
il/elle/on	souffre	il/elle/on ouvre	
nous	souffrons	nous ouvrons	
vous	souffrez	vous ouvrez	
ils/elles	souffrent	ils/elles ouvrent	

DOCTEUR G.M. ROBERT
MEDECINE GENERALE
MALADIES DU TUBE DIGESTIF
SUR RENDEZ-VOUS   TEL.493.89.76

2. Note the past participles.

souffrir → souffert   **Ils ont beaucoup souffert.**
ouvrir → ouvert   **Il a ouvert la bouche.**

Comment dit-on?

17 **Historiette** **Elle est malade.**
Inventez des réponses.

1. Caroline souffre d'une angine?
2. Quand tu souffres d'une angine, tu as mal où?
3. Caroline va chez le médecin?
4. Quand le médecin lui examine la gorge, Caroline ouvre la bouche?
5. Le médecin lui donne une ordonnance?
6. Caroline va à la pharmacie?
7. Elle donne l'ordonnance au pharmacien?
8. Le pharmacien lui donne un paquet de comprimés?
9. Caroline ouvre le paquet?
10. Elle avale un comprimé?
11. Elle ne souffre plus?

À la pharmacie

L'impératif
Telling people what to do

1. You use the imperative to give commands and make suggestions. The forms are usually the same as the **tu, vous,** and **nous** forms. Note that the **nous** form means "Let's . . ."

PARLER	FINIR	ATTENDRE
Parle à ton prof!	Finis tes devoirs!	Attends ton ami.
Parlez à votre prof!	Finissez vos devoirs!	Attendez votre ami.
Parlons à notre prof!	Finissons nos devoirs!	Attendons notre ami.

2. Note that with **-er** verbs, you drop the final **s** of the **tu** form. The same is true for **aller** and verbs like **ouvrir.**

> **Regarde!**
> **Va voir le médecin!**
> **Ouvre la bouche!**

3. In negative commands, you put the **ne… pas** or any other negative expression around the verb.

> **Ne respirez plus!**
> **Ne dis rien.**

le stress

Laboratoire Conseil Oberlin

Stressé? N'oubliez pas de vous relaxer!

Comment dit-on?

18 **La loi, c'est moi!** Donnez un ordre à un copain ou à une copine d'après le modèle.

 —regarder
—**Regarde!**
1. téléphoner à Jean
2. passer l'examen
3. parler français
4. travailler plus
5. préparer le dîner
6. ouvrir la porte
7. mettre la table
8. choisir un film
9. faire le travail
10. écrire l'exercice

19 **Et vous aussi**
Donnez un ordre d'après le modèle.

 —regarder
—**Regardez.**
1. téléphoner à Jean
2. passer l'examen
3. parler français
4. travailler plus
5. préparer le dîner
6. ouvrir la porte
7. mettre la table
8. choisir un film
9. faire le travail
10. écrire l'exercice

Hôpitaux de Toulouse

La Santé sans tabac

Avec l'aimable autorisation de la M.N.H.

Afin de protéger votre santé et par mesure de sécurité, nous vous prions de ne pas fumer. Merci de votre compréhension

Décret n°92/478 du 29-5-92 Règlement intérieur du CHU de TOULOUSE

 For more practice using the commands, do Activity 49 on page H50 at the end of this book.

20 Ne fais pas ça!

Donnez un ordre à un copain ou à une copine d'après le modèle.

—regarder
—Ne regarde pas!

1. lire le journal
2. écrire une lettre
3. prendre le métro
4. attendre devant la porte
5. descendre
6. aller plus vite
7. faire attention
8. entrer
9. sortir

21 Ne faites pas ça!

Refaites l'Activité 20 d'après le modèle.

—regarder
—Ne regardez pas!

22 Allons-y!

Répondez d'après le modèle.

On invite Marie?

D'accord, invitons Marie!

1. On va à la plage?
2. On nage?
3. On fait du ski nautique?
4. On prend notre petit déjeuner?
5. On dîne au restaurant?
6. On sort?

23 Jeu

Jacques a dit... This game is called "Simon Says" in English. Play in groups of five people or more. Give orders to your classmates. If you say **Jacques a dit** first, they have to obey the order. If you don't say **Jacques a dit** first, they should not obey your order. If they do, they are eliminated.

Le pronom en

Referring to people, places, and things already mentioned

1. The pronoun **en** is used to replace a noun that is introduced by **de** or any form of **de—du, de la, de l', des. En** refers mostly to things.

Tu as de l'aspirine?	Oui, j' en ai.
Il parle de sa santé?	Oui, il en parle.
Vous sortez de l'hôpital?	Oui, j' en sors.
Tu prends des médicaments?	Oui, j' en prends.

2. You also use the pronoun **en** with numbers or expressions of quantity. Note that in this case **en** refers not only to things but also to people.

Tu as des frères?	**Oui, j'en ai deux.**
Il prend combien de comprimés?	**Il en prend trois par jour.**
Il a combien de CD?	**Il en a beaucoup.**

3. Just like other pronouns, **en** comes directly before the verb whose meaning it is linked to.

Il en parle.
Il n'en parle pas.
Il veut en parler.
Il ne veut pas en parler.

Savez-vous que... ?

En comes after **y** in the expression **il y a.**
Il y en a deux.
Il y en a beaucoup.
Il n'y en a pas.

Comment dit-on?

24 **Historiette** **La fête de Laurence** Répondez d'après le modèle.

—**Laurence sert du coca?**
—**Oui, elle en sert.**

1. Elle sert de l'eau minérale?
2. Elle sert des sandwichs?
3. Elle sert de la pizza?
4. Elle sert de la salade?

5. Elle sert du fromage?
6. Elle sert des chocolats?
7. Elle sert de la glace?
8. Elle sert de la mousse au chocolat?

25 Dans le frigo Répondez d'après le modèle.

du coca →
—Il y a du coca dans ton frigo?
—Non, il n'y en a pas.

1. de l'eau minérale
2. de la glace
3. des légumes surgelés
4. du jambon
5. des tartes
6. de la viande

26 Historiette **Tu es malade?**
Répondez d'après le modèle.

Tu manges du chocolat? (trop)

Oui, j'en mange trop!

1. Tu prends combien de comprimés? (trois)
2. Tu bois de l'eau? (un litre)
3. Tu manges des fruits? (beaucoup)
4. Tu lis des magazines? (deux ou trois)
5. Tu regardes des vidéos? (trop)

27 Devinettes Devinez ce que c'est.

1. On en prend quand on est malade.
2. On en boit beaucoup quand on a de la fièvre.
3. On en utilise pour se laver les mains.
4. On en met sur une brosse à dents pour se laver les dents.
5. On en donne au vendeur quand on achète quelque chose.

Vous êtes sur le bon chemin. Allez-y!

Conversation

Chez le médecin

Sylvie: Bonjour, docteur.

Médecin: Bonjour, Sylvie. Alors, qu'est-ce qui ne va pas?

Sylvie: Je ne sais pas… Je ne me sens pas bien du tout.

Médecin: Tu as mal où?

Sylvie: Ben, j'ai mal un peu partout, mais surtout à la gorge.

Médecin: Tu as mal à la tête?

Sylvie: Oui, à la tête aussi. Et j'ai froid, j'ai des frissons…

Médecin: Tu dois avoir de la fièvre. Ouvre la bouche, s'il te plaît. Dis «Aaa… »

Sylvie: Aaa…

Médecin: Tu as la gorge très rouge. C'est certainement une angine.

Sylvie: Une angine!

Médecin: Oui, mais ce n'est pas grave. Je vais te donner des antibiotiques. Tu vas en prendre trois par jour pendant une semaine.

Vous avez compris?

Répondez.

1. Qui est malade?
2. Quels sont ses symptômes?
3. Elle a mal où?
4. Sylvie ouvre la bouche. Pourquoi?
5. Qu'est-ce que le médecin lui donne?
6. Sylvie doit prendre combien de comprimés par jour?
7. Pendant combien de temps?

Parlons un peu plus

A **Tu dois ou tu ne dois pas être médecin.** Work with a classmate. Interview each other and decide who would make a good doctor. Make a list of questions for your interview. One question you may want to ask is: **Tu as beaucoup de patience ou très peu de patience?**

B **Je suis très malade.** Imagine you're sick with a cold, the flu, or a sore throat. Tell the doctor (your partner) what your symptoms are. He or she makes a diagnosis and tells you what to do to get better. Use the model as a guide.

> J'ai de la fièvre et des frissons.

> Vous avez la grippe. Restez au lit et prenez de l'aspirine.

Prononciation

Les sons /u/ et /ü/

1. It is important to make a distinction between the sounds /u/ and /ü/, since many words differ only in these two sounds. Repeat the following pairs of words.

vous / vu   dessous / dessus   roux / rue
loue / lu   tout / tu

2. Now repeat the following sentences.

Tu as beaucoup de température?
J'éternue toutes les deux minutes.

souffrir

température

Lectures culturelles

Une consultation

La pauvre Mélanie. Elle est très malade! Elle tousse. Elle éternue. Elle a mal à la tête. Elle a de la température. Elle a des frissons. Elle n'est pas du tout dans son assiette. Elle veut appeler le médecin, mais c'est le week-end et son médecin ne donne pas de consultations le week-end. La seule solution, c'est d'appeler S.O.S. Médecins.

S.O.S. Médecins est un service qui envoie des médecins à domicile[1]. Un médecin arrive chez Mélanie et l'examine. Elle l'ausculte, elle lui prend sa température. Elle lui dit qu'elle a la grippe. Mais ce n'est pas grave. Elle va être vite sur pied. Le médecin lui fait une ordonnance. Elle prescrit des

[1] à domicile *to the home*

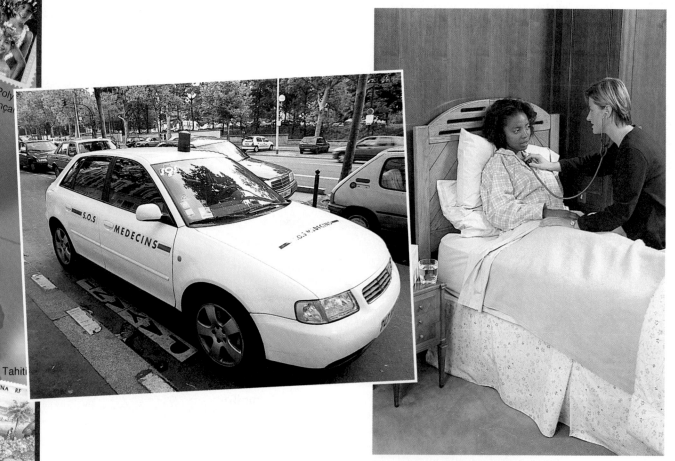

Le médecin ausculte la malade.

Haïti

La Martinique

antibiotiques: trois comprimés par jour pendant une semaine. Mélanie va en prendre un à chaque repas.

Mélanie paie le médecin. Mais en France, la Sécurité Sociale rembourse les honoraires des médecins, c'est-à-dire l'argent qu'on donne aux médecins. Les honoraires et tous les frais[2] médicaux sont remboursés de 80 à 100% (pour cent) par la Sécurité Sociale.

[2] frais *expenses*

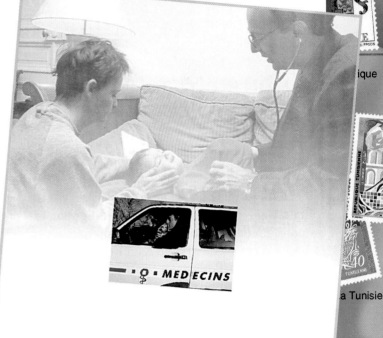

Vous avez compris?

A Autrement dit

Dites d'une autre façon.

1. Mélanie a *de la fièvre.*
2. Elle *ne se sent pas bien.*
3. Elle veut *téléphoner au* médecin.
4. Le médecin *ne voit pas de malades* le week-end.
5. S.O.S. Médecins envoie des médecins *chez les malades.*
6. Le médecin *écoute la respiration de* Mélanie.
7. La grippe n'est pas une maladie *alarmante.*
8. Mélanie va vite *se sentir mieux.*

B La pauvre Mélanie Répondez.

1. Mélanie est très malade?
2. Elle a de la fièvre?
3. Elle a mal au ventre?
4. Elle veut appeler le médecin?
5. Son médecin donne des consultations tous les jours?
6. Mélanie téléphone à qui?
7. Le médecin lui prescrit de l'aspirine?
8. Les frais médicaux ne sont pas remboursés en France?

C En France Qu'est-ce que vous avez appris sur les médecins et les services médicaux en France?

Culture et santé

La culture influence la santé et la médecine? Certainement. Par exemple, en France tout le monde parle de son foie[1]. Les Français disent souvent, «J'ai mal au foie.» Aux États-Unis, on n'entend jamais dire ça. Pourquoi? Parce qu'aux États-Unis, une maladie du foie, c'est grave. Mais quand un Français dit qu'il a mal au foie, il veut dire tout simplement qu'il a un trouble digestif. Rien de grave. Il n'est peut-être pas dans son assiette aujourd'hui, mais il va vite être sur pied!

Aux États-Unis, par contre, on parle beaucoup d'allergies. De nombreux Américains souffrent d'une petite allergie. Les symptômes d'une allergie ressemblent aux symptômes d'un rhume. On éternue et on a souvent mal à la tête. Une allergie, c'est désagréable, mais d'habitude ce n'est pas grave. En France, on parle moins souvent d'allergies. Pourquoi? Qui sait? Vive la différence!

[1] foie *liver*

LES TROUBLES DIGESTIFS

Amis ou ennemis?

Vous avez compris?

Des différences Répondez.
1. On dit souvent qu'on a mal au foie dans quel pays?
2. Que veut dire un Français quand il dit qu'il a mal au foie?
3. Et pour un Américain, qu'est-ce que cela veut dire «J'ai mal au foie»?
4. Qui parle souvent d'allergies?
5. Quels sont les symptômes d'une allergie?

Les services médicaux en France

En France, il y a de grands hôpitaux avec tout l'équipement haut de gamme[1] nécessaire à la pratique d'une médecine moderne. On compte plus de 3 500 établissements de soins polyvalents[2]. Il y a à peu près 900 établissements hospitaliers publics et plus de 2 500 cliniques privées. Beaucoup de ces cliniques ressemblent à des hôtels.

En France, on fait beaucoup de recherches médicales et pharmaceutiques. C'est à l'Institut Pasteur de Paris que le docteur Montagnier a isolé le virus du sida[3]. Aujourd'hui à l'Institut Pasteur on continue à faire des recherches contre cette terrible maladie.

[1] haut de gamme *state of the art*
[2] soins polyvalents *general care*
[3] sida *AIDS*

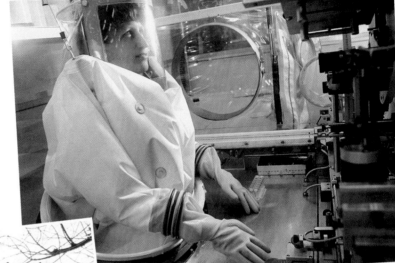
Un laboratoire de recherche à l'Institut Pasteur

L'Institut Pasteur, Paris

Vous avez compris?

Des mots apparentés Trouvez les mots apparentés dans la lecture.

La Belgique

la Tunisie

Le Maroc

Le Mali

CONNEXIONS

Les sciences naturelles

La diététique

Good nutrition is very important. What we eat can determine if we will enjoy good health or poor health. For this reason, it is most important to have a balanced diet and avoid the temptation to eat "junk food."

Read the following information about nutrition in French. Before reading this selection, however, look at the following groups of related words. Often if you know the meaning of one word you can guess the meaning of several words related to it.

individuel, individu
actif, activité
consommation, consommer, consommateur
adolescent, adolescence
âge, âgé

Un bon régime[1]

Il est très important d'avoir une alimentation équilibrée[2] pour être en bonne santé. Un régime équilibré comporte une variété de légumes et de fruits, des céréales, de la viande et du poisson.

Tout le monde a besoin de calories, mais le nombre idéal dépend de l'individu—de son métabolisme, de sa taille, de son âge et de son activité physique. Les adolescents, par exemple, ont besoin de plus de calories que les personnes âgées. Ils ont besoin de plus de calories parce qu'ils sont plus actifs et ils sont en période de croissance[3].

Les protéines

Les protéines sont particulièrement importantes pour les enfants et les adolescents parce qu'ils sont en pleine croissance. Les protéines aident à fabriquer des cellules. La viande et les œufs contiennent des protéines.

[1] régime *diet*   [2] équilibrée *balanced*   [3] croissance *growth*

Les glucides (les hydrates de carbone)

Les glucides (les pommes de terre, les pâtes comme les spaghettis, le riz[4]) sont la source d'énergie la plus efficace pour le corps humain.

Les lipides (les graisses)

Les lipides sont aussi une bonne source d'énergie. Mais pour les personnes qui ont un taux de cholestérol élevé[5], les graisses ne sont pas bonnes. Il faut faire un régime sans graisse. Il faut les éliminer.

Les minéraux

Beaucoup de minéraux sont essentiels pour le corps humain. Le calcium est absolument nécessaire pour les os[6] et les dents.

L'eau

L'eau est absolument essentielle au corps humain qui est fait de 65% d'eau.

Les vitamines

Les vitamines sont indispensables au bon fonctionnement du corps humain. Ce tableau indique la source de quelques vitamines importantes.

[4] riz *rice*   [5] élevé *elevated, high*   [6] os *bones*

Vitamines	Sources
A	légumes, lait, quelques fruits
B	viande, œufs, céréales, légumes verts
C	fruits, tomates, salade verte
D	lait, œufs, poisson
E	huiles, légumes, œufs, céréales

Vous avez compris?

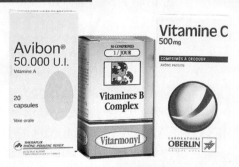

A La diététique Répondez.

1. Qu'est-ce qu'on doit manger tous les jours?
2. Le nombre de calories pour chaque individu dépend de quoi?
3. Qui a particulièrement besoin de calories? Pourquoi?
4. Quelle est une source importante d'énergie?
5. Pourquoi faut-il contrôler la consommation de graisses?
6. Quel est un minéral important pour les os et les dents?
7. Qu'est-ce qui est indispensable au bon fonctionnement du corps humain?

B Assez de vitamines? Faites une liste de tout ce que vous avez mangé hier. Vous avez eu toutes les vitamines nécessaires?

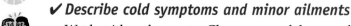

C'est à vous

Use what you have learned

PARLER

1 Tout le monde est malade.

✔ **Describe cold symptoms and minor ailments**

Work with a classmate. Choose one of the people in the illustrations. Describe him or her. Your partner will guess which person you're talking about and say what's the matter with the person. Take turns.

1.

2.

3.

4.

PARLER

2 Une ordonnance

✔ **Discuss a prescription with a pharmacist**

You are in a pharmacy in Bordeaux. Your classmate will be the pharmacist. Make up a conversation about your prescription. Explain why and how you have to take the medicine.

PARLER

3 Jeu Je suis malade comme un chien!

✔ **Talk about how you are feeling**

Work with a partner. Make gestures to indicate how you're feeling today. Your partner will ask you why you feel that way. Tell him or her. Be as creative and humorous as possible.

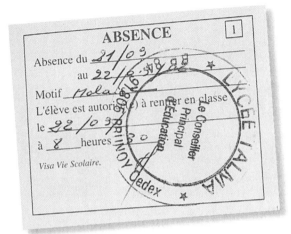

4 Excusez-moi...

✔ *Write a note describing a minor illness*

You're supposed to take a French test today but you're not feeling well. Write a note to your French teacher explaining why you can't take the test, and mention some symptoms you have.

Une ambulance du SAMU

5 Des bénévoles

Your French club has a community service requirement. You have decided to work in the emergency room (**le service des urgences**) at your local hospital. You serve as a translator or interpreter for patients who speak only French. Write a flyer for your French club. Tell about your experience with one or more patients. Give your feelings about the work you do and try to encourage other club members to volunteer their services, too.

Assessment

Vocabulaire

1 Choisissez.

a.    b.    c.    d.

To review **Mots 1,** turn to pages 464–465.

1. _____ Elle a mal à la tête.
2. _____ Elle a mal au ventre.
3. _____ Elle tousse.
4. _____ Elle est enrhumée.

2 Identifiez.

5. _____
6. _____
7. _____

3 Complétez.

To review **Mots 2,** turn to pages 468–469.

8. Le médecin _____ le malade.
9. Le malade ouvre la _____ quand le médecin lui examine la gorge.
10. Le médecin fait un _____. Il dit que Nathalie a une sinusite aiguë.
11. Le médecin lui fait une _____ pour des antibiotiques.
12. Elle va à la _____ pour acheter ses médicaments.

Structure

4 Complétez.

13. Le médecin parle au malade?

Oui, il _____ parle.

14. Le médecin donne une ordonnance à ses patients?

Oui, il _____ donne une ordonnance.

15. Paul donne son ordonnance à la pharmacienne?

Oui, il _____ donne son ordonnance.

To review **lui** and **leur**, turn to page 472.

5 Complétez.

16. Ils _____ beaucoup, les pauvres. (souffrir)

17. J'_____ le livre à la page 100. (ouvrir)

18. Vous _____ la bouche quand le médecin vous examine? (ouvrir)

To review **souffrir** and **ouvrir**, turn to page 474.

6 Complétez avec l'impératif.

19. (ouvrir) Paul, _____ ton livre.

Luc et Louise, _____ vos livres aussi.

20. (attendre) Carole, _____ un moment.

Sandrine et Maïa, _____ avec Carole.

21. (dire) Luc, _____ au médecin où tu as mal.

Vous deux, _____ au médecin où vous avez mal.

To review commands, turn to page 475.

7 Répondez avec un pronom.

22. Tu as de l'aspirine?

Oui, _____.

23. Tu as douze comprimés?

Oui, _____.

24. Tu peux sortir de l'hôpital demain?

Oui, _____.

25. Il a beaucoup d'argent?

Oui, _____.

To review the use of **en**, turn to page 478.

On parle super bien!

Tell all you can about this illustration.

Vocabulaire

Describing minor health problems

la santé	une sinusite aiguë	éternuer	avoir de la fièvre
en bonne santé	une allergie	avoir mal	le nez qui coule
en mauvaise santé	un mouchoir	à la tête	les yeux qui piquent
une infection	un kleenex	au ventre	la gorge qui gratte
un frisson	se sentir bien	aux oreilles	malade
la grippe	mal	à la gorge	viral(e)
un rhume	être enrhumé(e)		bactérien(ne)
une angine	tousser		allergique

Speaking with the doctor

le médecin	souffrir	respirer
le/la malade	ouvrir	prescrire
un diagnostic	examiner	
une ordonnance	ausculter	

Identifying more parts of the body

la tête	une oreille
un œil, des yeux	la gorge
le nez	le ventre
la bouche	

Speaking with a pharmacist

un(e) pharmacien(ne)	un sirop
une pharmacie	de la pénicilline
un médicament	de l'aspirine *(f.)*
un comprimé	avaler
un antibiotique	

Other useful words and expressions

À tes souhaits!	le/la pauvre
Qu'est-ce qu'il a?	à fond

How well do you know your vocabulary?

- **Find as many cognates as you can in the list.**
- **Use five cognates to write several sentences.**

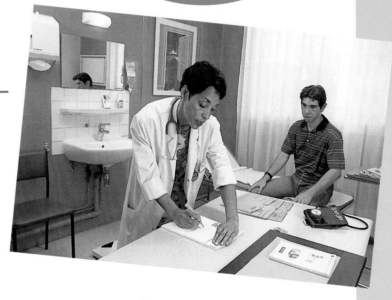

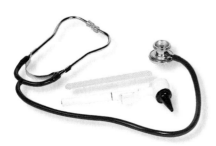

VIDÉOTOUR

Épisode 14

In this video episode, you will join Vincent as he experiences a strange nightmare. See page 539 for more information.

Révision

Conversation

On va au cinéma?

Céline: Tu as déjà vu *Autant en emporte le vent* avec Clark Gable et Vivien Leigh?

Thomas: Non, mais c'est un classique.

Céline: Tu veux le voir? On le joue au Champollion en version originale.

Thomas: Je voudrais bien, mais je ne peux pas. Je dois me coucher de bonne heure ce soir.

Céline: Pourquoi? Tu ne te sens pas bien?

Thomas: Non, pas très bien. Je ne sais pas ce que j'ai… Je suis fatigué, j'ai mal à la tête… Je crois que j'ai la grippe.

Répondez.

1. Céline parle à qui?
2. Elle lui parle de quoi?
3. Thomas a déjà vu *Autant en emporte le vent*?
4. Il croit que c'est un bon film?
5. On joue *Autant en emporte le vent* dans quel cinéma?
6. Pourquoi est-ce que Thomas ne peut pas aller au cinéma?
7. Qu'est-ce qu'il a?

Structure

Les verbes réfléchis

1. The subject of a reflexive verb both performs and receives the action of the verb. For this reason, an additional pronoun is used. It is called a reflexive pronoun. Review the following forms.

SE LAVER	S'HABILLER
je me lave	je m'habille
tu te laves	tu t'habilles
il/elle/on se lave	il/elle/on s'habille
nous nous lavons	nous nous_z_habillons
vous vous lavez	vous vous_z_habillez
ils/elles se lavent	ils/elles s'habillent

2. Reflexive verbs are conjugated with **être** in the **passé composé.** Note that there is no agreement when the verb is followed by a noun referring to a part of the body.

Elle s'est brossée.   **Elle s'est brossé les cheveux.**

Elles se sont maquillées.   **Elles se sont maquillé les yeux.**

Ils se sont lavés.   **Ils se sont lavé les dents.**

1 **Historiette** **Ce matin** Répondez que oui.

1. Il s'appelle Arnaud?
2. Qu'est-ce qu'il fait le matin? Il se dépêche?
3. Il se lève à sept heures?
4. Il s'habille vite?
5. Et toi, tu te lèves à sept heures?
6. Tu te laves les mains et la figure?
7. Tes parents se dépêchent le matin?

2 Historiette **La routine** Complétez en utilisant le passé composé.

Ce matin, je __1__ (se réveiller) tôt et je __2__ (se lever) tout de suite. Je __3__ (se laver) la figure et les mains et, après le petit déjeuner, je __4__ (se brosser) les dents.

Mes deux copains Sandrine et Sylvain __5__ (se lever) tard ce matin. Ils __6__ (se dépêcher) pour arriver à l'école à l'heure.

Et vous, vous __7__ (se lever) tard ou tôt ce matin? Vous __8__ (se dépêcher)?

Les pronoms

1. The pronouns **me, te, nous,** and **vous** can be either direct or indirect objects.

Objet Direct: **Il me voit.**	**Elle t'invite à la fête.**
Ils nous regardent.	**Je vous connais.**
Objet Indirect: **Tu me parles?**	**Elle te dit quoi?**
Il nous téléphone.	**Je vous réponds que oui.**

2. The pronouns **le, la,** and **les** are direct objects. They can replace either a person or a thing.

Jean? Je le connais.	**Son collège? Je ne le connais pas.**
Marie? Je la connais.	**Sa voiture? Je la vois.**
Tes copains? Je les connais.	**Leurs billets? Je les ai.**

3. **Lui** and **leur** are indirect objects. They replace **à** + a person.

Je téléphone à Jean.	**Je lui téléphone.**
Il lit la lettre à Anne.	**Il lui lit la lettre.**
Elle parle aux élèves.	**Elle leur parle.**

4. The pronoun **en** replaces **de (du, de la, de l', des)** + a thing.

Tu as de l'aspirine?	**Oui, j'en ai.**
Il prend des antibiotiques?	**Non, il n'en prend pas.**

Remember that with numbers and expressions of quantity **en** refers not only to things but also to people: **Tu as des frères? Oui, j'en ai deux.**

5. Object pronouns always come directly before the verb they are linked to.

Il me téléphone.	**Il va lui téléphoner.**
Elle en achète.	**Il ne va pas leur parler.**
Il ne la regarde pas.	

3 Vraiment? Complétez avec **me, te, nous** ou **vous.**

1. —Je vous connais, vous deux.
   —Vraiment? Tu _____ connais?
2. —On va te téléphoner.
   —Vraiment? Vous allez _____ téléphoner?
3. —Je t'aime!
   —Vraiment? Tu _____ aimes?
4. —Elle nous invite, ma sœur et moi.
   —Vraiment? Elle _____ invite?
5. —Elle t'invite aussi.
   —Vraiment? Elle _____ invite aussi?
6. —Il vous regarde fixement, ta sœur et toi.
   —Vraiment? Il _____ regarde fixement?

Musée du Louvre, Paris

4 Jean et ses amis Refaites les phrases en utilisant des pronoms.

1. Je connais *Jean,* mais je ne connais pas *ses amis.*
2. Je ne vois pas souvent *Caroline,* mais je parle *à sa sœur* tous les jours.
3. Jean m'invite à sa fête et je veux apporter un cadeau *à ses parents.*
4. J'aime beaucoup *Virginie et ses amis.* Je vais téléphoner *à Virginie* pour les inviter tous.
5. J'aime beaucoup *ses CD.* Je vais acheter trois CD.

5 Questions Répondez en utilisant un pronom.

1. Tu lis ce magazine?
2. Tu achètes les billets?
3. Tu vas voir cette pièce de théâtre?
4. Tu veux voir ces deux films?
5. Tu aimes mieux voir les films en version originale ou doublés?
6. Tu vois beaucoup de films américains?

6 Une journée typique Work with a classmate.
Compare a typical day in your life with a typical day in your partner's life.

7 On s'amuse. Work with a classmate.
Discuss what you do when you have free time. Do you like to do the same activities?

LITERARY COMPANION *You may wish to read the adaptation of* **Le Comte de Monte-Cristo.** *You will find this literary selection on page 518.*

1. La cathédrale Notre-Dame de Paris sur l'île de la Cité
2. La tour Eiffel, symbole de Paris
3. Étudiants à la terrasse d'un café au Quartier latin
4. La fontaine Stravinski près du Centre Georges-Pompidou
5. Entrée de la station de métro «Porte Dauphine»
6. La Grande Arche de la Défense, le quartier des affaires
7. Marché dans le quartier de Barbès-Rochechouart

1

BRASSERIE

3

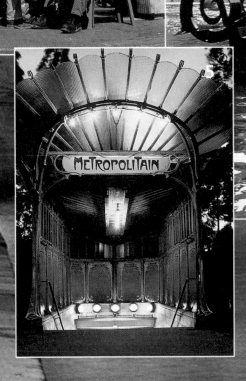

4

METROPOLITAIN

8. L'Arc de Triomphe sur la place Charles-de-Gaulle

9. La pyramide du musée du Louvre

10. Horloge de l'ancienne gare d'Orsay transformée en musée

11. Petits bateaux à voiles au jardin du Luxembourg

12. Lampadaires sur le pont Alexandre III

13. Enfant avec pains

14. *La Joconde* par un jeune artiste de la rue

8

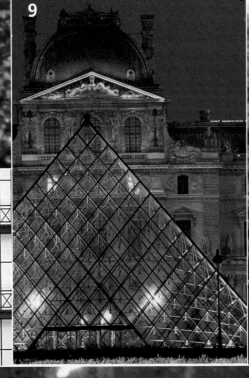

500

REFLETS
de Paris

13

14

Literary Companion

These literary selections develop reading and cultural skills and introduce students to French literature.

La petite Fadette George Sand

Vocabulaire

des frères jumeaux · les yeux

forts

Les jumeaux sont semblables.
Ils ont les yeux bleus.
Ils sont forts.

Il y a deux autres garçons dans la famille.
L'aîné a cinq ans.
Le cadet a deux ans.

pleurer ·

Il est triste. Il pleure.

Le petit garçon a peur.

un paysan

un champ

Les paysans travaillent dans les champs.
La petite fille est très pauvre.

Elle est (tombe) malade.

Activités

A **Historiette** **Les jumeaux**
Répondez.

1. Les deux frères sont jumeaux?
2. Ils sont très semblables?
3. Ils ont les yeux bleus?
4. Ils sont forts ou faibles?
5. Le cadet a cinq ans ou deux ans?
6. Et l'aîné, il a quel âge?

Le Berry, France

B **Quel est le mot?** Complétez.

1. Des ＿＿ sont des frères qui ont le même âge.
2. Le petit garçon est triste. Il ＿＿.
3. Il pleure aussi quand il a ＿＿.
4. Les jumeaux sont blonds et ils ont les yeux bleus. Ils sont très ＿＿.
5. M. et Mme Gaillard ont deux enfants. L'＿＿ a quinze ans et le ＿＿ a huit ans.
6. M. et Mme Gaillard ＿＿ dans les champs. M. et Mme Gaillard sont des ＿＿.
7. La petite fille n'est pas riche. Elle est ＿＿.
8. La petite fille est ＿＿. Elle a la grippe.

INTRODUCTION Le vrai nom de George Sand (1804–1876) est Aurore Dupin. Elle est née[1] à Paris, mais elle passe son enfance à Nohant, dans le Berry. Le Berry est une région rurale.

George Sand a un mariage malheureux. Séparée de son mari, elle rentre à Paris avec ses deux enfants. Ses romans les plus connus[2] sont des romans champêtres[3]. Dans ses romans, elle montre un grand intérêt pour les paysans du Berry. *La petite Fadette* est un roman champêtre publié en 1849.

[1] née *born*
[2] romans les plus connus *best-known novels*
[3] champêtres *pastoral*

La petite Fadette

1

Le père Barbeau habite à la Cosse. Le père Barbeau est un homme important. Il a deux champs. Il cultive ses deux champs pour nourrir° sa famille. Il a aussi une maison avec un jardin. C'est un homme courageux et bon. Il aime beaucoup sa famille—sa femme, la mère Barbeau, et ses trois enfants.

nourrir *to feed*

C'est alors que le père Barbeau et la mère Barbeau ont deux garçons à la fois°: deux beaux jumeaux. Il est impossible de distinguer les jumeaux l'un de l'autre parce qu'ils° sont très semblables. Sylvinet est l'aîné et Landry est le cadet.

à la fois *at the same time*
parce qu'ils *because they*

2

Les deux garçons grandissent° sans problème. Ils sont blonds avec de grands yeux bleus. Ils parlent avec la même voix°. Ils sont très amis. Ils sont toujours ensemble.

grandissent *grow up*
voix *voice*

Les enfants ont maintenant 14 ans. Le père Barbeau dit qu'ils ont l'âge de travailler. Mais il n'y a pas assez de travail pour les deux garçons chez les Barbeau. Le père décide d'envoyer° un des garçons chez un voisin, le père Caillaud. Le père Caillaud habite à la Priche.

envoyer *to send*

Les jumeaux sont très tristes. Être séparés, c'est horrible. Sylvinet commence à pleurer et Landry pleure aussi.

—Mais, le père Caillaud n'habite pas très loin, dit Landry.

—C'est vrai. Je vais chez le père Caillaud…

—Non, Sylvinet. Pas toi, moi! Je vais chez le père Caillaud!

Donc Landry quitte la maison de son père… Maintenant, il travaille chez le père Caillaud. Le père Caillaud est content que Landry travaille pour lui. Landry est très fort.

Le père Caillaud aime beaucoup Landry. Il traite Landry comme un de ses enfants. Landry aussi aime beaucoup le père Caillaud. Il est content de travailler à la Priche. Mais Sylvinet n'est pas content. Il est jaloux de Landry.

3

Françoise Fadet est une petite fille très pauvre. Elle habite avec sa grand-mère et son petit frère handicapé. Ils habitent près de la rivière°, pas très loin de la Priche. On appelle Françoise «la petite Fadette». La petite Fadette est très solitaire. Elle n'est pas comme les autres enfants. Elle est assez différente des autres. Les autres enfants ont peur de la petite Fadette. Certains détestent la petite fille.

rivière *river*

Un jour, Landry rentre à la Priche et rencontre° la petite Fadette qui pleure.

rencontre *meets*

—Pourquoi° tu pleures comme ça?

Pourquoi *Why*

—Parce qu'on me déteste.

—C'est un peu ta faute°, Fadette.

faute *fault*

—Ma faute? Pourquoi?

—Parce que tu es toujours très sale° et désagréable avec les autres.

sale *dirty*

Émile Lambinet *Écouen, près de Paris*

Landry, lui, ne trouve° pas la petite Fadette désagréable. Il trouve même qu'elle est intelligente et intéressante. La petite Fadette trouve Landry très beau. Elle aime Landry. Landry et la petite Fadette sont souvent ensemble et Landry change la personnalité de la petite Fadette.

Le jumeau de Landry, Sylvinet, est très jaloux de Landry et la petite Fadette. Il tombe très malade. Sa famille est désespérée. Mais qui sauve Sylvinet? La petite Fadette, l'amie de son frère Landry. Maintenant, tout° est possible, même le mariage de Landry et de la petite Fadette.

trouve *finds*

tout *everything*

William Bouguereau *Jeune fille au panier de fruits*

Vous avez compris?

A **Les enfants Barbeau** Répondez.

1. M. et Mme Barbeau ont combien d'enfants?
2. Ils ont des jumeaux?
3. L'aîné, c'est Sylvinet ou Landry?
4. Et le cadet?
5. Comment sont les jumeaux?
6. Ils sont bruns ou blonds?
7. Ils ont les yeux de quelle couleur?
8. Ils ont la même voix?

B **Le père Barbeau** Décrivez le père Barbeau.

C **Les jumeaux** Décrivez les jumeaux Barbeau.

D **Séparation** Complétez.

1. Quand les enfants ont _____ ans, le père Barbeau dit qu'ils ont l'âge de _____.
2. Le père Barbeau décide d'envoyer un enfant chez un _____, le père Caillaud.
3. Le père Caillaud _____ à la Priche.
4. Les jumeaux sont très _____ parce qu'ils vont être séparés.
5. Ils sont très tristes et ils _____.
6. _____ travaille chez le père Caillaud.
7. Le père Caillaud _____ beaucoup Landry. Il _____ Landry comme un de ses enfants.

E **La petite Fadette** Répondez.

1. Avec qui habite la petite Fadette?
2. Elle habite où?
3. Comment est la petite Fadette?
4. Qui a peur de la petite Fadette?
5. La petite Fadette pleure. Pourquoi?
6. Elle parle à qui?
7. Landry trouve la petite Fadette comment?
8. Qui change la personnalité de la petite Fadette?
9. Qui tombe malade?
10. Qui sauve Sylvinet?

«Dors mon enfant» Elolongué Epanya Yondo

Vocabulaire

un écrivain
un oranger fleuri

une revue un magazine
l'avenir le futur

Activité

Un oranger Répondez.

1. Un oranger, c'est un fruit ou un arbre?
2. L'orange, c'est le fruit de l'oranger?
3. Tu aimes les oranges?
4. Tu aimes le jus d'orange?
5. Il y a des orangers dans les régions tropicales?
6. C'est beau un oranger fleuri?

Gerard Sekoto *Jeune fille à l'orange*

INTRODUCTION La poésie africaine francophone est la poésie écrite par des Africains de langue française. La poésie africaine francophone est riche et variée. Deux écrivains de langue française célèbres sont Léopold Sédar Senghor et Aimé Césaire. Ces deux écrivains créent dans les années 30 le mouvement de «la négritude». La négritude, c'est «l'ensemble des valeurs culturelles de l'Afrique noire.»

En 1947, Alioune Diop fonde à Paris la revue *Présence Africaine*. La revue publie les œuvres[1] d'écrivains africains francophones et diffuse le concept de la négritude.

[1] œuvres *works*

Aujourd'hui, *Présence Africaine* est une maison d'édition[2] qui publie les œuvres d'écrivains africains.

«Dors mon enfant» est tiré de[3] *Kamérun! Kamérun!* du poète Elolongué Epanya Yondo. Elolongué Epanya Yondo est né au Cameroun en 1930. Il va étudier à Paris où il habite chez Alioune Diop. Elolongué Epanya Yondo veut inspirer un esprit de solidarité chez ses compatriotes pour établir un avenir[4] solide sans oublier[5] les traditions passées.

[2] maison d'édition *publishing house*
[3] tiré de *taken from*
[4] avenir *future*
[5] sans oublier *without forgetting*

«Dors mon enfant»

Dors° mon enfant dors
Quand tu dors
Tu es beau
Comme un oranger fleuri…
Dors mon enfant dors
Tu es si° beau
Quand tu dors…
Mon beau bébé noir dors

Dors *Sleep*

si *so*

Elizabeth Barakah Hodges *Madone noire*

Vous avez compris?

Dors mon enfant Répondez.

1. Qui parle dans le poème?
2. La mère trouve son enfant beau?
3. Elle compare son enfant à quel arbre?
4. Un oranger est un bel arbre?
5. Un oranger est beau surtout quand il fleurit?
6. La mère compare son enfant à un bel oranger fleuri?
7. Le petit enfant est de quelle race?
8. C'est un bébé ou un petit garçon?

La Chanson de Roland **Auteur anonyme**

Vocabulaire

un roi

une armée

C'est un champ de bataille.
Les deux armées ont une bataille.

blessé

une ceinture

un guerrier, un soldat

Les guerriers luttent.
Un guerrier est plus fort que l'autre.
Un guerrier est blessé.

un cor

une épée

Le guerrier sonne du cor.
Ça fait du bruit.

un rocher

Le guerrier frappe son épée contre le rocher.
Il veut briser son épée.

Il se couche sous un arbre.
Il cache l'épée sous lui.

une lutte une bataille, un combat
du bruit un son désagréable
la guerre Deux armées qui luttent font la guerre.
gagner la bataille être victorieux, sortir victorieux d'une bataille

Activités

A **Historiette** **Sur le champ de bataille** Répondez.

1. Il y a des guerriers sur le champ de bataille?
2. Ils luttent?
3. C'est l'armée du roi?
4. Un guerrier est plus fort que l'autre?
5. Un guerrier est blessé?
6. Il a une épée à la main?
7. Il a un cor à la ceinture?
8. Est-ce qu'un guerrier sonne du cor?
9. Ça fait du bruit quand il sonne du cor?
10. Un guerrier frappe son épée contre un rocher?
11. Il cache son épée?
12. Il cache son épée où?

B **Quel est le mot?** Complétez.

1. Un _____ est un ancien instrument musical.
2. Une _____ est une ancienne arme.
3. Une _____, c'est un groupe de guerriers ou de soldats.
4. Le guerrier qui _____ la bataille est victorieux.

La Chanson de Roland Auteur anonyme

INTRODUCTION *La Chanson de Roland* est un poème épique qui date de la fin du onzième siècle[1]. C'est le premier poème de ce genre qui est écrit en français et pas en latin. L'auteur est anonyme, c'est-à-dire qu'il est inconnu. Le poème raconte la guerre de Charlemagne en Espagne. Charlemagne passe sept années victorieuses en Espagne. Il reste une seule ville à prendre. C'est Saragosse. Roland est un chevalier[2] dans l'armée de Charlemagne. Il veut continuer la guerre pour prendre Saragosse. Mais un autre chevalier dans l'armée de Charlemagne, Ganelon, veut faire la paix[3] avec le roi de Saragosse. Il veut rentrer en France. On va voir ce qui arrive[4].

[1] siècle *century*
[2] chevalier *knight*
[3] faire la paix *make peace*
[4] ce qui arrive *what happens*

Roland et Durendal

1

Nous sommes en 771. Les Français s'appellent les Francs. Le roi des Francs, c'est Charlemagne. Il a une très grande armée composée de guerriers nobles et braves. Un de ces guerriers s'appelle Roland. Roland est le neveu de Charlemagne. Il est fort et grand comme un géant. Il est fier° et très courageux.

fier *proud*

Un jour Charlemagne donne à son neveu deux merveilleux cadeaux: un cor magique et une épée dorée°. Roland est très fier des cadeaux de son oncle. Partout où il va il garde avec lui le cor et l'épée. Il aime son épée comme une amie. Il donne un nom à son épée: «Durendal».

dorée *gilded*

Avec sa belle épée, Durendal, Roland lutte contre les ennemis de Charlemagne. Il est extraordinaire sur le champ de bataille avec son cor à la ceinture et son épée à la main. Sa belle épée dorée brille dans le soleil et protège Roland dans ses combats. Il est victorieux dans beaucoup de batailles.

Charlemagne et Roland

2

Un jour Roland est dans un pays étranger loin de la France. Il lutte contre un guerrier blond inconnu. Les deux guerriers sont forts et très braves. Ils luttent tous les deux avec beaucoup de courage. Leur combat commence le matin et continue toute la journée. Les deux hommes sont très fatigués. Ils sont épuisés mais ils continuent à lutter. Pendant la bataille l'épée du guerrier blond se brise°. Quand Roland voit que l'épée de son adversaire est brisée, il jette Durendal à terre°. Et la bataille continue. Les deux guerriers luttent toute la nuit. Mais le guerrier blond est blessé. Aussitôt° Roland arrête le combat et aide le guerrier blessé.

—Je m'appelle Roland et je suis le neveu de Charlemagne. On ne va pas continuer à lutter. Je veux être ton ami. Quel est ton nom?

—Olivier, répond le guerrier blond.

Les deux guerriers décident d'être amis. Désormais° ils vont toujours être ensemble. Ils ne sont plus ennemis. Ils sont comme deux frères.

se brise *breaks*
jette… à terre *throws . . . on the ground*
Aussitôt *Immediately*

Désormais *From then on*

3

778: Charlemagne et ses guerriers sont en Espagne où ils luttent victorieusement contre les Sarrasins. La bataille est presque finie. Il reste une seule ville à prendre, Saragosse. Roland veut aller à Saragosse pour prendre la ville mais un autre chevalier, Ganelon, ne veut pas y aller. Il veut faire la paix avec le roi de Saragosse, Marsile, et rentrer en France. La décision est prise. On va traverser les Pyrénées et rentrer en France. En fait, Ganelon est un traître qui veut la mort° de Roland. Il révèle aux Sarrasins le chemin° que Charlemagne va prendre pour traverser les Pyrénées.

mort *death*
chemin *route*
s'engage dans *heads into*

Charlemagne s'engage dans° les montagnes à la tête de son armée. Ganelon l'accompagne. Roland et Olivier font partie de l'arrière-garde. Les soldats de Marsile sont cachés° dans les montagnes à Roncevaux. Ils laissent passer Charlemagne et les hommes qui sont avec lui. Mais quand Roland et ses hommes arrivent, ils attaquent. Ils jettent des rochers énormes sur les guerriers. Les Francs luttent avec grand courage, mais hélas, ils sont vingt mille contre cent mille. Olivier demande à Roland de sonner du cor pour appeler Charlemagne à l'aide. Mais Roland est fier, il veut lutter seul. Les Francs sont écrasés°. Seuls Olivier et Roland restent en vie°. Ils veulent continuer la bataille mais ils sont blessés et ils sont très faibles.

cachés *hiding*

écrasés *crushed*
en vie *alive*

Roland sonne du cor.

4

Roland ne veut pas laisser Durendal aux mains de ses ennemis. Il essaie de briser son épée. Il frappe son épée contre un rocher. Le rocher est dur° mais l'épée est dure aussi. Roland frappe encore mais en vain. Il ne peut pas briser son épée.

dur *hard*

Roland va mourir°. Il se couche sous un arbre et met sa belle épée sous lui. Là, ses ennemis ne peuvent pas trouver son amie Durendal. Enfin Roland prend son cor et sonne. Il appelle Charlemagne. Il sait qu'il va mourir.

mourir *to die*

Mais Charlemagne est très loin. Il est dans une plaine en France. Il croit entendre le cor de Roland.

—Écoute! dit-il à Ganelon. C'est Roland qui sonne du cor. Il demande notre aide.

—Mais non, ce sont des bergers° qui jouent de la flûte dans la montagne, répond Ganelon.

bergers *shepherds*

L'armée de Charlemagne continue son voyage. Roland sonne encore.

—Je suis sûr que c'est le cor de Roland. On fait demi-tour° et on va à son aide, dit Charlemagne.

fait demi-tour *turn around*

—Mais Roland est brave, dit Ganelon. Il est fort et il a des hommes avec lui. Il n'a pas besoin de nous. Notre armée est fatiguée. On ne peut pas faire demi-tour.

Le pauvre Roland est désespéré et il sonne une dernière fois°.

dernière fois *last time*

—C'est Roland. C'est sûr. Il a besoin de notre aide. Demi-tour, immédiatement! crie Charlemagne.

Charlemagne et ses guerriers font demi-tour. Ils arrivent dans la vallée où est l'arrière-garde. Mais il est trop tard. Tous les guerriers francs sont morts. Charlemagne trouve les corps de Roland et d'Olivier l'un près de l'autre. Roland a sonné du cor si longtemps et si fort que les veines de ses tempes° ont éclaté°.

tempes *temples*
ont éclaté *burst*

Charlemagne et son armée attaquent l'armée de Marsile. L'ennemi est finalement écrasé. Charlemagne sort victorieux et la mort de Roland et de ses hommes est vengée.

Voilà l'histoire de Roland, le noble guerrier.

La mort de Roland

Vous avez compris?

A **Charlemagne** Répondez.

1. Qui est le roi des Francs en 771?
2. Il a une grande armée?
3. Comment sont les soldats de Charlemagne?
4. Qui est Roland?
5. Qu'est-ce que Charlemagne donne à Roland?
6. Roland donne un nom à son épée? Quel nom?

Portrait de
Charlemagne

B **Un combat** Choisissez la bonne réponse.

1. Un jour Roland lutte contre _____.
   a. un ami brun   b. un étranger blond
2. Ils luttent _____.
   a. en France   b. dans un pays étranger
3. Pendant la bataille l'épée _____ se brise.
   a. de Roland   b. de l'étranger blond
4. _____ jette son épée à terre.
   a. L'inconnu blond   b. Roland
5. _____ est blessé.
   a. Roland   b. Le guerrier inconnu
6. Roland _____ le guerrier.
   a. n'aide pas   b. aide
7. Roland veut être _____ du guerrier blond.
   a. l'ami   b. l'ennemi
8. Les deux vont être _____.
   a. des neveux   b. comme des frères

Monument de Charlemagne à Roncevaux

C **En Espagne** Vrai ou faux?

1. Charlemagne et son armée luttent en Espagne.
2. Ils luttent contre les Romains.
3. Les soldats de Charlemagne prennent la ville de Saragosse.
4. Roland veut prendre la ville de Saragosse.
5. Un autre chevalier, Ganelon, veut prendre Saragosse aussi.
6. Marsile est le roi de Saragosse.
7. Charlemagne et ses guerriers décident de rentrer en France.
8. Ganelon est un ami de Roland.
9. Roland et Ganelon font partie de l'arrière-garde.
10. L'armée de Marsile attaque Roland et ses hommes.

D **Un résumé** Give a brief synopsis of the end of the story in English.

Le Comte de Monte-Cristo **Alexandre Dumas**

Vocabulaire

un marin

un gardien

une cellule

Le jeune marin va se marier.
Il regarde sa fiancée avec amour.
Ils célèbrent leurs fiançailles.

On emmène le criminel en prison.
On l'enferme dans une cellule.

un mur   un trou

creuser un tunnel

s'évader de prison

Le prisonnier est désespéré.
Il frappe sur la porte.
Il crie.

Il s'est évadé de prison.

une île

un bateau

Ils ont jeté le sac à la mer.

une grotte

des pierres précieuses

de l'or

un coffre

Il a trouvé un trésor.

Activités

 A **Le marin** Répondez d'après les indications.

1. Le jeune homme est un soldat ou un marin? (un marin)
2. Il est marié? (non)
3. Il va se marier? (oui)
4. Il adore sa fiancée? (oui)
5. Qu'est-ce qu'il a pour sa fiancée? (de l'or)
6. Qu'est-ce qu'ils célèbrent? (leurs fiançailles)

 B **La prison** Vrai ou faux?

1. Il y a des cellules dans une prison.
2. On emmène les criminels en prison.
3. Les cellules de prison sont très belles et agréables.
4. On enferme les gardiens dans des cellules.
5. Les gardiens travaillent dans une prison. Ils surveillent les prisonniers.
6. De temps en temps, un prisonnier complètement désespéré frappe sur la porte de sa cellule.
7. Les gardiens font des trous dans les murs.
8. Pour s'évader de prison, les prisonniers creusent un tunnel.

C **Un trésor** Répondez que oui.

1. C'est une île?
2. Il y a une grotte sur l'île?
3. Il y a un coffre à l'entrée de la grotte?
4. Le coffre est plein d'or et de pierres précieuses?
5. Il y a un bateau dans la mer?
6. Quelqu'un jette un sac à la mer?

INTRODUCTION Il y a deux Alexandre Dumas—Dumas père et Dumas fils. Les deux sont écrivains. Le père est connu surtout pour ses romans[1] d'aventures et le fils est connu surtout pour ses pièces de théâtre.

Alexandre Dumas (1802–1870) père est né à Villers-Cotterêts dans le nord de la France. Son père est général dans l'armée française et sa mère est de Saint-Domingue dans la mer des Caraïbes. Alexandre Dumas a écrit des centaines[2] de romans. Ses romans ont procuré du plaisir à des lecteurs[3] innombrables dans le monde entier. *Le Comte de Monte-Cristo* est un de ces romans.

[1] romans *novels*   [2] centaines *hundreds*   [3] lecteurs *readers*

Le Comte de Monte-Cristo

1

1815: Edmond Dantès est un jeune marin marseillais. Dantès est un jeune homme honnête et courageux. Il n'est pas riche, mais il est heureux°. Il a une fiancée, Mercédès. Il travaille pour M. Morrel, un homme bon et juste qui le traite comme son fils.

Mais il y a trois hommes qui n'aiment pas le jeune marin. Ces trois hommes, Fernand Mondego, Danglars et Villefort sont des ennemis dangereux. Fernand est jaloux de Dantès parce qu'il aime Mercédès. Danglars travaille aussi pour M. Morrel. Mais Danglars falsifie les comptes° de M. Morrel et Dantès le sait. Donc Danglars veut éliminer Dantès. Villefort lui aussi veut éliminer Dantès pour des raisons politiques. Les trois hommes conspirent contre Dantès. Ils l'accusent de comploter° contre le roi° et d'être pour le retour de Napoléon sur le trône. Leur accusation est totalement fausse. Le jeune Dantès est innocent, mais il est tout de même arrêté parce que ses ennemis— et Villefort en particulier—ont beaucoup d'influence. Il est arrêté pendant une fête en l'honneur de ses fiançailles avec Mercédès. Sans explication, on l'emmène en prison sur l'île du château d'If tout près de Marseille. Là on l'enferme dans une petite cellule froide et sombre. Le pauvre Dantès ne comprend pas. Il est désespéré. Il frappe contre la porte. «Pourquoi suis-je en prison?» crie-t-il. Mais il n'y a pas de réponse. Personne ne l'entend. Chaque jour, Dantès attend sa liberté, mais en vain. Le temps passe. Pendant quatre ans, Dantès reste seul dans sa cellule.

heureux *happy*

comptes *accounts*

comploter *conspiring*
contre le roi *against the king*

Dantès en prison

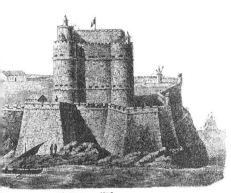
Château d'If

2

Un jour, il entend un bruit° de l'autre côté du mur de sa cellule. C'est un autre prisonnier qui creuse un tunnel. Cet homme arrive à faire un trou dans le mur de la cellule de Dantès et à entrer dans sa cellule. Les deux hommes sont fous° de joie. Le nouvel ami de Dantès est un abbé°, l'abbé Faria. L'abbé Faria est un intellectuel italien d'environ soixante ans. Il raconte à Dantès ses occupations en Italie et Dantès lui raconte ses voyages. Les deux amis font le projet° de s'évader de prison. Mais l'abbé n'est pas en bonne santé. Il sait qu'il ne va pas avoir la force de s'évader avec Dantès. Il lui révèle alors l'existence d'un trésor fabuleux caché° sur une petite île de la mer Méditerranée. Cette île s'appelle l'île de Monte-Cristo. Il donne un document à Dantès qui explique comment trouver le trésor.

bruit *noise*

fous *crazy*
abbé *abbot*

projet *plan*

caché *hidden*

3

Peu de temps après les gardiens de la prison trouvent l'abbé Faria mort° dans sa cellule. Ils mettent son corps dans un sac. Il vont le jeter à la mer. Mais pendant la nuit, Dantès prend la place de Faria et se met dans le sac. Les gardiens jettent le sac à la mer et Dantès est libre! Il ouvre le sac et commence à nager. Il nage longtemps dans une mer très agitée. Finalement, il est recueilli° par un bateau. Il est sauvé!

mort *dead*

recueilli *picked up*

Maintenant Dantès est un homme libre! Il part à la recherche du trésor. Après de nombreuses aventures, il arrive enfin sur l'île de Monte-Cristo. Il a quelques difficultés à trouver le trésor qui est bien caché. Finalement il découvre dans une grotte un coffre avec de l'or et des pierres précieuses—des diamants, des rubis et des perles de toute beauté. Edmond Dantès est très riche! Il change de nom. Il prend le nom de l'île où il a trouvé le trésor. Le comte de Monte-Cristo est né.

Ils jettent le sac à la mer.

Le Comte de Monte-Cristo va à Paris où il achète une maison splendide. Il voyage à Rome et en Grèce. Il est invité à toutes les fêtes. Il devient° vite célèbre. Tout le monde veut faire la connaissance de cet homme mystérieux et fabuleusement riche. Mais le Comte de Monte-Cristo n'a qu'une° idée. Il veut se venger°. Il retrouve Fernand qui s'est marié avec Mercédès. Fernand est devenu très riche, lui aussi. Il a pris le nom de Comte de Morcerf. Il retrouve Danglars et Villefort. Évidemment personne ne le reconnaît. Un à un, le comte de Monte-Cristo se venge de ses ennemis. Mercédès quitte Fernand et va dans un couvent. Fernand meurt°. Danglars est ruiné et Villefort devient fou°. Mais la vengeance ne satisfait pas le comte de Monte-Cristo. Il ne se sent pas libre. Au contraire, il se sent angoissé et plein de doutes. Il décide de tout abandonner. Il laisse sa fortune à Maximilien Morrel, le fils de son ancien patron°. Puis il s'embarque sur un bateau pour une destination inconnue en compagnie d'Haydée, une très belle jeune fille.

devient *becomes*

n'a qu'une *has only one*
se venger *to get revenge*

meurt *dies*
devient fou *goes crazy*

ancien patron *former boss*

Château d'If

✒Vous avez compris?

 Edmond Dantès Vrai ou faux?

1. Edmond Dantès est un jeune soldat parisien.
2. Il est très riche.
3. Il va se marier avec sa fiancée Mercédès.
4. Il n'a pas d'ennemis.
5. Il y a des hommes qui sont jaloux de Dantès.
6. Ils l'accusent d'un crime.
7. Dantès n'est pas un criminel.
8. Les gardiens savent qu'ils libèrent Dantès.
9. Dantès reste longtemps en prison.

B **En prison** Répondez.

1. Un jour, qu'est-ce que Dantès entend?
2. Quel est ce bruit?
3. Qui est le nouvel ami de Dantès?
4. Quel projet font les deux amis?
5. Qui est malade?
6. Qu'est-ce que l'abbé révèle à Dantès?
7. Où est caché le trésor?
8. Qu'est-ce que le document de l'abbé Faria explique?

C **Des années ont passé.** Choisissez.

1. Les gardiens trouvent _____ mort.
   a. Dantès   **b.** l'abbé Faria   **c.** M. Morrel
2. Ils le trouvent dans _____.
   a. un tunnel   **b.** un trou   **c.** sa cellule
3. Les gardiens mettent _____ dans un sac.
   a. le document   **b.** l'abbé Faria   **c.** Dantès
4. Les gardiens jettent le sac _____.
   a. dans le tunnel   **b.** à la mer   **c.** dans une grotte
5. Dantès est sauvé par _____.
   a. un homme libre   **b.** un bateau   **c.** une île
6. Quand Dantès arrive sur l'île de Monte-Cristo, il cherche _____.
   a. l'abbé Faria   **b.** le trésor   **c.** le document
7. Il découvre le trésor _____.
   a. dans la mer   **b.** dans le bateau   **c.** dans une grotte
8. Des diamants et des rubis sont _____.
   a. de l'or   **b.** des perles   **c.** des pierres précieuses

Une cellule au château d'If

D **À Paris**

1. Décrivez tout ce que Dantès fait à Paris.
2. Comparez la vie d'Edmond Dantès et la vie du Comte de Monte-Cristo.

Video Companion

Using video in the classroom

The use of video in the classroom can be a wonderful asset to the World Languages teacher and a most beneficial learning tool for the language student. Video enables students to experience whatever it is they are learning in their textbook in a real-life setting. With each lesson, they are able to take a vicarious field trip. They see people interacting at home, at school, at the market, etc., in an authentic milieu. Students sitting in a classroom can see real people going about their real life in real places. They may experience the target culture in many countries. The cultural benefits are limitless.

Developing listening and viewing skills   In addition to its tremendous cultural value, video, when properly used, gives students much needed practice in developing good listening and viewing skills. Video allows students to look for numerous clues that are evident in a tone of voice, facial expressions, and gestures. Through video students can see and hear the diversity of the target culture and, as discerning viewers and listeners, compare and contrast the French-speaking cultures to each other and to their own culture. Video introduces a dimension into classroom instruction that no other medium — teachers, overhead, text, Audio CDs—can provide.

Reinforcing learned language   Video that is properly developed for classroom use has speakers reincorporate the language students have learned in a given lesson. In keeping with reality, however, speakers introduce some new words, expressions, and structures because students

functioning in a real-life situation would not know every word native speakers use with them in a live conversation. The lively and interactive nature of video allows students to use their listening and viewing skills to comprehend new language in addition to seeing and hearing the language they have learned come to life.

Getting the most out of video   The intrinsic benefit of video is often lost when students are allowed to read the scripted material before viewing. In many cases, students will have come to understand language used by the speakers in the video by means of reading comprehension, thus negating the inherent benefits of video as a tool to develop listening and viewing skills. Because today's students are so accustomed to the medium of video as a tool for entertainment and learning, a well-written and well-produced video program will help them develop real-life language skills and confidence in those skills in an enjoyable way.

On Location!

Je suis Christine. Je suis de Fort-de-France, à la Martinique.

Je suis Vincent. Je suis de Paris.

Je suis Chloé. Je suis de Lyon, en France.

Je suis Manu. Je suis algérien.

Je suis Amadou. Je suis malien.

Vidéotour

Bon voyage!

Épisode 1: Une amie et un ami

Vincent et Chloé à Montmartre

Une vue splendide sur Paris

Avant de regarder

Can you spot the following?

1. un garçon brun
2. une fille brune
3. une vue splendide sur Paris
4. une caméra
5. une fille enthousiaste

Après avoir regardé

Expansion You will be taking a video tour of Paris. As you watch, look for similarities you notice between Paris and the city or town where you live. What differences do you notice? Choose several places in Paris that you would like to visit. Do some research to find out more about Paris. Why do you find it interesting?

Vidéotour

Bon voyage!

Épisode 2: Les cours et les profs

Vincent et une amie, Élodie, au lycée Louis-le-Grand

Manu et Vincent en cours de chimie

Avant de regarder

Make an educated guess!

1. In the first photograph, what do you think Vincent is doing?
2. In the second photo, does Manu look as if he knows what he is doing?
3. How does Vincent look as he watches Manu?
4. Do you think the experiment is going to be successful?

Après avoir regardé

Expansion As you watch the video, think about whether there are any similarities between the school you see in the video and the one you attend. Do you notice any differences? Which might you prefer? Why? Do some research about schedules in French schools. Are the schedules for French students like yours?

Vidéotour

Bon voyage!

Épisode 3: Pendant et après les cours

Amadou et Christine dans la rue après les cours

Amadou et Christine dans la papeterie

Avant de regarder

Can you spot the following?

1. une papeterie
2. une calculatrice
3. une rue
4. des fournitures scolaires
5. deux amis

Après avoir regardé

Expansion You will see something in the video that Christine enjoys doing after school. Compare her likes to some of those that you may have. See whether or not you have anything in common with your new French friends. Think about the other people in the video. Knowing what you know about them, what might they enjoy doing after school?

Vidéotour

Bon voyage!

Épisode 4: La famille et la maison

Christine a une surprise pour Mme Séguin.

Christine et Mme Séguin dans la cuisine de la maison de Monet

Avant de regarder

Can you spot the following? If so, give an adjective to describe each.

1. un jardin
2. un immeuble
3. une cuisine
4. une fleur
5. une voiture

Après avoir regardé

Expansion   Giverny, a charming village northwest of Paris, is a beautiful spot. Can you think of any place near where you live that could compare to Giverny? Do some research to find out more about this famous place where Monet lived and write a paragraph about it or discuss with a friend what you found out that is of interest to you.

Vidéotour

Bon voyage!

Épisode 5: Au café et au restaurant

Chloé et Christine vont dans un café.

Elle commandent une boisson.

Avant de regarder

Invent the following.

1. le nom du café
2. ce que Chloé commande
3. ce que Christine commande
4. ce que dit le serveur

Après avoir regardé

Expansion   As you can imagine from what you saw in the video, café life is an important part of French culture. Do you have any cafés near where you live? If you do, do you and your friends go there often? If not, do you think you might enjoy them based on what you viewed in the video?

Vidéotour

Bon voyage!

Épisode 6: La nourriture et les courses

Vincent et Manu font les courses.

Manu «prépare» un repas fabuleux.

Avant de regarder

Answer the questions.

1. Où sont Vincent et Manu?
2. Qu'est-ce qu'ils font?
3. Qu'est-ce qu'ils achètent, d'après vous?
4. Qui va payer, d'après vous?
5. Qu'est-ce qu'ils vont manger?

Après avoir regardé

Expansion What foods that you saw in the French supermarket are similar to those found in your supermarket? Do some research on the Internet to find a French recipe that you and your family might enjoy. Then make a list of all the ingredients you need from the supermarket to prepare this recipe.

Épisode 7: Les vêtements

Christine et Chloé veulent acheter une robe.

Chloé essaie une robe.

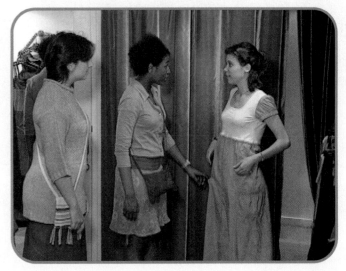

Avant de regarder

Describe the following.

1. ce que porte Christine
2. ce que porte Chloé
3. ce que porte la vendeuse
4. la robe que Christine essaie

Après avoir regardé

Expansion   The world of fashion is significant in Paris and in other parts of the French-speaking world. Do some research on a famous French designer. Tell whether or not you might enjoy wearing his or her clothing. If you are artistic, draw a fashion that your designer might design.

Vidéotour

Bon voyage!

Épisode 8: L'aéroport et l'avion

Où est Christine en réalité?

Manu est à l'aéroport avec Christine?

Avant de regarder

Can you spot the following? How many of each do you see?

1. une valise
2. un passager
3. une carte d'embarquement
4. un comptoir
5. un bagage à main

Après avoir regardé

Expansion You have been exposed to many parts of the French-speaking world. Choose a place that you would most like to visit. Do some research on the Internet to plan your itinerary. Include the places you would like to visit in the city or town of your choice and explain how you would get there.

Vidéotour

Bon voyage!

Épisode 9: La gare et le train

Amadou et Chloé partent pour Lille. Ils prennent leurs billets.

Leur train part d'où?

Avant de regarder

Answer the questions.

1. Où sont Amadou et Chloé?
2. Qu'est-ce qu'ils font?
3. D'après vous, qui est l'homme avec eux?
4. D'après vous, qu'est-ce que nos amis demandent à cet homme?

Après avoir regardé

Expansion   What is your favorite means of transportation for long trips. Why? Do you think most Americans would make the same choice? Survey your friends to find out their preferences.

Vidéotour
Bon voyage!

Épisode 10: Les sports

Manu joue bien au basket.

Manu est fana de basket-ball. C'est son sport favori.

Avant de regarder

Make an educated guess!
1. Où est Manu?
2. Qui joue au basket-ball?
3. Ce sont des amies de Manu?
4. Quel est le score?
5. Que fait Manu à la fin du match?

Après avoir regardé

Expansion Think of some famous French athletes and do some research to find out about them. Choose one you think is particularly good and research his or her career.

Épisode 11: L'été et l'hiver

Christine «apprend» à faire du ski.

Manu est un très bon moniteur.

Avant de regarder

Can you spot the following? If so, describe each one.

1. une montagne
2. un skieur
3. une piste
4. un sommet
5. un anorak

Après avoir regardé

Expansion What fun activity do you do in the winter? And in the summer? Are video games a big part of your life?

Vidéotour
Bon voyage!

Épisode 12: La routine quotidienne

Manu se réveille.

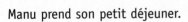

Manu prend son petit déjeuner.

Avant de regarder

Answer the questions.

1. Que fait Manu?
2. Que lui donne Vincent dans la salle de bains?
3. Que va faire Manu avec ça?
4. Qu'est-ce que Vincent donne à Manu dans sa chambre?
5. Qu'est-ce que Manu va faire?

Après avoir regardé

Expansion Is it easy for you to get up in the morning or not? Do you go to bed early or late? Do you sleep well at night? Compare Manu's day with a typical day in your life.

Vidéotour
Bon voyage!

Épisode 13: Les loisirs culturels

Chloé visite le musée d'Orsay. Elle trouve les tableaux fabuleux.

Chloé et Vincent sur la place Igor Stravinsky

Avant de regarder

Can you spot the following?

1. une exposition
2. une danseuse
3. un tableau
4. une peinture
5. une statue

Après avoir regardé

Expansion Are you aware of your cultural heritage? Can you name some famous American painters, musicians, architects? Do some research on the Internet about the musée d'Orsay. Who are some of the artists whose art is shown there? Can you find out what special exhibitions there are currently?

Vidéotour

Bon voyage!

Épisode 14: La santé et la médecine

Le docteur Nguyen est très sympa.

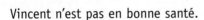

Vincent n'est pas en bonne santé.

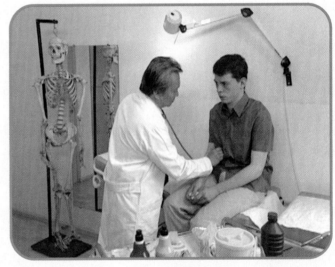

Avant de regarder

Answer the questions.

1. Où est Vincent?
2. Pourquoi, d'après vous?
3. Vincent a un mouchoir dans la main. Pourquoi?
4. D'après vous, Vincent est très malade?
5. Que lui dit le médecin?

Après avoir regardé

Expansion Do you go to the doctor's every time something is wrong with you? Why or why not? Does your doctor make house calls? Do some research online about medical achievements and famous doctors in France. You may want to begin with an online visit to l'**Institut Pasteur**.

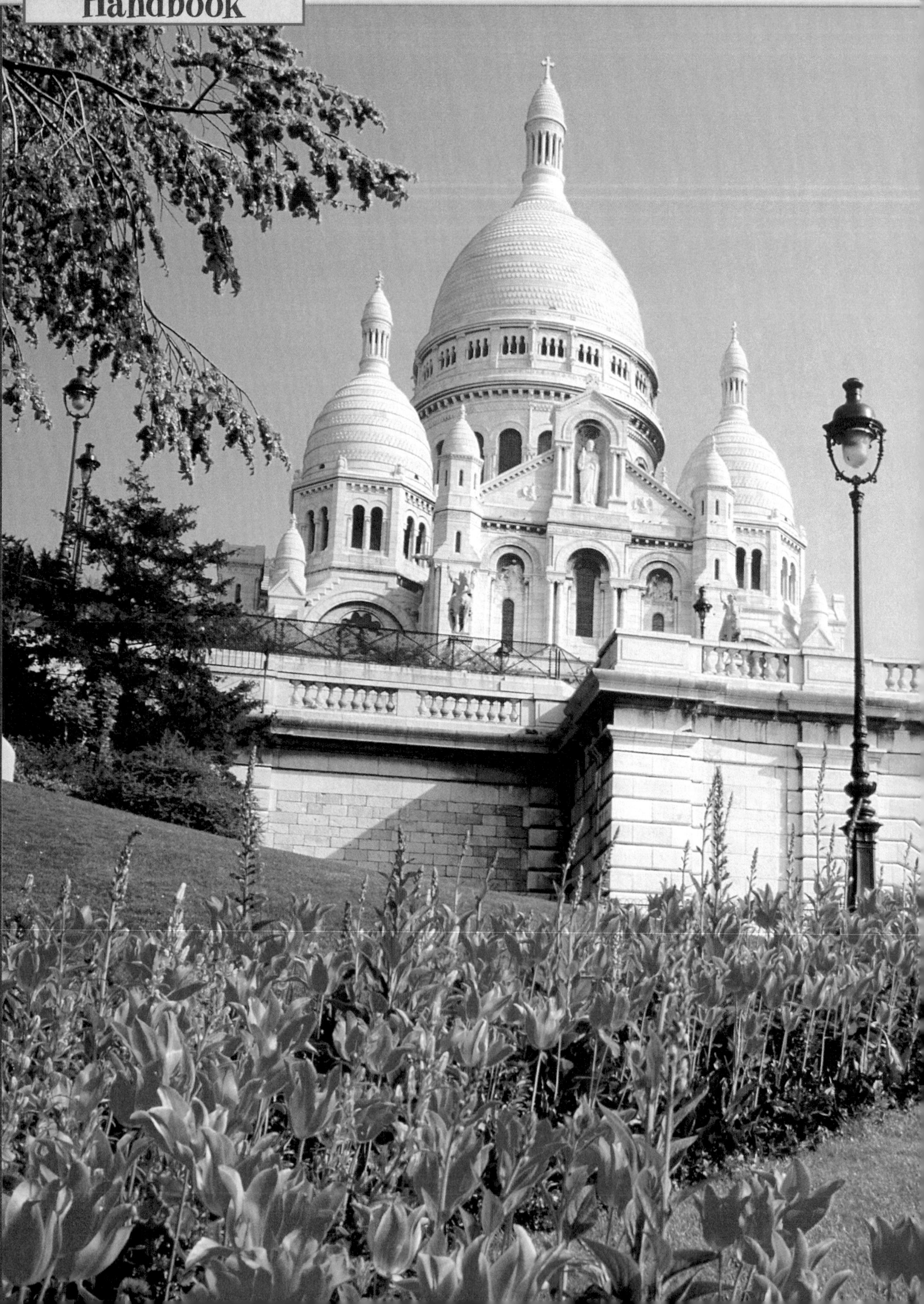

Activity 24

Élève A Make the following statements to your partner. He or she will add the location where the activity takes place. Correct answers are in parentheses.

1. Le passager vérifie la carte d'embarquement.
   (*Le passager vérifie la carte d'embarquement à la porte d'embarquement.*)
2. Le passager demande une place.
   (*Le passager demande une place côté couloir.*)
3. Le passager vérifie son billet.
   (*Le passager vérifie son billet au comptoir de la compagnie aérienne.*)
4. Le passager va passer par le contrôle de sécurité.
   (*Le passager va passer par le contrôle de sécurité dans l'aérogare.*)

Élève A Your partner will make a statement about an activity. Tell where each activity takes place according to the chart below.

Activité	Où
prendre un vol	à l'aéroport
vérifier l'heure du départ	sur l'écran
décoller	sur la piste
faire enregistrer ses bagages	au comptoir de la compagnie aérienne

---

Élève B Your partner will make a statement about an activity. Tell where each activity takes place according to the chart below.

Activité	Où
vérifier la carte d'embarquement	à la porte d'embarquement
demander une place	côté couloir
vérifier son billet	au comptoir de la compagnie aérienne
passer par le contrôle de sécurité	dans l'aérogare

Élève B Make the following statements to your partner. He or she will add the location where the activity takes place. Correct answers are in parentheses.

1. Le passager va prendre un vol.
   (*Oui, le passager va prendre un vol à l'aéroport.*)
2. Le passager vérifie l'heure du départ.
   (*Oui, le passager vérifie l'heure du départ sur l'écran.*)
3. L'avion décolle.
   (*Oui, l'avion décolle sur la piste.*)
4. Le passager fait enregistrer ses bagages.
   (*Oui, le passager fait enregistrer ses bagages au comptoir de la compagnie aérienne.*)

InfoGap

Activity 25

CHAPITRE 8, Mots 2, pages 264–265

Élève A Ask your partner the following questions. Correct answers are in parentheses.

1. Il faut attacher sa ceinture de sécurité quand?
(*avant le décollage*)

2. Qui sert les boissons?
(*le steward*)

3. On peut fumer quand?
(*après le vol*)

4. On ramasse les plateaux quand?
(*après le repas*)

5. Il faut un passeport quand?
(*pour un vol international*)

6. Il faut mettre vos bagages à main où?
(*sous le siège devant vous*)

Élève A Answer your partner's questions. Choose from the answers below.

1. avant le vol / après le vol
2. le passager / le pilote
3. avant le vol / pendant le vol
4. avant le décollage / pendant le décollage
5. dans la cabine / dans le coffre à bagages
6. le pilote / le passager

Élève B Answer your partner's questions. Choose from the answers below.

1. avant le décollage / après le décollage

2. le steward / le pilote

3. pendant le vol / après le vol

4. après le repas / pendant le repas

5. pour un vol intérieur / pour un vol international

6. sous le siège devant vous / dans le couloir

Élève B Ask your partner the following questions. Correct answers are in parentheses.

1. Il faut faire ses valises quand?
(*avant le vol*)

2. Qui remplit sa carte de débarquement?
(*le passager*)

3. On sert un repas quand?
(*pendant le vol*)

4. Il faut mettre ses bagages sous le siège quand?
(*avant le décollage*)

5. Les toilettes sont où?
(*dans la cabine*)

6. Qui dort pendant le vol?
(*le passager*)

H26 ❧ Handbook

Activity 26

Élève A Answer your partner's questions according to the illustrations.

Élève A Ask your partner the following questions. Correct answers are in parentheses.

1. Qu'est-ce que vous faites?
   (*Nous remplissons la carte de débarquement.*)

2. Qu'est-ce-que l'hôtesse fait?
   (*Elle sert le dîner.*)

3. Qu'est-ce que l'avion fait?
   (*L'avion atterrit.*)

Élève B Answer your partner's questions according to the illustrations.

1.

2.

3.

Élève B Ask your partner the following questions. Correct answers are in parentheses.

1. Qu'est-ce que le steward fait?
   (*Il sert des boissons.*)

2. Qu'est-ce que le passager fait?
   (*Il sort ses bagages du coffre à bagages.*)

3. Qu'est que tu fais pendant le vol?
   (*Je dors pendant le vol.*)

InfoGap

Activity 27

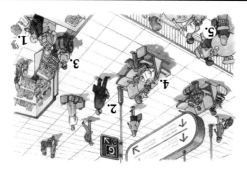

(upside-down, Élève A section)

Élève A Ask your partner the following questions. Correct answers are in parentheses.

1. Que font les passagers?
   (Les passagers font la queue.)
2. Qu'est-ce que Ahmed achète?
   (un billet)
3. Il achète son billet où?
   (au guichet)
4. Tu achètes un billet Paris-Lyon-Paris?
   (Oui, un aller-retour.)
5. Tu achètes un billet Paris-Lyon?
   (Oui, un aller simple.)

Élève A Look at the picture below; then choose the best response from the options given to answer your partner's questions.

1. un journal / un billet
2. le guichet / la voie
3. au buffet / au kiosque
4. sur le quai / dans la salle d'attente
5. au buffet de la gare / au guichet

Élève B Look at the pictures below; then choose the best response from the options given to answer your partner's questions.

1. Ils attendent le train. / Ils font la queue.
2. un billet / une carte postale
3. au kiosque / au guichet
4. Oui, un aller simple. / Oui, un aller-retour.
5. Oui, un aller simple. / Oui, un aller-retour.

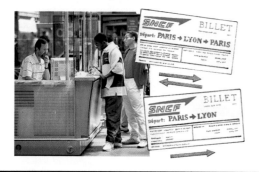

Élève B Ask your partner the following questions. Correct answers are in parentheses.

1. Qu'est-ce que Monsieur Roget achète?
   (un journal)
2. Qu'est-ce que Monsieur Laporte regarde?
   (la voie)
3. Monsieur Boucher fait la queue où?
   (au kiosque)
4. Monsieur Longtemps attend le train où?
   (dans la salle d'attente)
5. Paul prend une boisson où?
   (au buffet de la gare)

3–5.

5. Paul commence à perdre patience?
(Oui, il commence à perdre patience.)

4. Ils attendent une amie?
(Oui, ils attendent une amie.)

3. Paul et Sylvie sont où?
(Ils sont devant la gare.)

2. Anne lit le journal?
(Non, elle écrit une carte postale.)

1. Les voyageurs sont debout dans le wagon?
(Non, ils sont assis.)

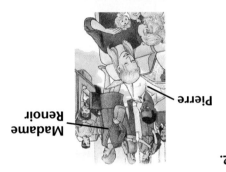

Madame Renoir

Pierre

1–2.

Élève A Answer your partner's questions based on the pictures below.

Élève A Ask your partner the following questions. Correct answers are in parentheses.

Élève B Answer your partner's questions based on the pictures below.

1–2.

Anne

3–5.

Paul et Sylvie

Élève B Ask your partner the following questions. Correct answers are in parentheses.

1. Madame Renoir est assise?
(Non, elle est debout.)

2. Pierre écrit des cartes postales?
(Non, il lit le journal.)

3. Le passager est debout?
(Non, il est assis.)

4. Le contrôleur contrôle les boissons?
(Non, il contrôle les billets.)

5. Toutes les places sont occupées?
(Non, toutes les places ne sont pas occupées.)

Activity 29

Élève A Say each of the following words to your partner. He or she will make a sentence using the word and one of the verbs listed. Possible answers are in parentheses.

1. un voyageur
   (*J'attends un voyageur.*)

2. les annonces
   (*J'entends les annonces.*)

3. un ami
   (*J'attends un ami.*) or
   (*J'écris à un ami.*)

4. des choses amusantes
   (*Je dis des choses amusantes.*) or
   (*J'écris des choses amusantes.*)

5. les bagages
   (*Je descends les bagages.*) or
   (*J'attends les bagages.*)

Élève A Your partner will say a word or phrase. Use the word with one of the verbs below to make a statement about what you do.

Example: You hear: **Le journal.**
You respond: **Je lis le journal.** *or*
Je vends le journal.

vendre	descendre	répondre	perdre	lire

Élève B Your partner will say a word or phrase. Use the word with one of the verbs below to make a statement about what you do.

Example: You hear: **Le train.**
You respond: **J'attends le train.** *or*
Je descends du train.

attendre	descendre	entendre	écrire	dire

Élève B Say each of the following words to your partner. He or she will make a sentence using the word and one of the verbs listed. Possible answers are in parentheses.

1. des cartes postales
   (*Je vends des cartes postales.*) or
   (*Je lis des cartes postales.*)

2. la voiture
   (*Je descends de la voiture.*) or
   (*Je vends la voiture.*)

3. la question
   (*Je réponds à la question.*) or
   (*Je lis la question.*)

4. patience (*Je perds patience.*)

5. des magazines
   (*Je lis des magazines.*) or
   (*Je vends des magazines.*)

Activity 30

Élève A Ask your partner the following questions. Correct responses are in parentheses.

1. Est-ce que Rennes joue contre Auxerre?
   (Non, Rennes joue contre Lille.)

2. Il y a beaucoup de spectateurs dans le stade?
   (Oui, il y a beaucoup de spectateurs dans le stade.)

3. Le gardien de but, il bloque le ballon?
   (Non, il ne bloque pas le ballon.)

4. Le ballon entre dans le but?
   (Oui, le ballon entre dans le but.)

Élève A Answer your partner's questions based on the illustration.

Élève B Ask your partner the following questions. Correct responses are in parentheses.

1. Un joueur a donné un coup de tête dans le ballon?
   (Non, un joueur a donné un coup de pied dans le ballon.)

2. Il y a beaucoup de places libres dans les gradins?
   (Non, les gradins sont pleins.)

3. Le gardien arrête le ballon?
   (Non, le gardien n'arrête pas le ballon.)

4. Le joueur a marqué un but?
   (Oui, le joueur a marqué un but.)

Élève B Answer your partner's questions based on the illustration.

Activity 31

Élève A Read the following statements to your partner, some of which are false. Your partner will correct them. The correct answers are in parentheses.

1. Le basket-ball est un sport individuel.
   (Non, le basket-ball est un sport d'équipe.)
2. Un joueur de basket sert le ballon.
   (Non, un joueur de basket ne sert pas le ballon.)
3. Les joueurs dribblent le ballon pendant un match de basket.
   (Oui, …)
4. Une joueuse lance le ballon dans le panier pendant un match de basket.
   (Oui, …)
5. Les joueurs de basket donnent un coup de pied au ballon.
   (Non, les joueurs de basket dribblent le ballon.)

Élève A Listen to the statements made by your partner, some of which are false. Correct the false statements.

Élève B Listen to the statements made by your partner, some of which are false. Correct the false statements.

Élève B Read the following statements to your partner, some of which are false. Your partner will correct them. The correct answers are in parentheses.

1. Le volley-ball est un sport individuel.
   (Non, le volley-ball est un sport d'équipe.)
2. Les joueurs dribblent le ballon pendant un match de volley-ball.
   (Non, les joueurs ne dribblent pas le ballon pendant un match de volley-ball.)
3. Une joueuse de volley-ball sert le ballon.
   (Oui, …)
4. Une joueuse de volley-ball renvoie le ballon par-dessus le filet.
   (Oui, …)
5. Le ballon doit toucher le sol pendant un match de volley-ball.
   (Non, le ballon ne doit pas toucher le sol.)

Activity 32

Élève A Ask your partner who did the following activities. Correct answers are in parentheses.

1. Qui a joué au foot?
   (*Chloé a joué au foot.*)

2. Qui a perdu le match?
   (*Tu as perdu le match.*)

3. Qui a regardé le match?
   (*Les spectateurs ont regardé le match.*)

4. Qui a choisi une place?
   (*Moi, j'ai choisi une place.*)

5. Qui a dansé?
   (*Nous avons dansé.*)

Élève A Your partner wants to know who did the activities below. Answer based on the information in the chart.

Qui?	Activité
Les spectateurs	attendre longtemps
L'arbitre	voyager
Nous	gagner la coupe
Tu	finir le match
Julien	lancer le ballon

Élève B Your partner wants to know who did the activities below. Answer based on the information in the chart.

Qui?	Activité
Chloé	jouer au foot
Tu	perdre le match
Les spectateurs	regarder le match
Moi, je	choisir une place
Nous	danser

Élève B Ask your partner who did the following activities. Correct answers are in parentheses.

1. Qui a attendu longtemps?
   (*Les spectateurs ont attendu longtemps.*)

2. Qui a voyagé?
   (*L'arbitre a voyagé.*)

3. Qui a gagné la coupe.
   (*Nous avons gagné la coupe.*)

4. Qui a fini le match?
   (*Tu as fini le match.*)

5. Qui a lancé le ballon?
   (*Julien a lancé le ballon.*)

Activity 33

CHAPITRE 10, Structure, pages 337–339

Élève A Ask your partner who does the following activities. Correct answers are in parentheses.

1. Qui doit passer un examen?
   (Nathalie doit passer un examen.)

2. Qui reçoit le ballon?
   (Tu reçois le ballon.)

3. Qui boit de la limonade?
   (Les enfants boivent de la limonade.)

4. Qui doit être content?
   (Vous devez être contents.)

5. Qui boit du lait?
   (Moi, je bois du lait.)

Élève A Your partner wants to know who does the following. Answer based on the information in the chart.

Qui?	Activité
Rémi	boire du coca
Tu	devoir étudier
Les copains	recevoir un cadeau
Moi, je	boire de l'eau
Nous	devoir travailler

Élève B Your partner wants to know who does the following. Answer based on the information in the chart.

Qui?	Activité
Nathalie	devoir passer un examen
Tu	recevoir le ballon
Les enfants	boire de la limonade
Vous	devoir être contents
Moi, je	boire du lait

Élève B Ask your partner who does the following activities. Correct answers are in parentheses.

1. Qui boit du coca?
   (Rémi boit du coca.)

2. Qui doit étudier?
   (Tu dois étudier.)

3. Qui reçoit un cadeau?
   (Les copains reçoivent un cadeau.)

4. Qui boit de l'eau?
   (Moi, je bois de l'eau.)

5. Qui doit travailler?
   (Nous devons travailler.)

Activity 34

Élève A Answer your partner's questions based on the picture below.

Élève A Ask your partner the following questions. Correct answers are in parentheses.

1. Marc fait de la planche à voile?
   (Oui, Marc fait de la planche à voile.)
2. Il pleut?
   (Non, il fait beau.)
3. Sandrine fait une promenade?
   (Non, elle fait du ski nautique.)
4. Les amis sont où?
   (Les amis sont à la plage.)
5. Ils vont faire du surf?
   (Oui, ils vont faire du surf.)

Élève B Answer your partner's questions based on the pictures below.

1–2.    3.

4–5.

Élève B Ask your partner the following questions. Correct answers are in parentheses.

1. Jeanne a passé la journée à la piscine?
   (Non, elle a passé la journée à la plage.)
2. Elle a mis un maillot de bain?
   (Oui, elle a mis un maillot de bain.)
3. Elle a mis de la crème solaire?
   (Oui, elle a mis de la crème solaire.)
4. Il a fait mauvais temps?
   (Non, il a fait beau.)
5. Elle a pris un bain de soleil?
   (Oui, elle a pris un bain de soleil.)

Activity 35

CHAPITRE 11, Mots 2, pages 360–361

Pauline

Élève A Answer your partner's questions based on the picture below.

Élève A Ask your partner the following questions. Correct answers are in parentheses.

1. Qu'est-ce qu'on prend pour monter au sommet?
   (On prend un télésiège.)

2. Quel temps fait-il à la montagne?
   (Il fait froid.)

3. Il y a beaucoup de neige?
   (Oui, il y a beaucoup de neige.)

4. On fait du ski à la montagne?
   (Oui, on fait du ski à la montagne.)

Élève B Answer your partner's questions based on the picture below.

Élève B Ask your partner the following questions. Correct answers are in parentheses.

1. Pauline a mis un anorak de quelle couleur?
   (Elle a mis un anorak bleu.)

2. Elle est bonne en ski?
   (Non, elle est débutante.)

3. Elle apprend à faire du ski?
   (Oui, elle apprend à faire du ski.)

4. Elle a eu un bon moniteur?
   (Oui, elle a eu un bon moniteur.)

Activity 36

Élève A Read your partner the following statements. Correct responses are in parentheses.

1. Je fais un voyage en hiver.
   (*J'ai fait un voyage en hiver l'année dernière.*)

2. Je prends des leçons de ski alpin.
   (*J'ai pris des leçons de ski alpin l'année dernière.*)

3. J'apprends à faire du patin à glace.
   (*J'ai appris à faire du patin à glace l'année dernière.*)

4. Je dis "Merci" au moniteur.
   (*J'ai dit "Merci" au moniteur l'année dernière.*)

5. Je mets un bonnet.
   (*J'ai mis un bonnet l'année dernière.*)

6. Je lis un livre pour les débutants.
   (*J'ai lu un livre pour les débutants l'année dernière.*)

Élève A Your partner will tell you what he or she is doing today. Use the **passé composé** of the verb below to tell him or her you did the same thing last year (**l'année dernière**).

1. apprendre
2. prendre
3. mettre
4. faire
5. avoir
6. boire

Élève B Read your partner the following statements. Correct responses are in parentheses.

1. J'apprends à faire du ski.
   (*J'ai appris à faire du ski l'année dernière.*)

2. Je prends le télésiège.
   (*J'ai pris le télésiège l'année dernière.*)

3. Je mets un anorak.
   (*J'ai mis un anorak l'année dernière.*)

4. Je fais du ski de fond.
   (*J'ai fait du ski de fond l'année dernière.*)

5. J'ai un bon moniteur.
   (*J'ai eu un bon moniteur l'année dernière.*)

6. Je bois du chocolat chaud.
   (*J'ai bu du chocolat chaud l'année dernière.*)

Élève B Your partner will tell you what he or she is doing today. Use the **passé composé** of the verb below to tell him or her you did the same thing last year (**l'année dernière**).

1. faire
2. prendre
3. apprendre
4. dire
5. mettre
6. lire

Activity 37

Élève A Read your partner the following statements. Correct responses are in parentheses.

1. J'arrive au bord de la mer.
   (Hier, je suis arrivé[e] au bord de la mer.)

2. Je monte dans le train.
   (Hier, je suis monté[e] dans le train.)

3. Je vais à la montagne.
   (Hier, je suis allé[e] à la montagne.)

4. Je sors de la gare.
   (Hier, je suis sorti[e] de la gare.)

5. Je tombe sur la glace.
   (Hier, je suis tombé[e] sur la glace.)

Élève A Your partner will tell you what he or she is doing today. Use the **passé composé** of the verb below to tell him or her you did the same thing yesterday **(hier).**

1. partir
2. descendre
3. rentrer
4. entrer
5. aller

Élève B Your partner will tell you what he or she is doing today. Use the **passé composé** of the verb below to tell him or her you did the same thing yesterday **(hier).**

1. arriver
2. monter
3. aller
4. sortir
5. tomber

Élève B Read your partner the following statements. Correct responses are in parentheses.

1. Je pars à l'heure.
   (Hier, je suis parti[e] à l'heure.)

2. Je descends du train.
   (Hier, je suis descendu[e] du train.)

3. Je rentre à l'hôtel.
   (Hier, je suis rentré[e] à l'hôtel.)

4. J'entre dans la classe de français.
   (Hier, je suis entré[e] dans la classe de français.)

5. Je vais à la plage.
   (Hier, je suis allé[e] à la plage.)

Activity 38

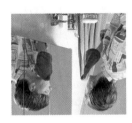

3. Il faut un rasoir. Il faut une glace.
(Il se rase.)

2. Il faut un peigne.
(Elle se peigne.)

1. Il faut une brosse à dents. Il faut du dentifrice.
(Elle se brosse les dents.)

Correct responses are in parentheses.

Élève A Read your partner the following statements. He or she will tell you how people use the items in the daily routine. Correct responses are in parentheses.

Élève A Your partner will read you a statement about daily routine. Use the picture cues to tell him or her which products or equipment are needed.

Élève B Your partner will tell you which products or equipment are needed in a daily routine. Use the picture cues to tell him or her what people use the items for.

1.

2.

3.

Élève B Read your partner the following statements about daily routine. He or she will tell you what products or equipment are needed. Correct responses are in parentheses.

1. Elle se brosse les cheveux.
(Il faut une brosse.)

2. Il se lave.
(Il faut du savon. Il faut un gant de toilette.)

3. Il se lave les cheveux.
(Il faut du shampooing.)

Activity 39

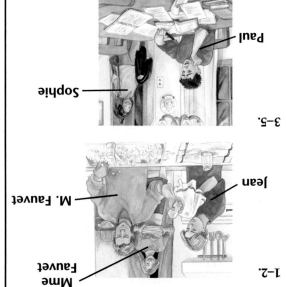

Paul

Sophie

3–5.

M. Fauvet

Jean

Mme Fauvet

1–2.

Élève A Answer your partner's questions based on the pictures below.

Élève A Ask your partner the following questions. Correct answers are in parentheses.

1. Qui regarde la télé?
   (Christophe et Julie regardent la télé.)

2. Qui regarde son émission favorite?
   (Christophe regarde son émission favorite.)

3. Qui peut changer de chaîne?
   (Christophe peut changer de chaîne.)

4. Julie fait ses devoirs?
   (Non, Julie ne fait pas ses devoirs.)

5. Christophe s'est bien amusé?
   (Oui, il s'est bien amusé.)

Élève B Answer your partner's questions based on the picture below.

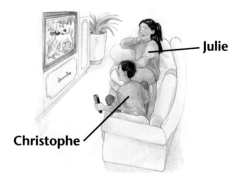

Julie

Christophe

Élève B Ask your partner the following questions. Correct answers are in parentheses.

1. Qui débarrasse la table après le dîner?
   (Mme Fauvet débarrasse la table après le dîner.)

2. Qui fait la vaisselle?
   (M. Fauvet et Jean font la vaisselle.)

3. Qui fait ses devoirs?
   (Paul fait ses devoirs.)

4. Qui est sorti?
   (Sophie est sortie.)

5. Sophie s'est bien amusée?
   (Oui, elle s'est bien amusée.)

Activity 40

Élève A Ask your partner the following questions. Correct answers are in parentheses.

1. Qui se maquille?
   (Sophie se maquille.)

2. Qui se réveille tôt?
   (Vous vous réveillez tôt.)

3. Qui se regarde dans la glace?
   (Moi, je me regarde dans la glace.)

4. Qui s'habille?
   (Les enfants s'habillent.)

5. Qui se promène dans le parc?
   (Nous nous promenons dans le parc.)

Élève A Answer your partner's questions based on the information in the chart below.

Qui?	Activité
Moi, je	se lever tôt
Les étudiants	se coucher tard
Paul	se raser
Nous	se brosser les dents
Tu	se peigner

Élève B Answer your partner's questions based on the information in the chart below.

Qui?	Activité
Sophie	se maquiller
Vous	se réveiller tôt
Moi, je	se regarder dans la glace
Les enfants	s'habiller
Nous	se promener dans le parc

Élève B Ask your partner the following questions. Correct answers are in parentheses.

1. Qui se lève tôt?
   (Moi, je me lève tôt.)

2. Qui se couche tard?
   (Les étudiants se couchent tard.)

3. Qui se rase?
   (Paul se rase.)

4. Qui se brosse les dents?
   (Nous nous brossons les dents.)

5. Qui se peigne?
   (Tu te peignes.)

Activity 41

CHAPITRE 12, Structure, pages 413–415

Élève A Ask your partner the following questions. Correct answers are in parentheses.

1. Qui s'est maquillé?
   (Sophie s'est maquillée.)
2. Qui s'est réveillé tôt?
   (Vous vous êtes réveillé[s] tôt.)
3. Qui s'est regardé dans la glace?
   (Moi, je me suis regardé[e] dans la glace.)
4. Qui s'est habillé?
   (Les enfants se sont habillés.)
5. Qui s'est promené dans le parc?
   (Nous nous sommes promenés dans le parc.)

Élève A Answer your partner's questions based on the information in the chart below.

Qui?	Activité
Moi, je	se lever tôt
Les étudiants	se coucher tard
Paul	se raser
Nous	se brosser les dents
Tu	se peigner

Élève B Answer your partner's questions based on the information in the chart below.

Qui?	Activité
Sophie	se maquiller
Vous	se réveiller tôt
Moi, je	se regarder dans la glace
Les enfants	s'habiller
Nous	se promener dans le parc

Élève B Ask your partner the following questions. Correct answers are in parentheses.

1. Qui s'est levé tôt?
   (Moi, je me suis levé[e] tôt.)
2. Qui s'est couché tard?
   (Les étudiants se sont couchés tard.)
3. Qui s'est rasé?
   (Paul s'est rasé.)
4. Qui s'est brossé les dents?
   (Nous nous sommes brossé les dents.)
5. Qui s'est peigné?
   (Tu t'es peigné[e].)

Activity 42

Élève A Answer your partner's questions according to the illustrations.

Élève A Ask your partner the following questions. Correct answers are in parentheses.

1. Qu'est-ce que tu aimes comme film?
   (J'aime les documentaires.)

2. Qu'est-ce qu'on monte?
   (On monte Roméo et Juliette.)

3. Tu aimes mieux aller au cinéma ou louer des vidéos ou des DVD?
   (J'aime mieux louer des vidéos ou des DVD.)

Élève B Answer your partner's questions according to the illustrations.

1.

2. Roméo
   et
   Juliette

   ballet en trois actes
   d'après William Shakespeare

   musique
   Sergueï Prokofiev

   chorégraphie et mise en scène
   Rudolf Noureev

   réglées par
   Patricia Ruanne
   Frederick Jahn

   choréologue
   Kristin Johnson

   décors
   Ezio Frigerio
   avec la collaboration de
   Alexandre Beliaev

   costumes
   Ezio Frigerio et Mauro Pagano

   lumières
   Vinicio Cheli

   production créée pour le Ballet
   de l'Opéra en 1984

   Orchestre de l'Opéra National de Paris

   direction
   Vello Pähn

   fin du spectacle vers 22 h 40

3.

Élève B Ask your partner the following questions. Correct answers are in parentheses.

1. Qu'est-ce que tu aimes comme film?
   (J'aime les dessins animés.)

2. Tu as déjà vu le chanteur?
   (Non, mais j'ai déjà vu la danseuse.)

3. Tu vas voir une pièce de théâtre?
   (Non, je vais voir un film au cinéma.)

Activity 43

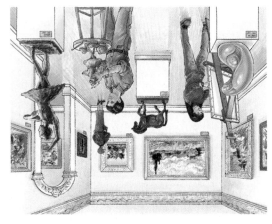

Élève A Answer your partner's questions according to the illustration.

Élève A Ask your partner the following questions. Correct answers are in parentheses.

1. C'est un musée ou un théâtre?
(*C'est un musée.*)

2. Le musée est ouvert ou fermé?
(*Le musée est ouvert.*)

3. Il y a beaucoup de tableaux ou de statues au musée?
(*Il y a beaucoup de tableaux.*)

Élève B Answer your partner's questions according to the photograph.

Élève B Ask your partner the following questions. Correct answers are in parentheses.

1. Elle est peintre ou sculpteur?
(*Elle est peintre.*)

2. Il est peintre ou sculpteur?
(*Il est sculpteur.*)

3. Qu'est-ce qu'il y a au musée?
(*Il y a une exposition de peinture et sculpture au musée.*)

Activity 44

CHAPITRE 13, Structure, pages 440–441

Élève A You are familiar with some people, places, and things, but your partner knows some facts or information he or she wants to share with you about them. Make your statement and your partner will respond. Correct responses are in parentheses.

1. Je connais Nathalie.
   (Je sais qu'elle habite à Grenoble.)
2. Je connais *Hamlet*.
   (Je sais que c'est une pièce de Shakespeare.)
3. Je connais Paris.
   (Je sais que c'est la capitale de la France.)
4. Je connais l'œuvre de Degas.
   (Je sais que Degas est un peintre français.)
5. Je connais Paul.
   (Je sais quel est son numéro de téléphone.)

Élève A Your partner and some of his or her friends are familiar with certain people, places, and things, but you and your friends have some facts or information to share. Add your comment according to the cues. Begin your statements with **Nous savons...**

1. ...qu'ils sont très beaux.
2. ...quelle pièce on joue en ce moment.
3. ...où se trouve le théâtre.
4. ...qu'elles savent danser le tango.
5. ...qu'elles sont célèbres.

Élève B Your partner and some of his or her friends are familiar with certain people, places, and things, but you and your friends have some facts or information to share. Add your comment according to the cues. Begin your statements with **Je sais...**

1. ...qu'elle habite à Grenoble.
2. ...que c'est une pièce de Shakespeare.
3. ...que c'est la capitale de la France.
4. ...que Degas est un peintre français.
5. ...quel est son numéro de téléphone.

Élève B You are familiar with some people, places, and things, but your partner knows some facts or information he or she wants to share with you about them. Make your statement and your partner will respond. Correct responses are in parentheses.

1. Nous connaissons les tableaux de Monet, Manet et Renoir.
   (Nous savons qu'ils sont très beaux.)
2. Nous connaissons les pièces de Molière.
   (Nous savons quelle pièce on joue en ce moment.)
3. Nous connaissons la Comédie Française.
   (Nous savons où se trouve le théâtre.)
4. Nous connaissons des danseuses.
   (Nous savons qu'elles savent danser le tango.)
5. Nous connaissons les sculptures de Rodin.
   (Nous savons qu'elles sont célèbres.)

InfoGap

Activity 45

CHAPITRE 13, Structure, pages 442–447

Élève A Ask your partner the following questions. Correct answers are in parentheses.

1. Tu connais les tableaux de Monet?
   (Oui, je les connais.)

2. Tu vois la sculpture moderne?
   (Non, je ne la vois pas.)

3. Tu sais le nom du film?
   (Oui, je le sais.)

4. Tu lis les sous-titres?
   (Non, je ne les lis pas.)

5. Tu veux voir la pièce?
   (Oui, je veux la voir.)

Élève A Your partner will ask a question. Respond according to the cues, using the correct object pronoun.

1. Oui…

2. Non…

3. Oui…

4. Oui…

5. Oui…

Élève B Your partner will ask a question. Respond according to the cues, using the correct object pronoun.

1. Oui…

2. Non…

3. Oui…

4. Non…

5. Oui…

Élève B Ask your partner the following questions. Correct answers are in parentheses.

1. Tu m'invites au cinéma?
   (Oui, je t'invite.)

2. Ce film te plaît?
   (Non, ce film ne me plaît pas.)

3. Je te parle au téléphone avant le film?
   (Oui, tu me parles au téléphone avant le film.)

4. Le prof nous donne beaucoup de devoirs?
   (Oui, le prof nous donne beaucoup de devoirs.)
   or
   (Oui, le prof vous donne beaucoup de devoirs.)

5. Julie vous dit quand le musée est fermé?
   (Oui, Julie nous dit quand le musée est fermé.)
   or
   (Oui, Julie me dit quand le musée est fermé.)

Activity 46

The following is the top half (printed upside-down for Élève A):

Élève A Read your partner the following statements. He or she will tell you each person's symptoms. Possible responses are in parentheses.

1. Miriam n'est pas en bonne santé.
   (Elle a mal aux oreilles.)
2. Elle a besoin d'un mouchoir.
   (Elle a le nez qui coule.) or *(Elle a un rhume.)*
3. Anne est très malade, la pauvre.
   (Elle a des frissons.) or *(Elle a de la fièvre.)*
4. David ne se sent pas bien.
   (Il tousse.)

Élève A Use the pictures below to tell your partner about each person's symptoms.

1.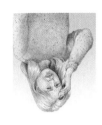
2.
3.
4.

Élève B Use the pictures below to tell your partner about each person's symptoms.

1.
2.
3.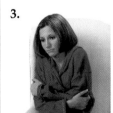
4.

Élève B Read your partner the following statements. He or she will tell you each person's symptoms. Possible responses are in parentheses.

1. Pauline est malade.
   (Elle est enrhumée.) or *(Elle éternue.)*
2. Martine est en mauvaise santé.
   (Elle a un rhume.) or *(Elle tousse.)*
3. Juliette ne se sent pas bien.
   (Elle a mal à la tête.)
4. Jeanne est très malade, la pauvre.
   (Elle a mal au ventre.)

Activity 47

Élève A You are the doctor and your partner, the patient, needs help. Ask him or her the following questions.

1. Où avez-vous mal?
   (J'ai mal au ventre.)

2. Qu'est-ce que vous avez?
   (J'ai une angine.)

3. Qu'est-ce que vous avez?
   (J'ai une sinusite aiguë.)

4. Qu'est-ce que vous avez?
   (J'ai un chat dans la gorge.)

5. Où avez-vous mal?
   (J'ai mal à la tête.)

Élève A Answer your partner's questions according to the cues below.

1. des frissons
2. aux oreilles
3. une allergie
4. une fièvre de cheval
5. une infection

Élève B Answer your partner's questions according to the cues below.

1. au ventre
2. une angine
3. une sinusite aiguë
4. un chat dans la gorge
5. à la tête

Élève B You are the doctor and your partner, the patient, needs help. Ask him or her the following questions.

1. Qu'est-ce que vous avez?
   (J'ai des frissons.)

2. Où avez-vous mal?
   (J'ai mal aux oreilles.)

3. Qu'est-ce que vous avez?
   (J'ai une allergie.)

4. Qu'est-ce que vous avez?
   (J'ai une fièvre de cheval.)

5. Qu'est-ce que vous avez?
   (J'ai une infection.)

Activity 48

CHAPITRE 14, Structure, pages 472–473

Élève A Ask your partner the following questions. Correct answers are in parentheses.

1. Tu parles souvent à ta copine?
   (*Oui, je lui parle souvent.*)

2. Les joueurs lancent le ballon à l'arbitre?
   (*Oui, ils lui lancent le ballon.*)

3. Le médecin prescrit des antibiotiques aux malades?
   (*Oui, il leur prescrit des antibiotiques.*)

4. Tu vas acheter un cadeau à ton frère?
   (*Oui, je vais lui acheter un cadeau.*)

5. Le pharmacien donne des médicaments à ta mère?
   (*Oui, il lui donne des médicaments.*)

Élève A Answer your partner's questions using **lui** or **leur.**

1. Oui, je _____ dis bonjour.
2. Oui, il _____ vend des billets.
3. Oui, il _____ fait une ordonnance.
4. Oui, ils _____ téléphonent.
5. Oui, elle _____ dit qu'il a de la fièvre.

Élève B Answer your partner's questions using **lui** or **leur.**

1. Oui, je _____ parle souvent.
2. Oui, ils _____ lancent le ballon.
3. Oui, il _____ prescrit des antibiotiques.
4. Oui, je vais _____ acheter un cadeau.
5. Oui, il _____ donne des médicaments.

Élève B Ask your partner the following questions. Correct answers are in parentheses.

1. Tu dis bonjour à tes amis?
   (*Oui, je leur dis bonjour.*)

2. L'employé vend des billets à ton père?
   (*Oui, il lui vend des billets.*)

3. Le médecin fait une ordonnance à Marie?
   (*Oui, il lui fait une ordonnance.*)

4. Les malades téléphonent au professeur?
   (*Oui, ils lui téléphonent.*)

5. Sa mère dit à Paul qu'il a de la fièvre?
   (*Oui, elle lui dit qu'il a de la fièvre.*)

InfoGap

Activity 49

(upside-down top section — Élève A)

Élève A Ask your partner the following questions. Correct answers are in parentheses.

1. Finir les devoirs?
   (Finis tes devoirs!)

2. Préparer le dîner?
   (Prépare le dîner!)

3. Choisir un film?
   (Choisissons un film!)

4. Travailler plus?
   (Travaille plus!)

5. Dîner au restaurant?
   (Dînons au restaurant!)

Élève A Use the imperative to answer your partner's questions based on the information in the chart below.

Personne(s)	Activité
tu	prendre le métro
vous	attendre devant la porte
tu	faire du ski
tu	sortir ce soir
vous	regarder le film

Élève B Use the imperative to answer your partner's questions based on the information in the chart below.

Personne(s)	Activité
tu	finir les devoirs
tu	préparer le dîner
nous	choisir un film
tu	travailler plus
nous	dîner au restaurant

Élève B Ask your partner the following questions. Correct answers are in parentheses.

1. Prendre le métro?
   (Prends le métro!)

2. Attendre devant la porte?
   (Attendez devant la porte!)

3. Faire du ski?
   (Fais du ski!)

4. Sortir ce soir?
   (Sors ce soir!)

5. Regardez le film?
   (Regardez le film!)

For students and parents/guardians

This guide is designed to help you as students achieve success as you embark on the adventure of learning another language and to enable your parents or guardians to help you on this exciting journey. There are many ways to learn new information. You may find some of these suggestions more useful than others, depending upon which style of learning works best for you. Before you begin, it is important to understand how we acquire language.

Receptive Skills

Each day of your life you receive a great deal of information through the use of language. In order to obtain (get, receive) this information, it is necessary to understand the language being used. It is necessary to understand the language in two different ways. First you must be able to understand what people are saying when they speak to you. This is referred to as oral or listening comprehension. Oral comprehension or listening comprehension is the ability to understand the spoken language.

You must also be able to understand what you read. This is referred to as reading comprehension. Reading comprehension is the ability to understand the written language.

Listening comprehension and reading comprehension are called the *receptive skills.* They are receptive skills because as you listen to what someone else says or read what someone else has written you receive information without having to produce any language yourself.

It is usually very easy to understand your native language. It is a bit more problematic to understand a second language that is new to you. As a beginner, you are still learning the sounds of the new language, and you recognize only a few words. Throughout **Bon voyage!** we will give you hints or suggestions to help you understand when people are speaking to you in French or when you are reading in French. Following are some general hints to keep in mind.

HINTS FOR LISTENING COMPREHENSION

When you are listening to a person speaking French, don't try to understand every word. It is not necessary to understand everything to get the idea of what someone is saying. Listen for the general message. If some details escape you, it doesn't matter. Also, never try to translate what people are saying in French into English. It takes a great deal of experience and expertise to be a translator. Trying to translate will hinder your ability to understand.

HINTS FOR READING COMPREHENSION

Just as you will not always understand every word you hear in a conversation, you will not necessarily understand every word you encounter in a reading selection, either. In **Bon voyage!,** we have used only words you know or can easily figure out in the reading selections. This will make reading comprehension much easier for you. However, if at some time you wish to read a newspaper or magazine article in French, you will most certainly come across some unfamiliar words. Do not stop reading. Continue to read to get the "gist" of the selection. Try to guess the meanings of words you do not know.

Productive Skills

There are two productive skills in language. These two skills are speaking and writing. They are called productive skills because it is you who has to produce the language when you say or write something. When you speak or write, you have control over the language and which words you use. If you don't know how to say something, you don't have to say it. With the receptive skills, on the other hand, someone else produces the language that you listen to or read, and you have no control over the words they use.

There's no doubt that you can easily speak your native language. You can write, too, even though you may sometimes make errors in spelling or punctuation. In French, there's not a lot you can say or write as a beginner. You can only talk or write about those topics you have learned in French class.

HINTS FOR SPEAKING
Try to be as accurate as possible when speaking. Try not to make mistakes. However, if you do, it's not the end of the world. French people will understand you. You're not expected to speak a language perfectly after a limited time. You have probably spoken with people from other countries who do not speak English perfectly, but you can understand them. Remember:

✤ Keep talking! Don't become inhibited for fear of making a mistake.

✤ Say what you know how to say. Don't try to branch out in the early stages and attempt to talk about topics or situations you have not yet learned in French.

HINTS FOR WRITING There are many activities in each lesson of **Bon voyage!** that will help you speak and write in French. When you have to write something on your own, however, without the guidance or assistance of an activity in your book, be sure to choose a topic for which you know the vocabulary in French. Never attempt to write about a topic you have not yet studied in French. Write down the topic you are going to write about. Then think of the words you know that are related to the topic. Be sure to include some action words (verbs) that you will need.

From your list of words, write as many sentences as you can. Read them and organize them into a logical order. Fill in any gaps. Then proof your paragraph(s) to see if you made any errors. Correct any that you find.

When writing on your own, be careful not to rely heavily, if at all, on a bilingual dictionary. It's not that bilingual dictionaries are bad, but when you look up a word you will very often find that there are several translations for the same word. As a beginning language student, you do not know which translation to choose; the chances are great that you will pick the wrong one.

As a final hint, never prepare your paragraph(s) in English and attempt to translate word for word. Always write from scratch in French.

*In each chapter of **Bon voyage!**, you will learn how to say and write new words. In Chapter 1, you learn how to describe a person. It won't be long before you'll be able to talk about many things in French. **Bon voyage!***

CHAPITRE 8

Vocabulaire

Mots 1 & 2 *(pages 260–267)*

1. Repeat each new word in the **Mots** sections several times. Look at the photo or illustration as you pronounce the word.
2. Some of you may remember information more easily after writing it down. Try copying each vocabulary word once or twice.

3. You may want to do the activities aloud with a friend as a paired activity. Then, individually write the answers and check each other's work.
4. Listen carefully to what your classmates say when they respond in class. The more you hear people use the new words, the more likely you are to remember them.

Structure

Les verbes en **-ir** *au présent* *(pages 268–269)*
The **je, tu,** and **il/elle/on** forms of many French verbs are all pronounced the same, even though they are spelled differently. The **-is** and **-it** endings are pronounced the same.

Quel *et* **tout** *(pages 270–271)*
In spoken French, **quel** is very easy. You pronounce all forms the same. Pay particular attention to the different spellings.

Les verbes **sortir, partir, dormir** *et* **servir** *(pages 272–275)*
To learn the oral forms of many French verbs, pronounce the **ils/elles** form first. Then drop the final consonant sound and you have the pronunciation for the **je, tu, il/elle/on** forms.

ils sortent	je sors, tu sors, il sort
ils partent	je pars, tu pars, il part
ils dorment	je dors, tu dors, il dort
ils servent	je sers, tu sers, il sert

Conversation
(page 276)
Listen carefully to the native speakers' intonation or melody on the CD, CD-ROM, or video. Then, imitate the natives' intonation as closely as you can when you repeat.

Lecture culturelle
On va en France. *(pages 278–279)*
1. To figure out the organization of this reading, scan the passage and look for the following information:
   ✤ Who's going where and how?
   ✤ What do they do when they arrive?
2. Sequencing events is an important reading comprehension skill. Sequence the events in this reading selection. Then see if you came up with a sequence similar to the following:

* La classe de Madame Cadet est dans le hall de l'aérogare.
* Les élèves sont dans l'avion.
* Ils arrivent à l'aéroport à Paris.
* Ils visitent la belle ville de Paris.

3. See if you can do all of Activity A on page 279 without referring to the reading for answers.

4. Activity B deals with factual recall. See how many of the facts you remember. Go back to the reading selection and find those you do not remember.

CHAPITRE 9

Vocabulaire

Mots 1 & 2 *(pages 292–299)*

1. Listen to the new words in **Mots 1** and repeat them orally before reading them.

2. Answer Activities 1 and 2 on page 294 however you wish. The more information you can give the better.

3. A good way to remember vocabulary is to group words in some meaningful way. For example, you can group cognates, synonyms, or antonyms. An antonym is a word that means the exact opposite of another. There are quite a few words in **Mots 2** for which you know the antonyms.

   Match the following antonyms.

1. monter	poser une question
2. assis	descendre
3. lit	terminer, finir
4. répondre à la question	debout
5. commencer	écrit

4. Activity 7 on page 299 helps you review the following question words: **qui, qu'est-ce que, où, quel.**

Structure

Les verbes en -re au présent *(pages 300–302)*
Remember to drop the final sound of the **ils/elles** form to get the pronunciation for the **je, tu, il/elle/on** forms of the verb.

ils vendent	je vends, tu vends, il/elle/on vend
ils attendent	j'attends, tu attends, il/elle/on attend
ils descendent	je descends, tu descends, il/elle/on descend
ils entendent	j'entends, tu entends, il/elle/on entend

Remember the **je, tu, il/elle/on** forms of these verbs are all pronounced the same.

HINT When doing these activities on your own, go over them first orally. Then write the answers.

Les adjectifs démonstratifs *(pages 303–305)*
Pronounce the following forms aloud and note how the final **t** sound becomes softer when used before a masculine noun that begins with a vowel sound.

cette announe	cet horaire	ce train
cette gare	cet aeroport	ce billet

***Les verbes* dire, écrire, lire** *(pages 306–307)*
1. Again remember to drop the final sound of the **ils/elles** form to get the pronunciation for **je, tu, il/elle/on.**

ils disent	je dis, tu dis, il dit
ils lisent	je lis, tu lis, il lit
ils écrivent	j'écris, tu écris, il écrit

2. Pay particular attention to **vous dites.** Other similar verb forms you have learned are:
   vous faites
   vous êtes

Conversation
(page 308)
You have not learned the expression **tarif étudiant,** but it's easy to guess its meaning through association with other words. **Tarif** is a word that also exists in English. **Étudiant,** a word that is related to the verb **étudier,** is a close cognate of *student.*

Lecture culturelle

Un voyage intéressant *(pages 310–311)*
Always locate the area of the world you are reading about. Look at the map on page 310. Locate the countries of Mali and Sénégal. Locate the cities of Bamako and Dakar.

VOCABULAIRE *(page 321)*
After going over the vocabulary you need when traveling by train, think about a plane trip in French to review the words you already know about this topic.

CHAPITRE 10

Vocabulaire

Mots 1 & 2 *(pages 324–331)*

1. Look at each photo or illustration carefully.
2. Read the labels. What does each word refer to?
3. The words are then used in a meaningful context in a complete sentence. Repeat the sentence aloud as you look at the illustration.
4. To help you learn vocabulary, work with a friend or classmate. Have a contest. See who can say the most about each illustration or photo.
5. It is important to review the question words in French often. Activity 1 on page 326 reviews the following question words: **quoi, combien, qui, qu'est-ce que.**

Structure

Le passé composé des verbes réguliers
(pages 332–334)

1. The formation of the past tense, the **passé composé,** in French is very easy.
   * Review the forms of the verb **avoir.**
   * To form the past participle of all regular verbs, you only have to remember three vowel sounds: /é/, /i/, /ü/
2. Using the **passé composé** in the negative is simple. Think of **ne… pas** as the bread of a sandwich. The filling for the sandwich is the verb **avoir.**

Les verbes boire, devoir *et* recevoir *au présent* *(pages 337–339)*
Remember once again to drop the final sound of the **ils/elles** form of these verbs to get the pronunciation of the **je, tu, il/elle/on** forms.

ils boiv̶e̶n̶t̶	je bois, tu bois, il/elle/on boit
ils doiv̶e̶n̶t̶	je dois, tu dois, il/elle/on dois
ils reçoiv̶e̶n̶t̶	je reçois, tu reçois, il/elle/on reçoit

Conversation
(page 340)
The activity **Vous avez compris?** enables you to practice question words.

Lecture culturelle

Le hockey et le basket-ball *(pages 342–343)*
Before reading this selection, sit back and think for a moment about what you know concerning hockey and basketball. Make a mental picture of each game. This will help you understand the reading selection.

VOCABULAIRE *(page 353)*
Look at each word and see if you can use it in a short sentence.

CHAPITRE 11

Vocabulaire

Mots 1 & 2 *(pages 356–363)*

1. For **Mots 1,** after going over the new vocabulary, review immediately. Sit back for a moment and say aloud or to yourself five words or expressions associated with the beach.
2. Pretend you are on the beach. Think of three things you would like to do while on the beach. Start your sentences with **Je voudrais…**
3. After completing each activity on pages 358–359, read all the answers aloud or

silently. You're not only reading a story with words you know; you're also having another opportunity to use your new words.

4. In **Mots 2,** when learning the winter weather expressions, review the summer expressions on pages 356–357.

5. As you do the activities on pages 362–363, work with a classmate. Take turns asking and answering the questions orally. Then write your answers individually. Correct each other's work.

Structure
Le passé composé des verbes irréguliers
(pages 364–366)

1. Past participles of regular verbs have only three sounds:

-er	/é/
-ir	/i/
-re	/ü/

2. Remember that participles of all irregular verbs, except **être** and **faire,** have only two of these sounds: /i/ and /ü/. /Ü/ is always spelled the same, but **i** is sometimes spelled **-is** and sometimes **-it.**

3. When reading or writing the activities on pages 365–366, pay particular attention to the spelling of past participles with the /i/ sound.

Les mots négatifs *(pages 367–368)*
To learn the meaning of the negative words, pay particular attention to the opposites.

Oui, quelque chose.	Non, rien.
Oui, quelqu'un.	Non, personne.
Oui, toujours.	Non, jamais.
Oui, souvent.	Non, jamais.
Oui, quelquefois.	Non, jamais.

Le passé composé avec **être** *(pages 369–371)*
1. If necessary, quickly review the verb **être.**

je suis	nous sommes
tu es	vous êtes
il/elle/on est	ils/elles sont

HINTS FOR SPEAKING AND WRITING Past participles that end in a vowel (**/é/, /i/, /ü/**) sound the same in all forms. Even though all forms are pronounced the same, you must pay particular attention to the spelling of these past participles when writing. They add **e** for the feminine and **s** for the plural.

parti /i/
partis /i/
partie /i/
parties /i/

2. In the activities on pages 370–371, pay particular attention to the spelling of the past participle.

Lecture culturelle
Un petit voyage au Canada *(pages 374–375)*
1. Skim the selection quickly to get a very general idea of what it's about.

2. Scan the selection to look for specific information.
   * Who went where? When? How?
   * What did they see and do?

3. Which statement best summarizes the first paragraph?
   a. **C'est le mois de février.**
   b. **La classe de Madame Lebrun a pris le train.**
   c. **La classe de Madame Lebrun est allée au Canada.**

4. Which statement best summarizes the second paragraph?
   a. **Ils ont passé trois jours à Montréal.**
   b. **Ils sont allés à une très belle station de sports d'hiver.**
   c. **Ils ont mis leurs skis.**

Inference is an important reading comprehension skill. In this selection, we learn the students are really tired and they sleep like logs. The reading doesn't actually tell us why they are so tired, but you can figure it out from the information you read.

5. Why are the students so tired?
   a. They didn't sleep the night before the trip.
   b. They were anxious to get back to the dorms.
   c. They were worn out from all their activities.

CHAPITRE 12

Vocabulaire

Mots 1 & 2 *(pages 400–407)*

1. In **Mots 1**, to make it easier to remember the meaning of the new words, they are put in a logical sequence of events:

   se reveiller, se lever, se laver (la figure, les cheveux), se peigner, se maquiller, s'habiller

2. Activity 2 on page 402 helps you review the rooms of a house:

   la cuisine, la salle à manger, le salon, la chambre à coucher, la salle de bains

3. Matching synonyms and/or antonyms can often help you remember words.

   Match the antonyms *(opposites)* in **Mots 2**.
   1. Il a mis la table.   Il a débarrassé la table.
   2. Il a allumé la télé.   Il a éteint la télé.

   Match the synonyms.
   1. un frigidaire   mettre la télé
   2. le salon   un réfrigérateur
   3. allumer la télé   changer de chaine
   4. zapper   la salle de séjour

Structure

Les verbes réfléchis au présent
(pages 408–412)

1. Remember that if a person is doing something to or for himself or herself, the verb in French is a reflexive verb, and you must use the additional pronoun.

2. You have already learned all the verb endings that are used in these activities. The only new concept is the use of the reflexive pronoun. Pay particular attention to this pronoun as you do these activities.

Les verbes réfléchis au passé composé
(pages 413–415)

Since the past participle of almost all reflexive verbs ends in a vowel, all forms are pronounced the same. However, in writing, the plural and feminine endings must be added.

CHAPITRE 13

Vocabulaire

Mots 1 & 2 *(pages 432–439)*

1. Remember to listen to the words and repeat them orally before reading them.

2. After you have gone over the new vocabulary, see how many words you remember. Think of seven words about a movie. Think of five words about a play.

3. Go over each activity orally before you write the answers.

Structure

Les verbes **savoir** et **connaître** *(pages 440–441)*

1. Simplify the grammatical rule: just remember that **savoir** means to know something simple, and **connaître** means to know or be familiar with something complex.

2. When doing these activities, pay particular attention to the object of each verb to determine the use of **savoir** or **connaître**.

Les pronoms **me, te, nous, vous**
(pages 442–443)

Remember that the pronouns **me, te, nous,** and **vous** are part of the "filling in the sandwich." **Ne... pas** is the bread that goes around the filling.

	me parle	
Il ne	te parle	pas.
	nous parle	
	vous parle	

Les pronoms **le, la, les** *(pages 444–447)*

As you do these activities, determine which word is the direct object before trying to replace it with **le, la,** or **les.** Do each activity orally before you write it.

Conversation

(page 448)

1. An important skill in understanding a foreign language is to guess the meaning of words from the context in which they occur. In this conversation, you will hear and use the expression **travailler notre espagnol.** This is new to you, but you can figure it out from the context.

   In this conversation, **travailler** means which of the following?

   a. **parler**
   b. **comprendre**
   c. **pratiquer**

2. Note how Léa says **ça me dit** in response to the question **ça t'intéresse?** Do you think **ça me dit** has the same meaning as the phrase **ça m'intéresse?**

Lecture culturelle

Les loisirs culturels en France *(pages 450–451)*

Identifying the main idea is an important comprehension skill. Read the title and subtitles. What do you think is the main idea of this reading?

   a. **Il y a des musées et des théâtres en France.**
   b. **Les Français apprécient les loisirs culturels.**
   c. **L'entrée des musées est gratuite le premier dimanche du mois.**

VOCABULAIRE *(page 461)*

Read the list of words and determine how many you know. Many of these words are easy to remember because they are cognates.

CHAPITRE 14

Vocabulaire

Mots 1 & 2 *(pages 464–471)*

1. Whenever you have the chance to review, do so. As you do **Mots 1,** think of all the parts of the body you have learned in French.

2. To determine if you know your new vocabulary from **Mots 2,** see whether you can do the following:
   - Tell three things a patient may do in a doctor's office.
   - Tell three things the doctor may do.
   - Tell three things a doctor may say to a patient.

Structure

Les pronoms lui, leur *(pages 472–473)*

Here's an easy way to tell the difference between a direct object and an indirect object. A direct object answers the question *whom* or *what.*

| Whom did you see? | I saw the doctor. |
| What did you take? | I took the medicine. |

An indirect object answers the question *to (for) whom* or *to (for) what.*

Les verbes souffrir et ouvrir *(page 474)*

Review the forms of a regular -er verb. Compare them to the verb **ouvrir.**

j'écoute	**j'ouvre**
tu écoutes	**tu ouvres**
il écoute	**il ouvre**
nous écoutons	**nous ouvrons**
vous écoutez	**vous ouvrez**
ils écoutent	**ils ouvrent**

L'impératif *(pages 475–477)*

Remember, you use the command (imperative) to tell someone what to do. You merely use the **tu** or **vous** form of the verb to form the command. Just remember that you drop the final **s** from the **tu** form of regular -er verbs.

Le pronom en *(pages 478–479)*

You will hear and use the word **en** quite frequently in French. Pay careful attention to the explanation of the use of this word.

Verb Charts

VERBES RÉGULIERS			
INFINITIF	parler *to speak*	finir *to finish*	répondre *to answer*
PRÉSENT	je parle tu parles il parle nous parlons vous parlez ils parlent	je finis tu finis il finit nous finissons vous finissez ils finissent	je réponds tu réponds il répond nous répondons vous répondez ils répondent
IMPÉRATIF	parle parlons parlez	finis finissons finissez	réponds répondons répondez
PASSÉ COMPOSÉ	j'ai parlé tu as parlé il a parlé nous avons parlé vous avez parlé ils ont parlé	j'ai fini tu as fini il a fini nous avons fini vous avez fini ils ont fini	j'ai répondu tu as répondu il a répondu nous avons répondu vous avez répondu ils ont répondu

VERBES AVEC CHANGEMENTS D'ORTHOGRAPHE			
INFINITIF	acheter[1] *to buy*	appeler *to call*	commencer *to begin*
PRÉSENT	j'achète tu achètes il achète nous achetons vous achetez ils achètent	j'appelle tu appelles il appelle nous appelons vous appelez ils appellent	je commence tu commences il commence nous commençons vous commencez ils commencent
INFINITIF	manger[2] *to eat*	payer[3] *to pay*	préférer[4] *to prefer*
PRÉSENT	je mange tu manges il mange nous mangeons vous mangez ils mangent	je paie tu paies il paie nous payons vous payez ils paient	je préfère tu préfères il préfère nous préférons vous préférez ils préfèrent

[1] *Verbes similaires:* **se lever, se promener**
[2] *Verbes similaires:* **nager, voyager**
[3] *Verbes similaires:* **essayer, renvoyer, employer, envoyer**
[4] *Verbes similaires:* **célébrer, espérer, suggérer**

VERBES IRRÉGULIERS

INFINITIF	aller *to go*	avoir *to have*	conduire *to drive*
PRÉSENT	je vais tu vas il va nous allons vous allez ils vont	j'ai tu as il a nous avons vous avez ils ont	je conduis tu conduis il conduit nous conduisons vous conduisez ils conduisent
PASSÉ COMPOSÉ	je suis allé(e)	j'ai eu	j'ai conduit

INFINITIF	connaître *to know*	croire *to believe*	devoir *to have to, to owe*
PRÉSENT	je connais tu connais il connaît nous connaissons vous connaissez ils connaissent	je crois tu crois il croit nous croyons vous croyez ils croient	je dois tu dois il doit nous devons vous devez ils doivent
PASSÉ COMPOSÉ	j'ai connu	j'ai cru	j'ai dû

INFINITIF	dire *to say*	dormir *to sleep*	écrire *to write*
PRÉSENT	je dis tu dis il dit nous disons vous dites ils disent	je dors tu dors il dort nous dormons vous dormez ils dorment	j'écris tu écris il écrit nous écrivons vous écrivez ils écrivent
PASSÉ COMPOSÉ	j'ai dit	j'ai dormi	j'ai écrit

INFINITIF	être *to be*	faire *to do, to make*	lire *to read*
PRÉSENT	je suis tu es il est nous sommes vous êtes ils sont	je fais tu fais il fait nous faisons vous faites ils font	je lis tu lis il lit nous lisons vous lisez ils lisent
PASSÉ COMPOSÉ	j'ai été	j'ai fait	j'ai lu

INFINITIF	mettre *to put*	ouvrir[5] *to open*	partir *to leave*
PRÉSENT	je mets tu mets il met nous mettons vous mettez ils mettent	j'ouvre tu ouvres il ouvre nous ouvrons vous ouvrez ils ouvrent	je pars tu pars il part nous partons vous partez ils partent
PASSÉ COMPOSÉ	j'ai mis	j'ai ouvert	je suis parti(e)

INFINITIF	pouvoir *to be able to*	prendre[6] *to take*	recevoir *to receive*
PRÉSENT	je peux tu peux il peut nous pouvons vous pouvez ils peuvent	je prends tu prends il prend nous prenons vous prenez ils prennent	je reçois tu reçois il reçoit nous recevons vous recevez ils reçoivent
PASSÉ COMPOSÉ	j'ai pu	j'ai pris	j'ai reçu

INFINITIF	savoir *to know*	servir *to serve*	sortir *to go out*
PRÉSENT	je sais tu sais il sait nous savons vous savez ils savent	je sers tu sers il sert nous servons vous servez ils servent	je sors tu sors il sort nous sortons vous sortez ils sortent
PASSÉ COMPOSÉ	j'ai su	j'ai servi	je suis sorti(e)

INFINITIF	venir[7] *to come*	voir *to see*	vouloir *to want*
PRÉSENT	je viens tu viens il vient nous venons vous venez ils viennent	je vois tu vois il voit nous voyons vous voyez ils voient	je veux tu veux il veut nous voulons vous voulez ils veulent
PASSÉ COMPOSÉ	je suis venu(e)	j'ai vu	j'ai voulu

[5] *Verbes similaires:* **couvrir, découvrir, offrir, souffrir**
[6] *Verbes similaires:* **apprendre, comprendre**
[7] *Verbes similaires:* **devenir, revenir**

VERBES AVEC ÊTRE AU PASSÉ COMPOSÉ

aller *(to go)*	je suis allé(e)
arriver *(to arrive)*	je suis arrivé(e)
descendre *(to go down, get off)*	je suis descendu(e)
entrer *(to enter)*	je suis entré(e)
monter *(to go up)*	je suis monté(e)
mourir *(to die)*	je suis mort(e)
naître *(to be born)*	je suis né(e)
partir *(to leave)*	je suis parti(e)
passer *(to go by)*	je suis passé(e)
rentrer *(to go home)*	je suis rentré(e)
rester *(to stay)*	je suis resté(e)
retourner *(to return)*	je suis retourné(e)
revenir *(to come back)*	je suis revenu(e)
sortir *(to go out)*	je suis sorti(e)
tomber *(to fall)*	je suis tombé(e)
venir *(to come)*	je suis venu(e)

This French-English Dictionary *contains all productive and receptive vocabulary from the text. The numbers following each productive entry indicate the chapter and vocabulary section in which the word is introduced. For example,* **2.2** *means that the word first appeared in* **Chapitre 2, Mots 2. BV** *refers to the introductory* **Bienvenue** *lessons.* **L** *refers to the optional literary readings. If there is no number or letter following an entry, this means that the word or expression is there for receptive purposes only.*

A

à at, in, to, **3.1**
  À bientôt! See you soon!, **BV**
  à bord (de) on board, **8.2**
  à cause de because of
  À demain. See you tomorrow., **BV**
  à destination de to (destination), **8.1**
  à domicile to the home
  à l'heure on time, **8.1**
  à mon (ton, son, etc.) avis in my (your, his, etc.) opinion, **7.2**
  à nouveau again
  à peu près about, approximately
  à pied on foot, **4.2**
  à point medium-rare (meat), **5.2**
  À tout à l'heure. See you later., **BV**
abandonner to abandon
l' abbé (m.) priest
abondant(e) plentiful
absolument absolutely
accessible accessible
l' accessoire (m.) accessory
l' accident (m.) accident
accompagner to accompany, to go with
l' accordéon (m.) accordion
l' accusation (f.) accusation
accuser to accuse
l' achat (m.) purchase

  faire des achats to shop
acheter to buy, **3.2**
l' acte (m.) act, **13.1**
l' acteur (m.) actor, **13.1**
actif, active active
l' action (f.) action
l' activité (f.) activity
l' actrice (f.) actress, **13.1**
l' addition (f.) check, bill (restaurant), **5.2**
additionner to add
admirer to admire
l' adolescent(e) adolescent, teenager
adorable adorable, **4.1**
adorer to love
l' adresse (f.) address
l' adulte (m. et f.) adult
l' adversaire (m. et f.) adversary, opponent
adverse opposing, **10.1**
aérien(ne) air, flight (adj.)
l' aérogare (f.) airport terminal, **8.1**
l' aéroport (m.) airport, **8.1**
l' affiche (f.) poster
africain(e) African
l' Afrique (f.) Africa
afro-américain(e) African-American
l' âge (m.) age, **4.1**
  Tu as quel âge? How old are you?, **4.1**
âgé(e) old
l' agent (m.) agent (m. and f.), **8.1**
agité(e) choppy, rough (sea)

l' agneau (m.) lamb, **6.1**
agréable pleasant
l' aide (f.) aid, help
  à l'aide de with the help of
aider to help
aigu(ë) acute, severe, **14.2**
aimer to like, love, **3.1**
  aimer mieux to prefer, **7.2**
l' aîné(e) older, **L1**
ainsi que as well as
l' air (m.) air; melody
  avoir l'air to look
aisé(e) well-to-do
l' album (m.) album
l' algèbre (f.) algebra, **2.2**
l' Algérie (f.) Algeria
algérien(ne) Algerian
l' aliment (m.) food
l' alimentation (f.) nutrition; diet
l' Allemagne (f.) Germany
l' allemand (m.) German (language), **2.2**
aller to go, **5.1**
  aller chercher to go (and) get, **6.1**
  aller mieux to feel better, **14.2**
  Allez! Come on!, **9.2**
  Qu'est-ce qui ne va pas? What's wrong?
l' aller (m.) going
  l'aller (simple) one-way ticket, **9.1**

le billet aller (et) retour round-trip ticket, **9.1**

l' **allergie** *(f.)* allergy, **14.1**

allergique allergic, **14.1**

allumer to turn on *(appliance)*, **12.2**

alors so, then, well then, **BV**

ambitieux, ambitieuse ambitious

l' **amende** *(f.)* fine

américain(e) American, **1.1**

l' **Amérique** *(f.)* **du Sud** South America

l' **ami(e)** friend, **1.2**

l' **amour** *(m.)* love, **L4**

ample large, full

amusant(e) funny; fun, **1.1**

s' **amuser** to have fun, **12.2**

l' **an** *(m.)* year, **4.1**

avoir... ans to be . . . years old, **4.1**

l' **analyse** *(f.)* analysis

analyser to analyse

analytique analytical

l' **anatomie** *(f.)* anatomy

ancien(ne) old, ancient; former

l' **angine** *(f.)* throat infection, tonsillitis, **14.1**

l' **anglais** *(m.)* English *(language)*, **2.2**

anglais(e) English

l' **Angleterre** *(f.)* England

l' **animal** *(m.)* animal

l' **année** *(f.)* year

l'année dernière last year

l' **anniversaire** *(m.)* birthday, **4.1**

Bon (Joyeux) anniversaire! Happy birthday!

l' **annonce** *(f.)* announcement, **8.2**

annoncer to announce, **9.1**

anonyme anonymous

l' **anorak** *(m.)* ski jacket, **7.1**

l' **antibiotique** *(m.)* antibiotic, **14.1**

Antilles: la mer des Antilles Caribbean Sea

l' **antonyme** *(m.)* antonym

l' **appareil** *(m.)* apparatus

apparenté: le mot apparenté cognate

l' **appartement** *(m.)* apartment, **4.2**

appeler to call

s' **appeler** to be called, be named, **12.1**

applaudir to applaud

apporter to bring, **11.1**

apprécier to appreciate

apprendre (à) to learn (to), **5**; to teach

apprendre à quelqu'un à faire quelque chose to teach someone to do something

après after, **3.2**

d'après according to

l' **après-midi** *(m.)* afternoon, **3.2**

arabe Arab

l' **arabe** *(m.)* Arabic *(language)*

l' **arbitre** *(m.)* referee, **10.1**

l' **arbre** *(m.)* tree, **L3**

l' **architecture** *(f.)* architecture

l' **argent** *(m.)* money, **5.2**

l' **arme** *(f.)* weapon

l' **armée** *(f.)* army, **L3**

l' **arrêt** *(m.)* stop, **9.2**

arrêté(e) arrested

s' **arrêter** to stop, **10.1**; to arrest

l' **arrière** *(m.)* rear, back, **8.2**

l' **arrière-garde** *(f.)* rear guard

l' **arrivée** *(f.)* arrival, **8.1**

arriver to arrive, **3.1**; to happen

arriver à (+ *inf.*) to manage to, to succeed in, **9.1**

l' **arrondissement** *(m.)* district (in Paris)

l' **artère** *(f.)* artery

l' **article** *(m.)* article

l' **artiste** *(m. et f.)* artiste

l'artiste peintre *(m. et f.)* painter

artistique artistic

l' **ascenseur** *(m.)* elevator, **4.2**

asiatique Asian

l' **aspirine** *(f.)* aspirin, **14.1**

assez fairly, quite; enough, **1.1**

l' **assiette** *(f.)* plate, **5.2**

ne pas être dans son assiette to be feeling out of sorts, **14.1**

assis(e) seated, **9.2**

l' **assistante sociale** *(f.)* social worker

l' **atelier** *(m.)* studio *(artist's)*

l' **athlétisme** *(m.)* track and field, **10.2**

l' **atmosphère** *(f.)* atmosphere

attaché(e) attached

attacher to fasten, **8.2**

attaquer to attack

attendre to wait (for), **9.1**

attente: la salle d'attente waiting room, **9.1**

l' **attention** *(f.)* attention

Attention! Careful! Watch out!, **4.2**

faire attention to pay attention; to be careful, **11.1**

atterrir to land, **8.1**

l' **atterrissage** *(m.)* landing *(plane)*

attraper un coup de soleil to get a sunburn, **11.1**

au bord de la mer by the ocean; seaside, **11.1**

au contraire on the contrary

au fond in the background

au revoir good-bye, **BV**

au-dessous (de) below

la taille au-dessous the next smaller size, **7.2**

au-dessus (de) above

la taille au-dessus the next larger size, **7.2**

aujourd'hui today, **BV**

auprès de with

ausculter to listen with a stethoscope, **14.2**

aussi also, too, **1.1**; as *(comparisons)*, **7**; so

French-English Dictionary

l' **auteur** (*m.*) author (*m. and f.*)
   l'auteur dramatique playwright
l' **autocar** (*m.*) bus, coach
   automatique automatic, autonomic
l' **automne** (*m.*) autumn, **11.2**
   autour de around, **4.2**
   autre other, **L1**
      autre chose something else
      Autre chose? Anything else? (*shopping*), **6.2**
      d'autres some other, **2.2**
      l'un... l'autre one . . . the other
   autrement dit in other words
l' **avalanche** (*f.*) avalanche
   avaler to swallow, **14.2**
   avance: en avance early, ahead of time, **9.1**
   avant before
      avant de (+ *inf.*) before (+ *verb*)
l' **avant** (*m.*) front, **8.2**
   avant-hier the day before yesterday, **10.2**
   avec with, **3.2**
      Avec ça? What else? (*shopping*), **6.1**
l' **avenir** (*m.*) future, **L2**
l' **aventure** (*f.*) adventure
l' **avenue** (*f.*) avenue
l' **aviateur, l'aviatrice** aviator
l' **avion** (*m.*) plane, **8.1**
   en avion by plane
l' **avis** (*m.*) opinion, **7.2**
   à mon avis in my opinion, **7.2**
   avoir to have, **4.1**
   avoir l'air to look
   avoir... ans to be . . . years old, **4.1**
   avoir besoin de to need, **10.1**
   avoir de la chance to be lucky, to be in luck
   avoir envie de to want (to), to feel like

   avoir faim to be hungry, **5.1**
   avoir une faim de loup to be very hungry
   avoir lieu to take place
   avoir mal à to have a(n) . . . -ache, to hurt, **14.1**
   avoir peur to be afraid, **L1**
   avoir du retard to be late (*plane, train, etc.*), **8.1**
   avoir soif to be thirsty, **5.1**

B

le **baccalauréat** French high school exam
la **bactérie** bacterium
   bactérien(ne) bacterial, **14.1**
les **bagages** (*m. pl.*) luggage, **8.1**
   le bagage à main carry-on bag, **8.1**
   le coffre à bagages baggage compartment, **8.2**
la **baguette** loaf of French bread, **6.1**
le **baigneur, la baigneuse** bather
le **bain** bath, **12.1**
   prendre un bain to take a bath, **12.1**
   prendre un bain de soleil to sunbathe, **11.1**
   la salle de bains bathroom, **4.2**
le **balcon** balcony, **4.2**
le **ballet** ballet
le **ballon** ball (*soccer, etc.*), **10.1**
la **banane** banana, **6.2**
la **banlieue** suburbs
la **base** base; basis
   à base de based on
le **base-ball** baseball
   basé(e) based
la **basilique** basilica

la **basket** sneaker; running shoe, **7.1**
le **basket(-ball)** basketball, **10.2**
la **bataille** battle, **L3**
   le champ de bataille battlefield, **L3**
le **bateau** boat, **L4**
le **bâton** ski pole, **11.2**
   bavarder to chat
   beau (bel), belle beautiful, handsome, **4.2**
      Il fait beau. It's nice weather., **11.1**
   beaucoup a lot, **3.1**
      beaucoup de a lot of, many, **3.2**
le **beau-père** stepfather, **4.1**
la **beauté** beauty
      de toute beauté of great beauty
le **bébé** baby
   beige (*inv.*) beige, **7.2**
   belge Belgian
la **Belgique** Belgium
la **belle-mère** stepmother, **4.1**
   ben (*slang*) well
   ben oui yeah
le/la **bénévole** volunteer
le **berger, la bergère** shepherd, shepherdess
le **besoin** need
      avoir besoin de to need, **10.1**
la **bêtise** stupid thing, nonsense
le **beurre** butter, **6.1**
le **bicentenaire** bicentennial
la **bicyclette** bicycle, **10.2**
   bien fine, well, **BV**
      bien cuit(e) well-done (*meat*), **5.2**
      bien élevé(e) well-behaved, well-mannered
      bien sûr of course
      eh bien well
   bientôt soon
      À bientôt! See you soon! **BV**
le/la **bienvenu(e)** welcome

le **billet** ticket, **8.1**
le **billet aller (et) retour** round-trip ticket, **9.1**
la **biologie** biology, **2.2**
biologique biological
le/la **biologiste** biologist
blanc, blanche white, **7.2**
blessé(e) wounded, **L3**
bleu(e) blue, **7.2**
bleu marine (inv.) navy blue, **7.2**
le **bloc-notes** notepad, **3.2**
blond(e) blond, **1.1**
bloquer to block, **10.1**
le **blouson** (waist-length) jacket, **7.1**
le **blue-jean** (pair of) jeans
le **bœuf** beef, **6.1**
bohème bohemian
boire to drink, **10.2**
quelque chose à boire something to drink
le **bois** wood
la **boisson** beverage, drink, **5.1**
la **boîte: la boîte de conserve** can of food, **6.2**
la boîte crânienne skull
boiteux, boiteuse lame
le **bol** bowl
bon(ne) correct; good, **6.2**
Bon! Okay!, Right!, **6.1**
bon marché (inv.) inexpensive
de bonne heure early
le **bonhomme de neige** snowman
bonjour hello, **BV**
le **bonnet** ski cap, hat, **11.2**
le **bord: à bord (de)** aboard (plane, etc.), **8.2**
au bord de la mer by the ocean, seaside, **11.1**
la **bosse** mogul (ski), **11.2**
la **botanique** botany
le **boubou** boubou (long, flowing garment)
la **bouche** mouth, **14.1**
le **boucher, la bouchère** butcher
la **boucherie** butcher shop, **6.1**
la **bougie** candle, **4.1**

la **boulangerie-pâtisserie** bakery, **6.1**
la **bouteille** bottle, **6.2**
la **boutique** shop, boutique, **7.1**
le **bras** arm
le **Brésil** Brazil
le/la **Brésilien(ne)** Brazilian (person)
la **Bretagne** Brittany
breton(ne) Breton, from Brittany
le/la **Breton(ne)** Breton (person)
briller to shine
la **brioche** sweet roll
briser to break, **L3**
se **briser** to break
la **bronche** bronchial tube
bronzer to tan, **11.1**
la **brosse** brush, **12.1**
la brosse à dents toothbrush, **12.1**
se **brosser** to brush, **12.1**
la **brousse** bush (wilderness)
le **bruit** noise, **L3**
brûler to burn
brun(e) brunette; dark-haired, **1.1**
le **buffet** train station restaurant, **9.1**
le **bungalow** bungalow
le **bus** bus, **5.2**
le **but** goal, **10.1**
marquer un but to score a goal, **10.1**

ça that, **BV**
Ça fait... euros. It's (That's) . . . euros., **6.2**
Ça fait mal. It (That) hurts., **14.1**
Ça va. Fine., Okay., **BV**
Ça va? How's it going?, How are you? (inform.), **BV;** How does it look?, **7.2**
C'est ça. That's right., That's it.
le **cabaret** cabaret

la **cabine** cabin (plane), **8.1**
la cabine d'essayage fitting room
cacher to hide, **L3**
le **cadeau** gift, present, **4.1**
le **cadet, la cadette** younger person, **L1**
le **café** café, **BV;** coffee, **5.1**
la **cafétéria** cafeteria
le **cahier** notebook, **3.2**
la **caisse** cash register, checkout counter, **3.2**
le **calcium** calcium
le **calcul** arithmetic, **2.2**
le calcul différentiel differential calculus
le calcul intégral integral calculus
la **calculatrice** calculator, **3.2**
le **calendrier** calendar; schedule
le **calligramme** picture-poem
calme quiet, calm
la **calorie** calorie
le/la **camarade** companion, friend
le/la camarade de classe classmate
le **camembert** Camembert cheese
le **camion** truck
le **camp** side (in a sport or game), **10.1**
le camp adverse opponents, other side, **10.1**
la **campagne** country(side); campaign
canadien(ne) Canadian, **6**
la **cantine** school dining hall, **3.1**
capable able
la **capitale** capital
le **car** bus (coach)
la **caractéristique** characteristic
Caraïbes: la mer des Caraïbes Caribbean Sea
cardiaque cardiac
le **carnaval** carnival (season)
la **carotte** carrot, **6.2**
la **carrière** career

la **carte** menu, **5.1**; map; card
  la carte de crédit credit card
  la carte de débarquement landing card, **8.2**
  la carte d'embarquement boarding pass, **8.1**
  la carte postale postcard, **9.1**
le **carton** cardboard
la **casquette** cap, baseball cap, **7.1**
  casse-pieds pain in the neck (*slang*)
la **cassette** cassette, tape **3.1**
  la cassette vidéo videocassette, **12.2**
le **catalogue** catalog
  catastrophique catastrophic
la **catégorie** category
  cause: à cause de because of
  causer to cause
le **CD** CD, **3.1**
le **CD-ROM** CD-ROM
  ce (cet), cette this, that, **9**
  ce soir tonight
la **ceinture** belt, **L3**
  la ceinture de sécurité seat belt, **8.2**
  célèbre famous
  célébrer to celebrate, **L4**
la **cellule** cell, **L4**
  celte Celtic
  celtique Celtic
  cent hundred, **2.2**
  pourcent percent
les **centaines** (*f. pl.*) hundreds
le **centilitre** centiliter
le **centre** center
  le centre commercial shopping center, mall, **7.1**
le **centre-ville** downtown
le **cercle** circle
les **céréales** (*f. pl.*) cereal, grains
  certainement certainly
  certains some
le **cerveau** brain

c'est it is, it's, **BV**
  C'est combien? How much is it?, **3.2**
  C'est quel jour? What day is it?, **BV**
  C'est tout. That's all., **6.1**
  c'est-à-dire that is
  chacun(e) each (one), **5.2**
la **chaîne** chain; TV channel, **12.2**
la **chaise** chair
la **chambre à coucher** bedroom, **4.2**
le **champ** field, **L1**
  le champ de bataille battlefield, **L3**
  champêtre pastoral
le/la **champion(ne)** champion
la **chance** luck
  avoir de la chance to be lucky, to be in luck
la **chanson** song
  chanter to sing, **13.1**
le **chanteur, la chanteuse** singer, **13.1**
  chaque each, every
le **char** float
la **charcuterie** deli(catessen), **6.1**
  charger to load
le **chariot** shopping cart, **6.2**; baggage cart, **9.1**
  charmant(e) charming
le **charme** charm
le **charpentier** carpenter
le **chasseur, la chasseuse** hunter
le **chat** cat, **4.1**
  avoir un chat dans la gorge to have a frog in one's throat, **14.1**
le **château** castle, mansion
  chaud(e) warm, hot
  Il fait chaud. It's hot. (*weather*), **11.1**
la **chaussette** sock, **7.1**
la **chaussure** shoe, **7.1**
  les chaussures de ski ski boots, **11.2**
le **chef** head, boss
le **chemin** route; road; path
la **cheminée** chimney

la **chemise** shirt, **7.1**
le **chemisier** blouse, **7.1**
  cher, chère dear; expensive, **7.1**
  chercher to look for, seek
  aller chercher to go (and) get, **6.1**
le **chevalier** knight
les **cheveux** (*m. pl.*) hair, **12.1**
  chez at (to) the home (business) of, **3.2**
le **chien** dog, **4.1**
la **chimie** chemistry, **2.2**
la **chimiothérapie** chemotherapy
  chimique chemical
le/la **chimiste** chemist
  chinois(e) Chinese
le **chœur** choir
  choisir to choose, **8.1**
le **cholestérol** cholesterol
la **chose** thing
  ciao good-bye (*inform.*), **BV**
le **ciel** sky, **11.1**
le **cinéma** movie theater, movies, **13.1**
le **circuit** circuit
la **circulation** circulation
le **cirque** circus
  citer to cite, mention
le **citron pressé** lemonade, **5.1**
le/la **civilisé(e)** civilized person
  clair(e) light (*color*)
la **clarinette** clarinet
la **classe** class, **2.1**
  la classe économique coach class (*plane*)
  la salle de classe classroom, **2.1**
le **classeur** loose-leaf binder, **3.2**
  classifier to classify
  classique classical
le **classique** classic
le **clavier** keyboard
le/la **client(e)** customer
le **climat** climate
  climatique climatic
la **clinique** clinic
le **clown** clown

le **club d'art dramatique** drama club

le **coca** cola, **5.1**

le **code** code, **4.2**

le **coéquipier, la coéquipière** teammate

le **cœur** heart

le **coffre** chest, **L4**

le **coffre à bagages** (overhead) baggage compartment, **8.2**

le **coin: du coin** neighborhood (adj.)

la **collection** collection

le **collège** junior high, middle school, **1.2**

le/la **collégien(ne)** middle school/junior high student

le **combat** fight, battle, **L3**

combien (de) how much, how many, **3.2**

C'est combien? How much is it (that)?, **3.2**

comble packed (stadium), **10.1**

la **comédie** comedy, **13.1**

comique comic; funny, **13.1**

le film comique comedy, **13.1**

commander to order, **5.1**

comme like, as; for; since

comme ci, comme ça so-so

commémorer to commemorate

commencer to begin, **9.2**

comment how, what, **1.1**

Comment ça? How is that?

le/la **commerçant(e)** shopkeeper

la **compagnie** company

la compagnie aérienne airline, **8.1**

en compagnie de in the company of

la **comparaison** comparison

comparer to compare

le/la **compatriote** compatriot

la **compétition** contest

le **complet** suit (man's), **7.1**

complet, complète full, complete

le **pain complet** whole-wheat bread

complètement completely, totally

compléter to complete

compliqué(e) complicated

comploter to conspire

comporter to call for, require

composé(e) composed

le **compositeur, la compositrice** composer

la **composition** composition

composter to stamp, validate (a ticket), **9.1**

comprendre to understand, **5**

le **comprimé** pill, **14.2**

compris(e) included, **5.2**

Le service est compris. The tip is included., **5.2**

le **compte** account

compter to count

le **comptoir** counter, **8.1**

le **comte** count, **L4**

le **concept** concept

le **concert** concert

le **concert-bal** concert and ball

le **concours** competition, contest

la **condition** condition

la **confiture** jam, **6.2**

confortable comfortable

la **connaissance: faire la connaissance de** to meet

connaître to know, **13.2**

connecter to connect

connu(e) well-known; famous, **13.1**

le (la) plus connu(e) best-known

la **conserve: la boîte de conserve** can of food, **6.2**

la **consommation** drink, beverage, **5.1**

conspirer to plot

construire to build

la **consultation** medical visit

donner des consultations to have office hours (doctor)

consulter to consult

le **contact** contact

la **contamination** contamination

contenir to contain

content(e) happy, glad

le **continent** continent

continuer to continue

le **contraire** opposite

contre against, **10.1**

par contre on the other hand, however

le **contremaître, la contremaîtresse** foreman, forewoman

le **contrôle** check, control

le contrôle des passeports passport check

le contrôle de sécurité security (airport), **8.1**

contrôler to check; to control

le **contrôleur** conductor (train), **9.2**

la **conversation** conversation

converser to converse

la **conversion** conversion

convient: qui convient that is appropriate

le **copain** friend, pal (m.), **2.1**

la **copine** friend, pal (f.), **2.1**

le **cor** horn, **L3**

sonner du cor to blow a horn, **L3**

la **cornemuse** bagpipes

le **corps** body

la **correspondance** correspondence; connection (between trains), **9.2**

corriger to correct

cosmopolite cosmopolitan

la **côte** coast

la Côte d'Azur French Riviera

la Côte d'Ivoire Ivory Coast

le **côté** side

côté couloir aisle (seat), **8.1**

côté fenêtre window (seat), **8.1**

coucher to put (someone) to bed, **12**

se **coucher** to go to bed, **12.1**

la **couchette** berth *(on a train)*

couler to flow

    avoir le nez qui coule to have a runny nose, **14.1**

la **couleur** color, **7.2**

le **couloir** aisle, corridor, **8.2**

le **coup: le coup de soleil** sunburn, **11.1**

    donner un coup (de pied, de tête, etc.) to kick, hit (with one's foot, head, etc.), **10.1**

la **coupe** winner's cup, **10.2**

la **cour** courtyard, **3.2;** court

le **courage** courage

    courageux, courageuse courageous, brave

le **coureur, la coureuse** runner, **10.2**

    le coureur (la coureuse) cycliste racing cyclist, **10.2**

le **cours** course, class, **2.1**

    en cours de (français, etc.) in (French, etc.) class

la **course** race, **10.2**

    la course cycliste bicycle race, **10.2**

les **courses** *(f. pl.):* **faire des courses** to go shopping, **6.1**

    court(e) short, **7.2**

le **couscous** couscous

le/la **cousin(e)** cousin, **4.1**

le **couteau** knife, **5.2**

    coûter to cost, **3.2**

        Ça coûte combien? How much does this cost?, **3.1**

le **couturier** designer *(of clothes)*

le **couvent** convent

    couvert(e) covered

le **couvert** table setting; silverware, **5.2**

    couvrir to cover

le **crabe** crab, **6.1**

la **cravate** tie, **7.1**

le **crayon** pencil, **3.2**

créer to create

la **crème** cream

    la crème solaire suntan lotion, **11.1**

le **crème** coffee with cream *(in a café)*, **5.1**

la **crémerie** dairy store, **6.1**

le **créole** Creole *(language)*

la **crêpe** crepe, pancake, **BV**

creuser to dig, **L4**

crevé(e) exhausted

la **crevette** shrimp, **6.1**

crier to shout, **L4**

le/la **criminel(le)** criminal, **L4**

    croire to believe, think, **7.2**

la **croissance** growth

le **croissant** croissant, crescent roll, **5.1**

le **croque-monsieur** grilled ham and cheese sandwich, **5.1**

la **crosse** hockey stick

la **cuillère** spoon, **5.2**

la **cuisine** kitchen, **4.2;** cuisine *(food)*

    faire la cuisine to cook, **6**

cuit(e) cooked

    bien cuit(e) well-done *(meat)*, **5.2**

cultiver to cultivate

la **culture** culture

    culturel(le) cultural

le **cyclisme** cycling, bicycle riding, **10.2**

le/la **cycliste** cyclist, bicycle rider

    cycliste bicycle, cycling *(adj.)*, **10.2**

    le coureur (la coureuse) cycliste bicycle racer, **10.2**

    une course cycliste bicycle race, **10.2**

d'abord first, **12.1**

d'accord okay, all right *(agreement)*

être d'accord to agree, **2.1**

dangereux, dangereuse dangerous

dans in, **1.2**

la **danse** dance

    danser to dance, **13.1**

le **danseur, la danseuse** dancer, **13.1**

    la danseuse ballerina, **13.1**

d'après according to

la **date** date

    dater de to date from

    d'autres some other, **2.2**

    de from, **1.1;** of, belonging to, **1.2;** about

        de bonne heure early

        de la, de l' some, any, **6**

        De quelle couleur est... ? What color is . . . ?, **7.2**

        de temps en temps from time to time, occasionally

le **débarquement** landing, deplaning

    débarquer to get off *(plane)*

    débarrasser la table to clear the table, **12.2**

debout standing, **9.2**

le **début** beginning

le/la **débutant(e)** beginner, **11.2**

le **décalage horaire** time difference

le **décalitre** decaliter

le **déchet** waste

    décider (de) to decide (to)

la **décision** decision

    la décision est prise the decision is made

    déclarer to declare, call

le **décollage** takeoff *(plane)*

    décoller to take off *(plane)*, **8.1**

    découvrir to discover

    décrire to describe

le **défilé** parade

    définir to define

la **déformation** alteration

se **dégager** to be given off

dehors: au dehors de outside

déjà already; ever; yet, **BV**

déjeuner to eat lunch, **3.1**

le **déjeuner** lunch, **5.2**

  le **petit déjeuner** breakfast, **5.2**

délicieux, délicieuse delicious

demain tomorrow, **BV**

  À demain. See you tomorrow., **BV**

demander to ask (for), **3.2**

demi(e) half

  et demie half past (time), **BV**

le **demi-cercle** semi-circle; top of the key (on a basketball court), **10.2**

le **demi-frère** half brother, **4.1**

la **demi-heure** half hour

la **demi-sœur** half sister, **4.1**

le **demi-tarif** half price

le **demi-tour** about-face

  faire demi-tour to turn around

la **dent** tooth, **12.1**

le **dentifrice** toothpaste, **12.1**

le/la **dentiste** dentist

le **déodorant** deodorant

le **départ** departure, **8.1**

le **département d'outre-mer** French overseas department

se **dépêcher** to hurry, **12.1**

dépendre (de) to depend (on)

depuis since, for, **9.2**

dernier, dernière last, **10.2**

derrière behind

désagréable disagreeable, unpleasant

descendre to get off (train, bus, etc.), **9.2;** to take down, **9;** to go down, **9**

désertique desert (adj.)

désespéré(e) desperate, **L4**

désirer to want, **5.1**

désormais from then on

le **dessert** dessert

le **dessin** art, **2.2;** drawing, illustration

le **dessin animé** cartoon, **13.1**

la **destination** destination

  à destination de to (destination), **8.1**

la **destinée** destiny

détester to hate, **3.1**

déverser to spill

  se **déverser** to be spilled

deuxième second, **4.2**

devant in front of, **8.2**

devenir to become

deviner to guess

la **devinette** riddle

devoir to owe, **10;** must, to have to (+ verb), **10.2**

le **devoir** homework (assignment)

  faire ses devoirs to do homework, **12.2**

dévoué(e) devoted

d'habitude usually, **12.2**

le **diagnostic** diagnosis, **14.2**

le **dialecte** dialect

le **dialogue** dialog

le **diamant** diamond

dicter to dictate

la **différence** difference

différent(e) different, **8.1**

difficile difficult, **2.1**

la **difficulté** problem, difficulty

  être en difficulté to be in trouble

diffuser to spread, to propagate

dîner to eat dinner, **5.2**

le **dîner** dinner, **5.2**

le **diplôme** diploma

dire to say, tell, **9.2**

  Ça me dit! I'd like that!

directement directly

la **direction** direction

discuter to discuss

disparaître to disappear

disparu(e) disappeared, lost

la **disquette** diskette, floppy disk

distinguer to distinguish, to tell apart

divers(e) various

divisé(e) divided

diviser to divide

la **djellaba** djellaba (long, loose garment)

le **document** document

le **documentaire** documentary, **13.1**

le **doigt** finger

le **dollar** dollar, **3.2**

le **dolmen** dolmen

le **domaine** domain, field

le **domicile: à domicile** to the home

donc so, therefore

les **données** (f. pl.) data

donner to give, **4.1**

  donner un coup de pied to kick, **10.1**

  donner une fête to throw a party, **4.1**

  donner sur to face, overlook, **4.2**

dont of which

doré(e) golden

dormir to sleep, **8.2**

le **dortoir** dormitory

la **douane** customs

doublé(e) dubbed (movies), **13.1**

la **douche** shower, **12.1**

douloureux, douloureuse painful

le **doute** doubt

la **douzaine** dozen, **6.2**

le **drame** drama, **13.1**

dribbler to dribble (basketball), **10.2**

le **droit** right

  du coin neighborhood (adj.)

dur(e) hard

durer to last

dynamique dynamic, **1.2**

l' **eau** (f.) water, **6.2**

  l'eau bouillante boiling water

  l'eau minérale mineral water, **6.2**

l' **échange** (m.) exchange

échanger to exchange

French-English Dictionary

s' **échapper** to escape
l' **écharpe** (f.) scarf, **11.2**
éclaté(e) burst
l' **école** (f.) school, **1.2**
  l'école primaire elementary school
  l'école secondaire junior high, high school, **1.2**
l' **écologie** (f.) ecology
écologique ecological
l' **économie** (f.) economics, **2.2**
  économique: la classe économique coach class (*plane*)
écouter to listen (to), **3.1**
l' **écran** (m.) screen, **8.1**
écrasé(e) crushed
écrire to write, **9.2**
l' **écrivain** (m.) writer (*m. and f.*), **L2**
efficace efficient
égal(e): Ça m'est égal. I don't care., It's all the same to me., **13.1**
égaliser to tie (*score*)
égoïste egotistical, **1.2**
égyptien(ne) Egyptian
l' **élément** (m.) element
l' **élève** (m. et f.) student, **1.2**
élevé(e) high
  bien élevé(e) well-behaved
éliminer to eliminate
l' **e-mail** (m.) e-mail
l' **embarquement** (m.) boarding, leaving
embarquer to board (*plane, etc.*)
l' **émission** (f.) program, show (*TV*), **12.2**
emmener to send, **L4**
l' **emploi** (m.) **du temps** schedule
l' **employé(e)** employee (*m. and f.*)
emprisonné(e) imprisoned
en in, **3.2**; by, **5.2**
  en avance early, ahead of time, **9.1**
  en avion plane (*adj.*), by plane, **8**

en ce moment right now
en classe in class
en fait in fact
en général in general
en l'honneur de in honor of
en particulier in particular
en plein air outdoors
en plus de besides, in addition
en première (seconde) in first (second) class, **9.1**
en provenance de arriving from (*flight, train*), **8.1**
en retard late, **9.1**
en solde on sale, **7.1**
en vain in vain
en ville in town, in the city
en voiture by car, **5.2**
encore still, **11**; another; again
s' **endormir** to fall asleep
l' **endroit** (m.) place
l' **énergie** (f.) energy
énergique energetic, **1.2**
l' **enfance** (f.) childhood
l' **enfant** (m. et f.) child, **4.1**
enfermer to shut up
enfin finally, at last, **12.1**
s' **engager dans** to head into
l' **ennemi(e)** (m. et f.) enemy
énorme enormous
l' **enquête** (f.) inquiry, survey
enregistrer to tape, **12.2**
(faire) enregistrer to check (*baggage*), **8.1**
enrhumé(e): être enrhumé(e) to have a cold, **14.1**
enrichi(e) enriched
ensemble together, **5.1**
l' **ensemble** (m.) outfit; whole, entirety
ensuite then (*adv.*), **12.1**
entendre to hear, **9.1**
enthousiaste enthusiastic, **1.2**

entier, entière entire, whole
l' **entracte** (m.) intermission, **13.1**
entre between, among, **3.2**
l' **entrée** (f.) entrance, **4.2**; admission
l' **entreprise** (f.) firm
entrer to enter, **7.1**
environ about
envoyer to send, **10.1**
l' **épée** (f.) sword, **L3**
épicé(e) spicy
l' **épicerie** (f.) grocery store, **6.1**
les **épinards** (m. pl.) spinach, **6.2**
épique epic
l' **époque** (f.) period, times
épuisé(e) exhausted
l' **équateur** (m.) equator
l' **équilibre** (m.) balance
équilibré(e) balanced
l' **équipe** (f.) team, **10.1**
l' **équipement** (m.) equipment
l' **escalier** (m.) staircase, **4.2**
l' **espagnol** (m.) Spanish (*language*), **2.2**
l' **esprit** (m.) spirit
essayer to try on, **7.2**; to try
essentiel(le) essential
et and, **BV**
établir to establish
l' **établissement** (m.) establishment
l' **étage** (m.) floor (*of a building*), **4.2**
l' **étape** (f.) stage, lap
les **États-Unis** (m. pl.) United States
l' **été** (m.) summer, **11.1**
  en été in summer, **11.1**
éteindre to turn off (*appliance*), **12.2**
éternuer to sneeze, **14.1**
étranger, étrangère foreign, **13.1**
être to be, **1.1**
  être d'accord to agree, **2.1**
  être enrhumé(e) to have a cold, **14.1**

ne pas être dans son assiette to be feeling out of sorts, **14.1**

l' **être** (m.) being

l'**être humain** human being

l' **étude** (f.) study

l' **étudiant(e)** (university) student

étudier to study, **3.1**

l' **euro** (m.) euro, **6.2**

l' **Europe** (f.) Europe

européen(ne) European

s' **évader** to escape, **L4**

l' **événement** (m.) event

évidemment evidently

l' **évier** (m.) kitchen sink, **12.2**

éviter to avoid, **12.2**

évoquer to evoke

exact(e) exact

exactement exactly

l' **examen** (m.) test, exam, **3.1**

passer un examen to take a test, **3.1**

réussir à un examen to pass a test

examiner to examine, **14.2**

excellent(e) excellent

excepté(e) except

l' **exception** (f.) exception

exceptionnel(le) exceptional

l' **excursion** (f.) excursion, outing

exécuter to carry out

l' **exemple** (m.) example

par exemple for example

l' **exercice** (m.) exercise

l' **existence** (f.) existence

exister to exist, to be

expert(e) expert (adj.)

l' **explication** (f.) explanation

expliquer to explain

l' **exposition** (f.) exhibit, show, **13.2**

l' **express** (m.) espresso, black coffee, **5.1**

l' **expression** (f.) expression

expulser to expel, banish

l' **extérieur** (m.) exterior, outside

à l'**extérieur** outside, outside the home

extraordinaire extraordinary, **13.2**

la **fable** fable

fabriquer to build

fabuleusement fabulously

fabuleux, fabuleuse fabulous

facile easy, **2.1**

la **façon** way, manner

faible weak, **L1**

faim: avoir faim to be hungry, **5.1**

faire to do, make, **6.1**

Ça fait mal. It (That) hurts., **14.1**

faire du (+ nombre) to take size (+ number), **7.2**

faire des achats to shop

faire attention to pay attention, **6;** to be careful, **11.1**

faire des courses to go shopping, **7.2**

faire les courses to do the grocery shopping, **6.1**

faire la cuisine to cook, **6**

faire ses devoirs to do homework, **12.2**

faire enregistrer to check (luggage), **8.1**

faire des études to study

faire du français (des maths, etc.) to study French (math, etc.), **6**

faire du jogging to jog

faire la navette to go back and forth, make the run

faire une ordonnance to write a prescription, **14.2**

faire partie de to be a part of

faire un pique-nique to have a picnic

faire de la planche à voile to windsurf, **11.1**

faire une promenade to take a walk, **11.1**

faire la queue to wait in line, **9.1**

faire du ski nautique to water-ski, **11.1**

faire du surf to go surfing, **11.1**

faire la vaisselle to do the dishes, **12.2**

faire les valises to pack (suitcases), **8.1**

faire un voyage to take a trip, **8.1**

Il fait quel temps? What's the weather like?, **11.1**

Vous faites quelle pointure? What size shoe do you take?, **7.2**

Vous faites quelle taille? What size do you take (wear)?, **7.2**

fait(e) à la main handmade

falsifier to falsify

la **famille** family, **4.1**

le **nom de famille** last name

le/la **fana** fan

la **fanfare** brass band

fantastique fantastic

la **farine de sorgo** sorghum flour

le **fast-food** fast-food restaurant

fatigué(e) tired

faut: il faut one must, it is necessary to, **8.2**

il ne faut pas one must not, **11.1**

la **faute** fault, mistake

faux, fausse false

favori(te) favorite, **7.2**

la **femme** woman, **7.1;** wife, **4.1**

la **fenêtre** window

côté fenêtre window (seat) (adj.), **8.1**

fermé(e) closed, **13.2**

le **festival** festival

la **festivité** festivity

la **fête** party, **4.1**
  de fête festive
  donner une fête to throw a party, **4.1**

la **feuille de papier** sheet of paper, **3.2**

le **feutre** felt-tip pen, **3.2**

les **fiançailles** (*f. pl.*) engagement, **L4**

le/la **fiancé(e)** fiancé(e), **L4**

le **fichier** file (*computer*)
  fier, fière proud

la **fièvre** fever, **14.1**
  avoir de la fièvre to have a fever, **14.1**
  avoir une fièvre de cheval to have a high fever, **14.1**

la **figue** fig

la **figure** face, **12.1**

le **filet** net (*volleyball, etc.*), **10.2**

la **fille** girl, **1.1**; daughter, **4.1**

le **film** film, movie, **13.1**
  le film d'amour love story, **13.1**
  le film d'aventures adventure movie, **13.1**
  le film comique comedy, **13.1**
  le film étranger foreign film, **13.1**
  le film d'horreur horror film, **13.1**
  le film policier detective movie, **13.1**
  le film de science-fiction science-fiction movie, **13.1**
  le film en vidéo movie video, **13.1**

le **fils** son, **4.1**

la **fin** end
  finalement finally
  finir to finish, **8.2**
  fixement: regarder fixement to stare at

la **fleur** flower, **4.2**
  fleuri(e) in bloom, **L2**

fleurir to bloom

le **fleuve** river

la **flûte** flute

le **foie** liver
  avoir mal au foie to have indigestion

la **fois** time (*in a series*), **10.2**
  à la fois at the same time
  deux fois twice

la **fonction** function

le **fonctionnement** functioning
  fond: au fond in the background
  respirer à fond to breathe deeply, **14.2**
  au fond de at the bottom of

fonder to found

le **foot(ball)** soccer, **10.1**
  le football américain football

la **force** strength

la **formalité** formality

la **forme** form, shape
  former to form
  fort hard (*adv.*)
  fort(e) strong, **2.2**
  fort(e) en maths good in math, **2.2**

la **fortune** fortune
  fou, folle crazy; insane

la **fourchette** fork, **5.2**

la **fourniture** supply
  les fournitures scolaires school supplies, **3.2**

la **fracture** fracture (*of bone*)
  frais: Il fait frais. It's cool. (*weather*), **11.2**

les **frais** (*m. pl.*) expenses; charges

la **fraise** strawberry, **6.2**

le **français** French (*language*), **2.2**

le/la **Français(e)** Frenchman (-woman)
  français(e) French, **1.1**

la **France** France
  francophone French-speaking
  frapper to hit, **L3**; to knock, **L4**

fréquenter to frequent, patronize

le **frère** brother, **1.2**

le **frigidaire** refrigerator, **12.2**

les **frissons** (*m. pl.*) chills, **14.1**

les **frites** (*f. pl.*) French fries, **5.1**
  froid(e) cold
  Il fait froid. It's cold. (*weather*), **11.2**

le **fromage** cheese, **5.1**

la **frontière** border
  frugal(e) light, simple

le **fruit** fruit, **6.2**

la **fumée** smoke
  fumer to smoke

la **fusion** fusion

le **futur** future, **L2**

G

le/la **gagnant(e)** winner, **10.2**
  gagner to earn; to win, **10.1**

le **gant** glove, **11.2**
  le gant de toilette washcloth, **12.1**

le **garage** garage, **4.2**

le **garçon** boy, **1.1**
  garder to guard, watch; to keep

le **gardien** guard, **L4**
  le gardien de but goalie, **10.1**

la **gare** train station, **9.1**
  gastronomique gastronomic, gourmet

le **gâteau** cake, **4.1**

le **gaz** gas
  le gaz carbonique carbon dioxide

le/la **géant(e)** giant
  geler to freeze
  Il gèle. It's freezing. (*weather*), **11.2**

le **général** general, 7
  en général in general
  généralement generally

le **genre** type, kind, **13.1**

les **gens** (*m. pl.*) people
  gentil(le) nice (*person*), **6.2**

la **géographie** geography, **2.2**

la **géométrie** geometry, **2.2**
gigantesque gigantic
la **glace** ice cream, **5.1;** ice, **11.2;** mirror, **12.1**
le **glucide** carbohydrate
la **gomme** eraser, **3.2**
la **gorge** throat, **14.1**
   avoir un chat dans la gorge to have a frog in one's throat, **14.1**
   avoir la gorge qui gratte to have a scratchy throat, **14.1**
   avoir mal à la gorge to have a sore throat, **14.1**
le **gourmet** gourmet
   grâce à thanks to
le **gradin** bleacher (*stadium*), **10.1**
la **graisse** fat
la **grammaire** grammar
le **gramme** gram, **6.2**
   grand(e) tall, big, **1.1;** great
   le grand magasin department store, **7.1**
   de grand standing luxury (*adj.*)
   la grande surface large department store; large supermarket
   grandir to grow (up) (*children*)
la **grand-mère** grandmother, **4.1**
le **grand-père** grandfather, **4.1**
les **grands-parents** (*m. pl.*) grandparents, **4.1**
   gratter to scratch, **14.1**
   gratuit(e) free
   grave serious
la **Grèce** Greece
la **griffe** label
le **griot** griot (*African musician-entertainer*)
la **grippe** flu, **14.1**
   gris(e) gray, **7.2**
la **grotte** cave, **L4**
le **groupe** group
   guéri(e) cured
la **guerre** war, **L3**
le **guerrier** warrior, **L3**
le **guichet** ticket window, **9.1;** box office, **13.1**

le **guide** guidebook
   guillotiné(e) guillotined
la **guitare** guitar
le/la **guitariste** guitarist
la **gymnastique** gymnastics, **2.2**

   habillé(e) dressy, **7.1**
s' **habiller** to get dressed, **12.1**
   habiter to live (*in a city, house, etc.*), **3.1**
   haïtien(ne) Haitian
le **hall** lobby, **8.1**
le **hamburger** hamburger
le **hameau** hamlet
   handicapé(e) handicapped
le **hardware** (*computer*) hardware
les **haricots** (*m. pl.*) **verts** green beans, **6.2**
la **harpe** harp
   haut: en haut de la montagne at the top of the mountain
   haut de gamme state of the art
le **hautbois** oboe
l' **hectomètre** (*m.*) hectometer
l' **hémisphère** (*m.*) hemisphere
le **héros** hero
l' **heure** (*f.*) time (*of day*), **BV;** hour, **3.2**
   à l'heure on time, **8.1**
   à quelle heure? at what time?, **2**
   À tout à l'heure. See you later., **BV**
   de bonne heure early
   Il est quelle heure? What time is it?, **BV**
   heureusement fortunately
   heureux, heureuse happy
   hier yesterday, **10.1**
   avant-hier the day before yesterday, **10.2**
   hier matin yesterday morning, **10.2**

   hier soir last night, **10.2**
l' **histoire** (*f.*) history, **2.2;** story
l' **hiver** (*m.*) winter, **11.2**
le/la **H.L.M.** low-income housing
le **hockey** hockey
l' **homme** (*m.*) man, **7.1**
   honnête honest
les **honoraires** (*m. pl.*) fees (*doctor*)
l' **hôpital** (*m.*) hospital
l' **horaire** (*m.*) schedule, timetable, **9.1**
   horrible horrible
   hospitalier, hospitalière hospital (*adj.*)
le **hot-dog** hot dog, **5.1**
l' **hôtel** (*m.*) hotel
l' **hôtesse** (*f.*) **de l'air** flight attendant, **8.2**
l' **huile** (*f.*) oil, **6.1**
   humain(e) human
l' **hydrate** (*m.*) **de carbone** carbohydrate
   hyper: J'ai hyper faim. I'm super hungry.
l' **hypermarché** (*m.*) large department store/ supermarket

   idéal(e) ideal
l' **idée** (*f.*) idea
   identifier to identify
   il y a there is, there are, **4.1**
l' **île** (*f.*) island, **L4**
   immédiat(e) immediate
   immédiatement immediately
   immense immense
l' **immeuble** (*m.*) apartment building, **4.2**
   important(e) important
   impossible impossible
les **impressionnistes** (*m. pl.*) Impressionists (*painters*)
l' **imprimante** (*f.*) printer
   inaugurer to inaugurate
   inconnu(e) unknown
l' **indication** (*f.*) cue

indiquer to indicate, show
indiscret, indiscrète indiscreet
indispensable indispensable
l' **individu** (m.) individual
individuel(le) individual
industriel(le) industrial
l' **infection** (f.) infection, **14.1**
inférieur(e) lower
infini(e) infinite
l' **influence** (f.) influence
influencer to influence
l' **information** (f.) information
les **informations** (f. pl.) news (TV)
l' **informatique** (f.) computer science, **2.2**
innocent(e) innocent
innombrable countless
insister to insist
inspirer to inspire
les **instructions** (f. pl.) instructions
l' **instrument** (m.) instrument
l'instrument à clavier keyboard instrument
l'instrument à cordes string instrument
l'instrument à percussion percussion instrument
l'instrument à vent wind instrument
intellectuel(le) intellectual
l' **intellectuel(le)** intellectual
intelligent(e) intelligent, **1.1**
intéressant(e) interesting, **1.1**
intéresser to interest
l' **intérêt** (m.) interest
intérieur(e) domestic (flight), **8.1**
international(e) international, **8.1**
interne internal
l' **interprète** (m. et f.) interpreter
l' **interro(gation)** (f.) quiz
intime intimate
inventer to make up

inviter to invite, **4.1**; to pay for someone's meal, **5.2**
isoler to isolate
l' **italien** (m.) Italian (language), **2.2**
italien(ne) Italian
l' **Ivoirien(ne)** (m. et f.) Ivorian (inhabitant of Côte d'Ivoire)

J

jaloux, jalouse jealous
jamais ever
ne… jamais never, **11.2**
la **jambe** leg
le **jambon** ham, **5.1**
janvier (m.) January, **BV**
le **jardin** garden, **4.2**
jaune yellow, **7.2**
le **jazz** jazz
je I, **1.2**
Je t'en prie. You're welcome. (fam.), **BV**
je voudrais I would like, **5.1**
Je vous en prie. You're welcome. (form.), **BV**
le **jean** jeans, **7.1**
jeter to throw, **L4**
le **jeu** game
jeune young
les **jeunes** (m. pl.) young people
le **jogging: faire du jogging** to jog
la **joie** joy
joli(e) pretty, **4.2**
jouer to play, **3.2**; to show (movie); to perform, **13.1**
jouer à to play a sport, **10.1**
jouer de to play a musical instrument
le **joueur, la joueuse** player, **10.1**
le **jour** day, **BV**
huit jours a week
de nos jours today, nowadays
tous les jours every day, **13.2**
le **journal** newspaper, **9.1**

la **journée** day, **3.1**
Belle journée! What a nice day!, **4.2**
Joyeux anniversaire! Happy birthday!
le **jumeau, la jumelle** twin, **L1**
la **jupe** skirt, **7.1**
le **jus** juice, **5.1**
le jus d'orange orange juice, **5.1**
le jus de pomme apple juice, **5.1**
jusqu'à (up) to, until, **10.2**
juste just, **2.1**
juste à sa taille fitting (him/her) just right
juste là right there
tout juste just barely

K

le **kilo(gramme)** kilogram, **6.2**
le **kilomètre** kilometer
le **kiosque** newsstand, **9.1**
le **kleenex** tissue, **14.1**

L

là there
là-haut up there
le **laboratoire** laboratory
le **lac** lake
laisser to leave (something behind), **5.2**; to let, allow
laisser un pourboire to leave a tip, **5.2**
le **lait** milk, **6.1**
lancer to throw, to shoot (ball), **10.2**
le **langage: en langage courant** commonly known as
la **langue** language, **2.2**
large loose, wide, **7.2**
le **latin** Latin, **2.2**
latin(e) Latin

latino-américain(e) Latin American

laver to wash, **12**

se **laver** to wash oneself, **12.1**

le **lave-vaisselle** dishwasher, **12.2**

la **leçon** lesson, **11.1**

le **lecteur, la lectrice** reader

la **lecture** reading

la **légende** legend

le **légume** vegetable, **6.2**

la **lettre** letter

lever to raise, **3.1**

lever la main to raise one's hand, **3.1**

se **lever** to get up, **12.1**

la **liaison** liaison, linking

libérer to free

la **liberté** freedom

libre free, **5.1**

le **lieu** place

avoir lieu to take place

la **ligne** line

la **limite** limit

la **limonade** lemon-lime drink, **BV**

le **lipide** fat

le **liquide** liquid

lire to read, **9.2**

le **litre** liter, **6.2**

la **littérature** literature, **2.2**

la **livre** pound, **6.2**

le **livre** book, **3.2**

local(e) local

le **logement** housing

le **logiciel** computer program

loin far (away)

loin de far from, **4.2**

le **long: le long de** along

long(ue) long, **7.1**

longtemps (for) a long time, **11.1**

trop longtemps (for) too long, **11.1**

le **look** style

louer to rent, **13.1**

les **lunettes** (f. pl.) **de soleil** sunglasses, **11.1**

la **lutte** fight, battle, **L3**

lutter to fight, **L3**

le **lycée** high school, **2.1**

le/la **lycéen(ne)** high school student

la **machine** machine

Madame (Mme) Mrs., Ms., **BV**

Mademoiselle (Mlle) Miss, Ms., **BV**

le **magasin** store, **3.2**

le grand magasin department store, **7.1**

le **magazine** magazine, **9.1**

le **Maghreb** Maghreb

magique magic (adj.)

le **magnétoscope** VCR, **12.2**

magnifique magnificent

le **maillot** jersey

le maillot de bain bathing suit, **11.1**

la **main** hand, **3.1**

fait(e) à la main handmade

maintenant now, **2.2**

mais but, **2.1**

Mais oui (non)! Of course (not)!

la **maison** house, **3.1**

la maison d'édition publishing house

la **maisonnette** cottage

la **majorité** majority

mal badly, **14.1**

avoir mal à to have a(n) . . . -ache, to hurt, **14.1**

Ça fait mal. It (That) hurts., **14.1**

Où avez-vous mal? Where does it hurt?, **14.2**

Pas mal. Not bad., **BV**

malade ill, sick, **L1, 14.1**

le/la **malade** sick person, patient, **14.2**

la **maladie** illness, disease

malheureusement unfortunately

malheureux, malheureuse unhappy

malin (maligne): C'est malin! Very clever! (ironic)

la **maman** mom

la **Manche** English Channel

la **manche** sleeve, **7.1**

à manches longues (courtes) long- (short-) sleeved, **7.1**

manger to eat, **5.1**

la salle à manger dining room, **4.2**

la **manifestation culturelle** cultural event

le **manteau** coat, **7.1**

se **maquiller** to put on makeup, **12.1**

le/la **marchand(e) (de fruits et légumes)** (produce) seller, merchant, **6.2**

la **marchandise** merchandise

le **marché** market, **6.2**

bon marché inexpensive

le marché aux puces flea market

marcher to walk

le **mari** husband, **4.1**

le **mariage** marriage; wedding

marié(e) married

se **marier** to get married, **L4**

le **marin** sailor, **L4**

le **Maroc** Morocco

marocain(e) Moroccan

marquer un but to score a goal, **10.1**

marron (inv.) brown, **7.2**

marseillais(e) from Marseille

martiniquais(e) from or of Martinique

le **mat** (fam.) morning

le **match** game, **10.1**

les **mathématiques** (f. pl.) mathematics, **2.2**

les **maths** (f. pl.) math, **2.2**

la **matière** subject (school), **2.2**; matter

le **matin** morning, **BV**

du matin A.M. (time), **BV**

mauvais(e) bad; wrong, **2.2**

Il fait mauvais. It's bad weather., **11.1**

le **médecin** doctor (m. and f.), **14.2**

chez le médecin at (to) the doctor's office, **14.2**

la **médecine** medicine
(*medical profession*)
médical(e) medical
le **médicament** medicine,
14.1
la **médina** medina
le **mélange** mixture
le **melon** melon, **6.2**
même (*adj.*) same, **2.1;**
(*adv.*) even
tout de même all the
same, **5.2**
la **mer** sea, **11.1**
la **mer des Antilles**
Caribbean Sea
la **mer des Caraïbes**
Caribbean Sea
la **mer Méditerranée**
Mediterranean Sea
merci thank you,
thanks, **BV**
la **mère** mother, **4.1**
merveilleux, merveilleuse
marvelous
le **message** message
la **mesure** measurement
mesurer to measure
le **métabolisme** metabolism
le **métal** metal
le **mètre** meter
le **métro** subway, **4.2**
la **station de métro**
subway station, **4.2**
mettre to put (on), to
place, **7.1;** to turn on
(*appliance*), **7**
mettre la table to set the
table, **7**
les **meubles** (*m. pl.*) furniture
le **microbe** microbe, germ
microbien(ne) microbial
le **microprocesseur**
microprocessor
le **microscope** microscope
midi (*m.*) noon, **BV**
mieux better, **7.2**
aimer mieux to prefer,
7.2
aller mieux to feel better,
14.2
militaire military
mille (one) thousand, **3.2**
le **milligramme** milligram

le **million** million
le **minéral** mineral
minuit (*m.*) midnight, **BV**
la **minute** minute, **9.2**
le **miracle** miracle
la **mi-temps** half (*sporting
event*)
la **mode: à la mode** in style
le **modèle** model
le **modem** modem
moderne modern
modeste modest;
reasonably priced
la **moelle épinière** spinal
cord
moins less, **7.1;** minus
plus ou moins more or
less
le **mois** month, **BV**
le **moment** moment, time
en ce moment right now
le **monde** world
beaucoup de monde a
lot of people, **10.1**
tout le monde everyone,
everybody, **1.2**
le **moniteur** (*computer*)
monitor
le **moniteur, la monitrice**
instructor, **11.1**
Monsieur (*m.*) Mr., sir, **BV**
le **mont** mount, mountain
la **montagne** mountain, **11.2**
monter to go up, **4.2;** to
get on, get in, **9.2**
monter une pièce to put
on a play, **13.1**
montrer to show
la **mort** death
le **mot** word
le mot apparenté
cognate
le **mouchoir** handkerchief,
14.1
la **moule** mussel
mourir to die, **11**
la **moutarde** mustard, **6.2**
le **mouvement** movement
moyen(ne) average,
intermediate
le **moyen de transport** mode
of transportation
multicolore multicolored

multiplier to multiply
muni(e) de with
municipal(e) municipal
le **mur** wall, **L4**
le **muscle** muscle
musculaire muscular
le **musée** museum, **13.2**
musical(e) musical
le/la **musicien(ne)** musician
la **musique** music, **2.2**
musulman(e) Moslem
mystérieux, mystérieuse
mysterious
le **mythe** myth

nager to swim, **11.1**
naître to be born, **11**
la **nappe** tablecloth, **5.2**
la **natation** swimming, **11.1**
national(e) national
nationalité (*f.*) nationality
la **nature** nature
nature plain (*adj.*), **5.1**
naturel(le) natural
la **navette: faire la navette** to
go back and forth, make
the run
naviguer sur Internet to
surf the Net
ne: ne… jamais never,
11.2
ne… pas not, **1.2**
ne… personne no one,
nobody, **11**
ne… plus no longer, no
more, **6.1**
ne… que only
ne… rien nothing, **11**
né(e): elle est née she was
born
nécessaire necessary
nécessairement
necessarily
négatif, négative negative
la **négritude** black pride
la **neige** snow, **11.2**
neige (*inf.* **neiger**): **Il
neige.** It's snowing., **11.2**
nerveux, nerveuse
nervous

n'est-ce pas? isn't it?, doesn't it (he, she, etc.)?, **2.2**

le **neveu** nephew, **4.1**

le **nez** nose, **14.1**

avoir le nez qui coule to have a runny nose, **14.1**

ni… ni neither . . . nor

la **nièce** niece, **4.1**

noir(e) black, **7.2**

le **nom** name; noun

le nom de famille last name

le **nombre** number

nombreux, nombreuse numerous

nommer to name, mention

non no

non plus either, neither

non-fumeurs non-smoking (section), **8.1**

le **nord** north

nord-africain(e) North African

normal(e) normal

la **note** note; grade

nourrir to feed

la **nourriture** food, nutrition

nouveau (nouvel), nouvelle new, **4.2**

à nouveau again

la **Nouvelle-Angleterre** New England

La **Nouvelle-Orléans** New Orleans

le **nuage** cloud, **11.1**

la **nuit** night

nul(le) (slang) bad

le **numéro** number

le numéro de téléphone telephone number

ô oh

l' **objet** (m.) object

obligatoire mandatory

obliger to oblige, force

observer to observe

occidental(e) western

occupé(e) occupied, taken, **5.1; busy**

l' **océan** (m.) ocean

l'océan Atlantique Atlantic Ocean

l' **œil** (m.) eye, **14.1**

l' **œuf** (m.) egg, **6.1**

l'œuf à la coque poached egg

l'œuf brouillé scrambled egg

l'œuf sur le plat fried egg

l' **œuvre** (f.) work(s) (of art or literature), **13.1**

officiel(le) official

l' **oignon** (m.) onion, **5.1**

l' **oiseau** (m.) bird

l' **olive** (f.) olive

l' **omelette** (f.) omelette, **5.1**

l'omelette aux fines herbes omelette with herbs, **5.1**

l'omelette nature plain omelette, **5.1**

on we, they, people, **3.2**

On y va? Let's go.; Shall we go?

l' **oncle** (m.) uncle, **4.1**

l' **opéra** (m.) opera

l'opéra comique light opera

l'opéra bouffe comic light opera

l' **opération** (f.) operation

opposer to oppose, **10.1**

l' **or** (m.) gold, **L4**

l' **orange** (f.) orange, **6.2**

orange (inv.) orange (color), **7.2**

l' **oranger** (m.) orange tree, **L2**

l' **orchestre** (m.) orchestra

l'orchestre symphonique symphony orchestra

orchestrer to orchestrate

ordinaire ordinary

l' **ordinateur** (m.) computer

l' **ordonnance** (f.) prescription, **14.2**

faire une ordonnance to write a prescription, **14.2**

l' **oreille** (f.) ear, **14.1**

avoir mal aux oreilles to have an earache, **14.1**

l' **organe** (m.) organ (of the body)

organiser to organize

l' **organisme** (m.) organism

l' **orgue** (m.) organ (musical instrument)

oriental(e) eastern

originaire de native of

l' **origine** (f.): **d'origine américaine (française, etc.)** from the U.S. (France, etc.)

orner to decorate

l' **os** (m.) bone

ôter to take off (clothing)

ou or, **1.1**

où where, **1.1**

d'où from where, **1.1**

oublier to forget

l' **ouest** (m.) west

oui yes, **BV**

ouvert(e) open, **13.2**

l' **ouvrier, l'ouvrière** worker

ouvrir to open, **14.2**

l' **oxygène** (m.) oxygen

le **pain** bread, **6.1**

le pain complet whole-wheat bread

le pain grillé toast

la tartine de pain beurré slice of bread and butter

la **paire** pair, **7.1**

la **paix** peace

le **palais** palace

le **palet** puck

le **panier** basket, **10.2**

réussir un panier to make a basket (basketball), **10.2**

le **pantalon** pants, **7.1**

papa dad

la **papeterie** stationery store, **3.2**

le **papier** paper, **3.2**

la feuille de papier sheet of paper, **3.2**

Pâques Easter

le **paquet** package, **6.2**

par by, through

par exemple for example

par semaine a (per) week, **3.2**

le **parc** park

parce que because

par-dessus over *(prep.)*, **10.2**

pardon excuse me, pardon me

les **parents** *(m. pl.)* parents, **4.1**

parfait(e) perfect

parfaitement perfectly

le **parfum** flavor

parisien(ne) Parisian

le **parking** parking lot

parler to speak, talk, **3.1**

parler au téléphone to talk on the phone, **3.2**

les **paroles** *(f. pl.)* words, lyrics

la **part: de part et d'autre** on each side

de sa part on his (her) part

participer (à) to participate (in)

particulièrement particularly

la **partie** part

faire partie de to be a part of

partir to leave, **8.1**

partout everywhere

pas not, **2.1**

pas du tout not at all, **3.1**

Pas mal. Not bad., **BV**

Pas question! Out of the question! Not a chance!

le **passager, la passagère** passenger, **8.1**

la **passe** pass

passé(e) past

le **passeport** passport, **8.1**

passer to spend *(time)*, **3.1;** to go (through), **8.1;** to pass, **10.1**

passer un examen to take an exam, **3.1**

les **pâtes** *(f. pl.)* pasta

la **patience** patience, **9.2**

le **patin** skate; skating, **11.2**

faire du patin à glace to ice-skate, **11.1**

la **patinoire** skating rink, **11.2**

le/la **patron(ne)** boss

pauvre poor, **14.1, L1**

Le/La pauvre! Poor thing!, **14.1**

le **pavillon** small house, bungalow

payer to pay, **3.2**

le **pays** country, **8.1**

le **paysage** landscape

le/la **paysan(ne)** peasant, **L1**

le **peigne** comb, **12.1**

se **peigner** to comb one's hair, **12.1**

peindre to paint

le/la **peintre** painter, artist, **13.2**

la **peinture** painting, **13.2**

le **penalty** penalty *(soccer)*

pendant during, for *(time)*, **3.2**

la **pénicilline** penicillin, **14.1**

penser to think

perdre to lose, **9.2**

le **père** father, **4.1**

la **période** period

la **périphérie** outskirts

la **perle** pearl

permanent(e) permanent

permettre to permit, allow

la **personnalité** personality

la **personne** person

ne... personne no one, nobody, **11**

personnel(le) personal

le **personnel de bord** flight crew, **8.2**

personnellement personally, **13.2**

petit(e) short, small, **1.1**

le **petit ami** boyfriend

la **petite amie** girlfriend

le **petit déjeuner** breakfast, **5.2**

les **petits pois** *(m.)* peas, **6.2**

la **petite-fille** granddaughter, **4.1**

le **petit-fils** grandson, **4.1**

les **petits-enfants** *(m. pl.)* grandchildren, **4.1**

le **pétrole** oil

le **pétrolier** oil tanker

peu (de) few, little

à peu près about, approximately

un peu a little, **2.1**

un peu de a little

en très peu de temps in a short time

très peu seldom, **5.2**

peur: avoir peur to be afraid, **L1**

pharmaceutique pharmaceutical

la **pharmacie** pharmacy, **14.2**

le/la **pharmacien(ne)** pharmacist, **14.2**

le **phénomène** phenomenon

la **photo** photograph

la **phrase** sentence

le/la **physicien(ne)** physicist

physique physical

la **physique** physics, **2.2**

le **piano** piano

la **pie** magpie

la **pièce** room, **4.2;** play, **13.1**

la pièce de théâtre play, **13.1**

le **pied** foot, **10.1**

à pied on foot, **4.2**

donner un coup de pied to kick, **10.1**

être vite sur pied to be better soon, **14.1**

la **pierre** stone

la pierre précieuse gem, **L4**

le/la **pilote** pilot, **8.2**

piloter to pilot, to fly

piquer to sting, **14.1**

la **piscine** pool, **11.1**

la **piste** runway, **8.1;** track, **10.2;** ski trail, **11.2**

pittoresque picturesque

la **pizza** pizza, **BV**

la **place** seat *(plane, train, movie, etc.)*, **8.1;** place; square

la **plage** beach, **11.1**
la **plaine** plain
le **plaisir** pleasure
la **planche à voile: faire de la planche à voile** to windsurf, **11.1**
la **plante** plant
le **plastique** plastic
le **plat** dish (food)
le **plateau** tray, **8.2**
plein(e) full, **10.1**
pleurer to cry, **L1**
pleut (inf. pleuvoir): Il pleut. It's raining., **11.1**
plissé(e) pleated, **7.1**
le **plongeon** dive
plonger to dive, **11.1**
la **pluie** rain
la **plupart (des)** most (of), **9.2**
le **pluriel** plural
plus plus; more, **7.1**
en plus de in addition to
ne… plus no longer, no more, **6.1**
plus ou moins more or less
plus tard later
plusieurs several
plutôt rather
le **poème** poem
la **poésie** poetry
le **poète** poet (m. and f.)
le **poids** weight
point: à point medium-rare (meat), **5.2**
la **pointure** size (shoes), **7.2**
Vous faites quelle pointure? What (shoe) size do you take?, **7.2**
la **poire** pear, **6.2**
le **poisson** fish, **6.1**
la **poissonnerie** fish store, **6.1**
la **poitrine** chest (body)
le **poivre** pepper, **6.1**
la **politesse** courtesy, politeness, **BV**
politique political
pollué(e) polluted
la **pollution** pollution
le **polo** polo shirt, **7.1**
la **pomme** apple, **6.2**

la **tarte aux pommes** apple tart, **6.1**
la **pomme de terre** potato, **6.2**
le **pont** bridge
pop pop (music)
populaire popular, **1.2**
le **porc** pork, **6.1**
le **port** port, harbor
la **porte** gate (airport), **8.1**; door, **L4**
porter to wear, **7.1**
le/la **portraitiste** portraitist
portugais(e) Portuguese
poser une question to ask a question, **3.1**
la **position** position
posséder to possess, own
la **possession** possession
la **poste** mail
la poste par avion airmail
le **pot** jar, **6.2**
le **poulet** chicken, **6.1**
le **poumon** lung
pour for, **2.1**; in order to
pour cent percent
le **pourboire** tip (restaurant), **5.2**
pourquoi why, **6.2**
pourquoi pas? why not?
pousser to push
pouvoir to be able to, can, **6.1**
pratique practical
la **pratique** practice
pratiquer to practice
précédent(e) preceding
préféré(e) favorite
préférer to prefer, **6**
le **préfixe** prefix
premier, première first, **4.2**
en première in first class, **9.1**
prendre to have (to eat or drink, **5.1**; to take, **5.2**; to buy
prendre un bain (une douche) to take a bath (shower), **12.1**
prendre un bain de soleil to sunbathe, **11.1**
prendre le petit déjeuner to eat breakfast, **5.2**

prendre possession de to take possession of
prendre rendez-vous to make an appointment
prendre le métro to take the subway, **5.2**
le **prénom** first name
préparer to prepare
près de near, **4.2**
prescrire to prescribe, **14.2**
présenter to present; to introduce
presque almost
prie: Je vous en prie. You're welcome., **BV**
primaire: l'école (f.) **primaire** elementary school
principal(e) main, principal
le **printemps** spring, **11.1**
au printemps in the spring
la **prison** prison, **L4**
le **prisonnier, la prisonnière** prisoner, **L4**
privé(e) private
le **prix** price, cost, **7.1**
le **problème** problem
prochain(e) next, **9.2**
procurer to provide
le **produit** product
le/la **prof** teacher (inform.), **2.1**
le **professeur** teacher (m. and f.), **2.1**
professionnel(le) professional
la **programmation** programming
le **programme** program
le **projet** plan
la **promenade: faire une promenade** to take a walk, **11.1**
promotion: en promotion on special, on sale
proposer to suggest
protéger to protect
la **protéine** protein
provenance: en provenance de arriving from (train, plane, etc.), **8.1**

les **provisions** *(f. pl.)* food
public, publique public
la **publicité** commercial
(TV), **12.2**; advertisement
publier to publish
les **puces** *(f. pl.):* **le marché
aux puces** flea market
le **pull** sweater, **7.1**
pulmonaire pulmonary
punir to punish
purifié(e) purified

le **quai** platform *(railroad),*
9.1
la **qualité** quality
quand when, **4.1**
le **quart: et quart** a quarter
past *(time),* **BV**
moins le quart a quarter
to *(time),* **BV**
le **quartier** neighborhood,
district, **4.2**
quatrième fourth
que as; that; than *(in
comparisons),* **7.2**
québécois(e) from or of
Quebec
quel(le) which, what
quelque some *(sing.)*
quelque chose
something, **11**
quelque chose à manger
something to eat, **5.1**
quelque chose de spécial
something special
quelquefois sometimes, **5.2**
quelques some, a few
(pl.), **9.2**
quelqu'un somebody,
someone, **10.1**
la **question** question, **3.1**
Pas question! Out of the
question! Not a chance!
poser une question to
ask a question, **3.1**
la **queue** line, **9.1**
faire la queue to wait in
line, **9.1**
qui who, **1.1**; whom, **10**;
which, that

quitter to leave *(a room,
etc.),* **3.1**
quoi what *(after prep.)*
quotidien(ne) daily,
everyday

la **race** race
raconter to tell (about)
la **radio** radio, **3.2**
le **raisin sec** raisin
la **raison** reason
ramasser to pick up, **8.2**
le **rap** rap *(music)*
rapide quick, fast
rapidement rapidly,
quickly
le **rapport** relationship;
report
se **raser** to shave, **12.1**
le **rasoir** razor, shaver, **12.1**
rater to miss *(train, etc.),*
9.2
le **rayon** department *(in a
store),* **7.1**
le rayon des manteaux
coat department, **7.1**
la **réalité** reality
recevoir to receive, **10.2**
la **recherche** research
à la recherche de in
search of
recommencer to begin
again
reconnaître to recognize
la **récré** recess, **3.2**
la **récréation** recess, **3.2**
récrire to rewrite
recueillir to pick up
le **recyclage** recycling
la **réduction** discount
refléter to reflect
le **réfrigérateur** refrigerator,
12.2
regarder to look at, **3.1**
regarder fixement to
stare at
le **reggae** reggae
le **régime** diet
faire un régime to
follow a diet

la **région** region
la **règle** ruler, **3.2**; rule
regretter to be sorry, **6.1**
régulier, régulière regular
la **reine** queen
la **relation** relationship
relier to connect
religieux, religieuse
religious
remarquer to notice
rembourser to pay back,
reimburse
remonter to get back on
remplacer to replace
remplir to fill out, **8.2**
rencontrer to meet
le **rendez-vous: prendre
rendez-vous** to make an
appointment
se **rendormir** to fall asleep
again
rendre to give back
rendre bien service to be
a big help
renommé(e) renowned
les **renseignements** *(m. pl.)*
information
rentrer to go home; to
return, **3.2**
renvoyer to return
(volleyball), **10.2**
le **repas** meal, **5.2**
répéter to repeat
répondre (à) to answer, **9.2**
le **reportage** news article
représenter to represent
réservé(e) reserved
respectif, respective
respective
la **respiration** breathing;
respiration
respiratoire respiratory
respirer to breathe, **14.2**
respirer à fond to
breathe deeply, **14.2**
ressembler à to resemble
ressortir to leave
le **restaurant** restaurant, **5.2**
la **restauration** food service
la restauration rapide
fast food
rester to stay, remain, **11.1**
il reste there remains

le **retard** delay
  avoir du retard to be late
  (plane, train, etc.), **8.1**
  en retard late, **9.1**
le **retour** return
la **retraite** retreat; retirement
  retrouver to meet, get
  together with
  réussir to succeed
  réussir à un examen to
  pass an exam
  réussir un panier to
  make a basket
  (basketball), **10.2**
  réveillé(e) awake
se **réveiller** to wake up, **12.1**
  révéler to reveal
la **révolution** revolution
  révolutionnaire
  revolutionary
la **revue** magazine, **L2**
le **rez-de-chaussée** ground
  floor, **4.2**
le **rhume** cold *(illness)*, **14.1**
  riche rich
  ridicule ridiculous
  rien nothing
  rigoler to joke around, **3.2**
  Tu rigoles! You're
  kidding!, **3.2**
  rigolo funny, **4.2**
  rincer to rinse
la **rivière** river
le **riz** rice
la **robe** dress, **7.1**
le **rocher** rock, boulder, **L3**
le **roi** king, **L3**
le **rôle** role
le **roman** novel
  romantique romantic
  rose pink, **7.2**
  rouge red, **7.2**
  rouler (vite) to go, drive,
  ride (fast), **10.2**
la **route** road
la **routine** routine, **12.1**
  royal(e) royal
le **rubis** ruby
la **rue** street, **3.1**
  ruiné(e) ruined
  rural(e) rural
le **russe** Russian *(language)*
le **rythme** rhythm

S

le **sac** bag, **6.1**
  le sac à dos backpack, **3.2**
  saignant(e) rare *(meat)*, **5.2**
la **saison** season
la **salade** salad, **5.1;** lettuce,
  6.2
le **salaire** salary
  sale dirty
la **salle** room
  la salle à manger dining
  room, **4.2**
  la salle d'attente waiting
  room, **9.1**
  la salle de bains
  bathroom, **4.2**
  la salle de cinéma movie
  theater, **13.1**
  la salle de classe
  classroom, **2.1**
  la salle de séjour living
  room, **4.2**
  Salut. Hi.; Bye., **BV**
la **salutation** greeting
les **sandales** *(f. pl.)* sandals,
  7.1
le **sandwich** sandwich, **BV**
le **sang** blood
  sans without
la **santé** health, **14.1**
la **sardine** sardine
  satisfaire to satisfy
la **sauce** sauce
la **saucisse** sausage
  la saucisse de Francfort
  hot dog, **BV**
le **saucisson** salami, **6.1**
  sauf except, **13.2**
  sauvegarder to safeguard,
  to save
  sauver to save
le **savant** scientist
  savoir to know
  (information), **13.2**
le **savon** soap, **12.1**
le **saxophone** saxophone
la **scène** scene, **13.1**
les **sciences** *(f. pl.)* science, **2.1**
  les sciences naturelles
  natural sciences, **2.1**

  les sciences sociales
  social studies, **2.1**
  scientifique scientific
  scintiller to sparkle
  scolaire school *(adj.)*, **3.2**
le **sculpteur** sculptor *(m. and
  f.)*, **13.2**
la **sculpture** sculpture, **13.2**
la **séance** show(ing) *(movie)*,
  13.1
  sec, sèche dry
  second(e) second
  secondaire: l'école *(f.)*
  secondaire junior high,
  high school, **1.2**
  seconde: en seconde in
  second class, **9.1**
  secret, secrète secret
le **séjour** stay
  la salle de séjour living
  room, **4.2**
le **sel** salt, **6.1**
  selon according to
la **semaine** week, **3.2;**
  allowance
  la semaine dernière last
  week, **10.2**
  la semaine prochaine
  next week
  par semaine a (per)
  week, **3.2**
  semblable similar, **L1**
le/la **Sénégalais(e)** Senegalese
  (person)
le **sens** direction; meaning
se **sentir** to feel *(well, etc.)*,
  14.1
  séparer to separate
  sérieux, sérieuse
  serious, **7**
  serré(e) tight, **7.2**
le **serveur, la serveuse**
  waiter, waitress, **5.1**
le **service** service, **5.2**
  Le service est compris.
  The tip is included., **5.2**
la **serviette** napkin, **5.2;**
  towel, **11.1**
  servir to serve, **8.2; 10.2**
  seul(e) alone, **5.2;** single;
  only *(adj.)*
  tout(e) seul(e) all alone,
  by himself/herself, **5.2**

seulement only *(adv.)*

le **shampooing** shampoo, **12.1**

le **shopping** shopping, **7.2**

le **short** shorts, **7.1**

si if; yes *(after neg. question)*, **7.2**; so *(adv.)*

le **sida (syndrome immuno-déficitaire acquis)** AIDS

le **siècle** century

le **siège** seat, **8.2**

siffler to (blow a) whistle, **10.1**

le **sifsari** type of veil worn by North African women

le **signal** sign

la **signification** meaning, significance

signifier to mean

simple simple

l'**aller (simple)** one-way ticket, **9.1**

simplement simply

sinon or else, otherwise, **9.2**

la **sinusite** sinus infection, **14.2**

le **sirop** syrup, **14.1**

le **site** Web site

situé(e) located

le **ski** ski, skiing, **11.2**

faire du ski to ski, **11.2**

faire du ski nautique to water-ski, **11.1**

le **ski alpin** downhill skiing, **11.2**

le **ski de fond** cross-country skiing, **11.2**

le **skieur, la skieuse** skier, **11.2**

le **snack-bar** snack bar, **9.2**

sociable sociable, outgoing, **1.2**

social(e) social

la **société** company

la **sœur** sister, **1.2**

le **software** software

soi oneself, himself, herself

soif: avoir soif to be thirsty, **5.1**

le **soin** care

de soins polyvalents general care

le **soir** evening , **BV**

ce soir tonight

du soir in the evening, P.M., **BV**

le soir in the evening, **5.2**

le **sol** ground, **10.2**

le **soldat** soldier, **L3**

les **soldes** *(m. pl.)* sale *(in a store)*, **7.1**

le **soleil** sun, **11.1**

au soleil in the sun, **11.1**

Il fait du soleil. It's sunny., **11.1**

le soleil levant rising sun

la **solidarité** solidarity

solide solid

solitaire lonely

la **solution** solution

sombre dark

la **somme** sum

le **sommet** summit, mountaintop, **11.2**

le **son** sound, **L3**

le **sondage** survey, opinion poll

sonner du cor to blow a horn, **L3**

la **sorte** sort, kind, type

sortir to go out; to take out, **8.2**

sortir victorieux (victorieuse) to win (the battle)

la **souche** tree stump

dormir comme une souche to sleep like a log

souffrir to suffer, **14.2**

souhait *(m.)*: **À tes souhaits!** God bless you! Gesundheit!, **14.1**

le **souk** North African market

la **soupe** soup, **5.1**

la soupe à l'oignon onion soup, **5.1**

la **source** source

la **souris** mouse

sous under, **8.2**

les **sous-titres** *(m. pl.)* subtitles, **13.1**

soustraire to subtract

souterrain(e) underground

le **souvenir** memory

souvent often, **5.2**

les **spaghettis** *(m. pl.)* spaghetti

spécial(e) special

la **spécialité** specialty

le **spectateur, la spectatrice** spectator, **10.1**

splendide splendid

sport *(inv.)* casual *(clothes)*, **7.1**

le **sport** sport, **10.2**

le sport collectif team sport

le sport d'équipe team sport, **10.2**

les sports d'hiver winter sports, **11.2**

sportif, sportive athletic

le **squelette** skeleton

squelettique skeletal

le **stade** stadium, **10.1**

standing: de grand standing luxury

la **station** station, **4.2**; resort

la station balnéaire seaside resort, **11.1**

la station de métro subway station, **4.2**

la station de sports d'hiver ski resort, **11.2**

la **station-service** gas station

la **statue** statue, **13.2**

le **steak frites** steak and French fries, **5.2**

le **steward** flight attendant *(m.)*, **8.2**

stocker to store

la **stratégie** strategy

strict(e) strict, **2.1**

le **studio** studio (apartment)

stupide stupid

le **stylo-bille** ballpoint pen, **3.2**

la **substance** substance

le **succès** success

le **sucre** sugar

le **sud** south

suggérer to suggest

suite: tout de suite right away

suivant(e) following
suivre to follow
le **sujet** subject
super terrific, super
superbe superb
supérieur(e) higher
le **supermarché**
supermarket, **6.2**
sur on, **4.2**
donner sur to face,
overlook, **4.2**
sûr(e) sure, certain
bien sûr, of course
le **surf: faire du surf** to go
surfing, **11.1**
le **surfeur, la surfeuse** surfer,
11.1
surgelé(e) frozen, **6.2**
la **surprise** surprise
surtout especially, above
all; mostly
surveiller to watch
le **survêtement** warmup suit,
7.1
la **survie** survival
le **sweat-shirt** sweatshirt, **7.1**
sympa (inv.) nice (abbrev.
for **sympathique**), **1.2**
sympathique nice (person),
1.2
la **symphonie** symphony
le **symptôme** symptom
le **synonyme** synonym
le **système** system
le **système métrique**
metric system

la **table** table, **5.1**
le **tableau** painting, **13.2;**
chart
la **taille** size (clothes), **7.2**
juste à sa taille fitting
(him/her) just right
la **taille au-dessous** next
smaller size, **7.2**
la **taille au-dessus** next
larger size, **7.2**
Vous faites quelle taille?
What size do you
take/wear?, **7.2**

le **tailleur** suit (woman's), **7.1**
le **talent** talent
le **tango** tango
la **tante** aunt, **4.1**
tard late, **12.1**
plus tard later
le **tarif** fare
la **tarte** pie, tart, **6.1**
la **tarte aux pommes**
apple tart, **6.1**
la **tartine** slice of bread with
butter or jam
la **tartine de pain beurré**
slice of bread and
butter, **5.1**
la **tasse** cup, **5.2**
le **taux** level
la **techno** techno (music)
la **télé** TV, **12.2**
à la télé on TV, **12.2**
télécharger to download
la **télécommande** remote
control, **12.2**
le **téléphone** telephone, **3.2**
le **numéro de téléphone**
telephone number
téléphoner to call (on the
telephone)
téléphonique telephone
(adj.)
le **télésiège** chairlift, **11.2**
la **tempe** temple
la **température** temperature,
14.1
tempéré(e) temperate
temporaire temporary
le **temps** weather, **11.1;** time
de temps en temps from
time to time, **11.1**
l'**emploi** (m.) **du temps**
schedule
en très peu de temps in
a short time
Il fait quel temps?
What's the weather
like?, **11.1**
le **tendon** tendon
le **terme** term
le **terrain de football** soccer
field, **10.1**
la **terrasse** terrace, patio, **4.2**
la **terrasse d'un café**
sidewalk café, **5.1**

la **terre** earth, land
à terre on the ground
terrible terrible
la **tête** head, **10.1**
avoir mal à la tête to
have a headache, **14.1**
le **texte** text
thaïlandais(e) Thai
le **thé** tea
le **théâtre** theater, **13.1**
la **pièce de théâtre** play,
13.1
le **thème** theme
timide shy, timid, **1.2**
tirer to take, to draw
les **toilettes** (f. pl.) bathroom,
toilet, **4.2**
le **toit** roof
le **toit de chaume**
thatched roof
la **tomate** tomato, **6.2**
tomber to fall, **11.2**
tomber malade to get
sick, **L1**
tôt early, **12.1**
totalement totally
toucher to touch, **10.2**
toujours always, **4.2;** still
la **tour** tower
la **tour Eiffel** Eiffel
Tower
le **tour: à son tour** in turn
À votre tour. (It's) your
turn.
le/la **touriste** tourist
tous, toutes (adj.) all,
every, **2.1, 8**
tous (toutes) les deux
both
tous les jours every day,
13.2
tousser to cough, **14.1**
tout (pron.) all, everything
C'est tout. That's all., **6.1**
en tout in all
pas du tout not at all, **3.1**
tout(e) (adj.) the whole,
the entire; all, any
tout le monde everyone,
everybody, **1.2**
tout (adv.) very, completely, all, **4.2**

À tout à l'heure. See you later., **BV**

tout autour de all around *(prep.)*

tout de même all the same, **5.2**

tout près de very near, **4.2**

tout(e) seul(e) all alone, all by himself/herself, **5.2**

tout de suite right away

toxique toxic

la **tradition** tradition

traditionnel(le) traditional

la **tragédie** tragedy, **13.1**

tragique tragic

le **train** train, **9.1**

le **traitement** treatment

traiter to treat

le **traître, la traîtresse** traitor

la **tranche** slice, **6.2**

transformer to transform

transporter to transport

le **travail** work

travailler to work, **3.1;** to practice

traverser to cross

très very, **BV**

le **trésor** treasure, **L4**

la **trigonométrie** trigonometry, **2.2**

triste sad, **L1**

troisième third, **4.2**

la **trompette** trumpet

le **tronc cérébral** brain stem

le **trône** throne

trop too *(excessive)*, **2.1**

trop de too many, too much

tropical(e) tropical, **9**

le **trou** hole, **L4**

le **trouble digestif** indigestion, upset stomach

trouver to find, **5.1;** to think *(opinion)*, **7.2**

le **t-shirt** T-shirt, **7.1**

la **tunique** tunic

la **Tunisie** Tunisia

tunisien(ne) Tunisian

le **tunnel** tunnel, **L4**

le **type** type; guy *(inform.)*

typique typical

typiquement typically

l' **un(e)... l'autre** one . . . the other

un(e) à un(e) one by one

unique single, only one

l'enfant unique only child

uniquement solely

l' **unité** *(f.)* unit

l' **université** *(f.)* university

l' **usine** *(f.)* factory

utiliser to use

les **vacances** *(f. pl.)* vacation

en vacances on vacation

les grandes vacances summer vacation

la **vague** wave, **11.1**

le **vaisseau sanguin** blood vessel

la **vaisselle** dishes, **12.2**

faire la vaisselle to do the dishes, **12.2**

le **val** valley

la **valeur** value

la **valise** suitcase, **8.1**

faire les valises to pack, **8.1**

la **vallée** valley

la **vanille: à la vanille** vanilla *(adj.)*, **5.1**

varié(e) varied

varier to vary

la **variété** variety

la **veine** vein

le **vélo** bicycle, bike, **10.2**

le **vendeur, la vendeuse** salesperson, **7.1**

vendre to sell, **9.1**

vengé(e) avenged

la **vengeance** vengence

se **venger** to get revenge

le **vent** wind, **11.1**

Il y a du vent. It's windy., **11.1**

le **ventre** abdomen, stomach, **14.1**

avoir mal au ventre to have a stomachache, **14.1**

vérifier to check, verify, **8.1**

la **vérité** truth

le **verre** glass, **5.2**

vers toward

la **version originale** original language version *(of a movie)*, **13.1**

vert(e) green, **5.1**

la **veste** (sport) jacket, **7.1**

les **vêtements** *(m. pl.)* clothes, **7.1**

la **viande** meat, **6.1**

victorieux, victorieuse victorious

la **vidéo** video, **3.1**

la cassette vidéo videocassette, **12.2**

le film en vidéo movie video, **13.1**

la **vie** life

en vie alive

vieille old *(f.)*, **4.2**

vietnamien(ne) Vietnamese, **6**

vieux (vieil) old *(m.)*, **4.2**

la **villa** house

le **village** village, small town

la **ville** city, town, **8.1**

en ville in town, in the city

le **vinaigre** vinegar, **6.1**

violent(e) violent; rough

le **violon** violin

viral(e) viral, **14.1**

le **virus** virus

visionner to view

visiter to visit *(a place)*, **13.2**

vital(e) vital

la **vitamine** vitamin

vite fast *(adv.)*, **10.2**

la **vitrine** (store) window, **7.1**

vivant(e) living

Vive... ! Long live . . . !, Hooray for . . . !

voici here is, here are, **4.1**

la **voie** track *(railroad)*, **9.1**

voilà there is, there are; here is, here are *(emphatic)*, **1.2**

le **voile** veil

voir to see, **7.1**

le/la **voisin(e)** neighbor, **4.2**

la **voiture** car, **4.2**

  en voiture by car, **5.2;** "All aboard!"

la **voix** voice

le **vol** flight, **8.1**

  le vol intérieur domestic flight, **8.1**

  le vol international international flight, **8.1**

le **volley(-ball)** volleyball, **10.2**

la **volonté** willpower

voudrais: je voudrais I would like, **5.1**

vouloir to want, **6.1**

le **voyage** trip, **8.1;** voyage

  faire un voyage to take a trip, **8.1**

voyager to travel, **8.1**

le **voyageur, la voyageuse** traveler, passenger, **9.1**

vrai(e) true, real, **2.2**

vraiment really, **1.1**

la **vue** view, **4.2**

le **wagon** *(railroad)* car, **9.2**

le **wagon-couchette** sleeping car

le **wagon-restaurant** dining car

le **week-end** weekend

le **western** Western movie

le **yaourt** yogurt, **6.1**

les **yeux** *(m. pl; sing.* **œil***)* eyes, **14.1, L1**

  avoir les yeux qui piquent to have itchy eyes, **14.1**

zapper to zap, to channel surf, **12.2**

la **zone** zone

la **zoologie** zoology

Zut! Darn!, **BV**

This English-French Dictionary *contains all productive vocabulary from the text. The numbers following each entry indicate the chapter and vocabulary section in which the word is introduced. For example,* **2.2** *means that the word first appeared in* **Chapitre 2, Mots 2.** **BV** *refers to the introductory* **Bienvenue** *lessons.* **L** *refers to the optional literary readings. If there is no number or letter following an entry, this means that the word or expression is there for receptive purposes only.*

a un, une, **1.1**
  a week par semaine, **3.2**
  a lot beaucoup, **3.1**
to **abandon** abandonner
abdomen le ventre, **14.1**
able capable
  to be able to pouvoir, **6.1**
aboard à bord (de), **8.2**
about *(on the subject of)* de; *(approximately)* à peu près
about-face le demi-tour
above au-dessus (de)
  above all surtout
absolutely absolument
accessible accessible
accessory l'accessoire *(m.)*
accident l'accident *(m.)*
to **accompany** accompagner
according to d'après; selon
accordion l'accordéon *(m.)*
account le compte
accusation l'accusation *(f.)*
to **accuse** accuser
act l'acte, *(m.)*, **13.1**
action l'action *(f.)*
active actif, active
activity l'activité *(f.)*
actor l'acteur *(m.)*, **13.1**
actress l'actrice *(f.)*, **13.1**
acute aigu(ë), **14.2**
to **add** additionner
address l'adresse *(f.)*
to **admire** admirer
admission l'entrée *(f.)*
adolescent l'adolescent(e)
adorable adorable, **4.1**

adult l'adulte *(m. et f.)*
adventure l'aventure *(f.)*
adversary l'adversaire *(m. et f.)*
advertisement la publicité
afraid: to be afraid avoir peur, **L1**
Africa l'Afrique *(f.)*
African africain(e)
African-American afro-américain(e)
after après, **3.2**
afternoon l'après-midi *(m.)*, **3.2**
  five o'clock in the afternoon cinq heures de l'après-midi, **BV**
again encore; à nouveau
against contre, **10.1**
age l'âge *(m.)*, **4.1**
agent *(m. and f.)* l'agent *(m.)*, **8.1**
to **agree** être d'accord, **2.1**
aid l'aide *(f.)*
AIDS le sida
air *(adj.)* aérien(ne)
air l'air *(m.)*
  air terminal l'aérogare *(f.)*, **8.1**
airline la compagnie aérienne, **8.1**
airmail la poste par avion
airplane l'avion *(m.)*, **8.1**
airport l'aéroport *(m.)*, **8.1**
  airport terminal l'aérogare *(f.)*, **8.1**
aisle le couloir, **8.2**
  aisle seat (une place) côté couloir, **8.1**

alas hélas
album l'album *(m.)*
algebra l'algèbre *(f.)*, **2.2**
Algeria l'Algérie *(f.)*
algerian algérien(ne)
alive en vie
all tout(e), tous, toutes, **2.1**
  All aboard! En voiture!
  all alone tout(e) seul(e), **5.2**
  all around tout autour de
  all right *(agreement)* d'accord, **2.1**
  all the same tout de même, **5.2**
  in all en tout
  not at all pas du tout
  That's all. C'est tout., **6.1**
allergic allergique, **14.1**
allergy l'allergie *(f.)*, **14.1**
to **allow** laisser; permettre
almost presque
alone seul(e), **5.2**
  all alone tout(e) seul(e), **5.2**
along le long de
already déjà, **BV**
also aussi, **1.1**
always toujours, **4.2**
a.m. du matin, **BV**
ambitious ambitieux, ambitieuse
American *(adj.)* américain(e), **1.1**
among entre, **3.2**
to **analyse** analyser
analysis l'analyse *(f.)*
analytical analytique

and et, **BV**
animal l'animal *(m.)*
to **announce** annoncer, **9.1**
announcement l'annonce, *(f.)*, **8.2**
anonymous anonyme
another un(e) autre; encore
answer la réponse
to **answer** répondre (à), **9.2**
antibiotic l'antibiotique *(m.)*, **14.1**
antonym l'antonyme *(m.)*
Anything else? Avec ça?, **6.1**; Autre chose?, **6.2**
apartment l'appartement *(m.)*, **4.2**
　apartment building l'immeuble *(m.)*, **4.2**
apparatus l'appareil *(m.)*
to **applaud** applaudir
apple la pomme, **6.2**
　apple tart la tarte aux pommes, **6.1**
appointment le rendez-vous
　to make an appointment prendre rendez-vous
to **appreciate** apprécier
April avril *(m.)*, **BV**
Arab arabe
Arabic *(language)* l'arabe *(m.)*
architecture l'architecture *(f.)*
arithmetic le calcul
arm le bras
army l'armée *(f.)*, **L3**
around autour de, **4.2**
to **arrest** arrêter
arrested arrêté(e)
arrival l'arrivée *(f.)*, **8.1**
to **arrive** arriver, **3.1**
　arriving from *(flight)* en provenance de, **8.1**
art le dessin *(m.)*, **2.2**
artery l'artère *(f.)*
article l'article *(m.)*
artist l'artiste *(m. et f.)*; le/la peintre *(painter)*
artistic artistique
as aussi *(comparisons)*, **7**; comme
　as . . . as aussi... que, **7**

as well as ainsi que
the same . . . as le (la, les) même(s)... que
Asian asiatique
to **ask (for)** demander, **3.2**
　to ask a question poser une question, **3.1**
aspirin l'aspirine *(f.)*, **14.1**
at à, **3.1**; chez, **3.2**
　at last enfin, **12.1**
　at the home (business) of chez, **3.2**
　at what time? à quelle heure?, **2**
athletic sportif, sportive
Atlantic Ocean l'océan Atlantique
atmosphere l'atmosphère *(f.)*
attached attaché(e)
to **attack** attaquer
attention l'attention *(f.)*
au pair au pair
August août, *(m.)*, **BV**
aunt la tante, **4.1**
author l'auteur *(m.)*
automatic automatique
autumn l'automne *(m.)*, **11.2**
avalanche l'avalanche *(f.)*
avenged vengé(e)
avenue l'avenue *(f.)*
average moyen(ne)
aviator l'aviateur *(m.)*, l'aviatrice *(f.)*
to **avoid** éviter, **12.2**
awake réveillé(e)

baby le bébé
back l'arrière *(m.)*, **8.2**
background le fond
backpack le sac à dos, **3.2**
bacon le bacon
bacterial bactérien(ne), **14.1**
bacterium la bactérie
bad mauvais(e), **2.2**; nul(le) *(slang)*
　It's bad weather. Il fait mauvais., **11.1**

Not bad. Pas mal., **BV**
badly mal, **14.1**
bag le sac, **6.1**
baggage les bagages *(m. pl.)*, **8.1**
　baggage cart le chariot, **9.1**
　baggage compartment le coffre à bagages, **8.2**
bagpipes la cornemuse
bakery la boulangerie-pâtisserie, **6.1**
balance l'équilibre *(m.)*
balanced équilibré(e)
balcony le balcon, **4.2**
ball *(soccer, etc.)* le ballon, **10.1**
ballerina la danseuse, **13.1**
ballet le ballet
ballpoint pen le stylo-bille, **3.2**
banana la banane, **6.2**
base la base
baseball le base-ball
baseball cap la casquette, **7.1**
based basé(e)
　based on à base de
basilica la basilique
basis la base
basket le panier, **10.2**
basketball le basket (-ball), **10.2**
bath le bain, **12.1**
　to take a bath prendre un bain, **12.1**
bather le baigneur, la baigneuse
bathing suit le maillot (de bain), **11.1**
bathroom la salle de bains, les toilettes *(f. pl.)*, **4.2**
battle la bataille, **L3**
battlefield le champ de bataille, **L3**
to **be** être, **1.1**
　to be able to pouvoir, **6.1**
　to be afraid avoir peur, **L1**
　to be better soon être vite sur pied, **14.1**

English-French Dictionary

to be born naître, 11
to be called s'appeler, 12.1
to be careful faire attention, 11.1
to be early être en avance, 9.1
to be given off se dégager
to be hungry avoir faim, 5.1
to be in luck avoir de la chance
to be late être en retard, 9.1; avoir du retard (plane, train, etc.), 8.1
to be lucky avoir de la chance
to be named s'appeler, 12.1
to be on time être à l'heure, 8.1
to be part of faire partie de
to be sorry regretter, 6.1
to be thirsty avoir soif, 5.1
to be . . . years old avoir... ans, 4.1
beach la plage, 11.1
bean: green beans les haricots verts (m. pl.), 6.2
beautiful beau (bel), belle, 4.2
beauty la beauté
because parce que
because of à cause de
to become devenir
bed: to go to bed se coucher, 12.1
bedroom la chambre à coucher, 4.2
beef le bœuf, 6.1
before avant; avant de
to begin commencer, 9.2
to begin again recommencer
beginner le/la débutant(e), 11.2
beginning le début
beige beige (inv.), 7.2
being l'être (m.)

human being l'être humain (m.)
Belgian belge
Belgium la Belgique
to believe croire, 7.2
below au-dessous (de)
belt la ceinture, L3
seat belt la ceinture de sécurité, 8.2
berth (on a train) la couchette
better (adv.) mieux, 7.2
to feel better aller mieux, 14.2
between entre, 3.2
beverage la boisson; la consommation, 5.1
bicentennial le bicentenaire
bicycle la bicyclette, 10.2; le vélo, 10.2
bicycle race la course cycliste, 10.2
bicycle racer le coureur (la coureuse) cycliste, 10.2
big grand(e), 1.1
bike le vélo, 10.2
biological biologique
biologist le/la biologiste
biology la biologie, 2.2
bird l'oiseau (m.)
birthday l'anniversaire (m.), 4.1
Happy birthday! Bon (Joyeux) anniversaire!
black noir(e), 7.2
black pride la négritude
bleacher le gradin, 10.1
to block bloquer, 10.1
blond blond(e), 1.1
blood le sang
blood vessel le vaisseau sanguin
bloom: in bloom fleuri(e), L2
to bloom fleurir
blouse le chemisier, 7.1
to blow a horn sonner du cor, L3
to blow a whistle siffler, 10.1
blue bleu(e), 7.2
navy blue bleu marine (inv.), 7.2

to board (plane) embarquer
boarding l'embarquement (m.)
boarding pass la carte d'embarquement, 8.1
boat le bateau, L4
body le corps
bohemian bohème
boiling bouillant(e)
bone l'os (m.)
book le livre, 3.2
border la frontière
boss le chef; le/la patron(ne)
botany la botanique
both tous (toutes) les deux
bottle la bouteille, 6.2
boulder le rocher, L3
boutique la boutique, 7.1
bowl le bol
box office le guichet, 13.1
boy le garçon, 1.1
boyfriend le petit ami
brain le cerveau
brain stem le tronc cérébral
brass band la fanfare
brave courageux, courageuse; brave
Brazil le Brésil
Brazilian (person) le/la Brésilien(ne)
bread le pain, 6.1
loaf of French bread la baguette, 6.1
slice of bread and butter la tartine de pain beurré
whole-wheat bread le pain complet
to break briser
breakfast le petit déjeuner, 5.2
to eat breakfast prendre le petit déjeuner, 5.2
to breathe respirer, 14.2
to breathe deeply respirer à fond, 14.2
Breton breton(ne)
bridge le pont
to bring apporter, 11.1
Brittany la Bretagne
bronchial tube la bronche
brother le frère, 1.2

brown brun(e), marron *(inv.)*, **7.2**
brunette brun(e), **1.1**
brush la brosse, **12.1**
to **brush** *(one's teeth, hair, etc.)* se brosser (les dents, les cheveux, etc.), **12.1**
to **build** construire; fabriquer
bungalow le bungalow
to **burn** brûler
burst éclaté(e)
bus le bus; l'autocar *(m.)*
  by bus en bus
bush *(wilderness)* la brousse
busy occupé(e)
but mais, **2.1**
butcher le boucher, la bouchère
butcher shop la boucherie, **6.1**
butter le beurre, **6.1**
to **buy** acheter, **3.2**
by par
Bye. Salut., **BV**

C

cabaret le cabaret
cabin *(plane)* la cabine, **8.1**
café le café, **BV**
cafeteria la cafétéria
cake le gâteau, **4.1**
calcium le calcium
calculator la calculatrice, **3.2**
  calculus: differential calculus le calcul différentiel
  integral calculus le calcul intégral
calendar le calendrier
to **call** appeler; *(on the telephone)* téléphoner
  to call a penalty déclarer un penalty
calm calme
calorie la calorie
Camembert cheese le camembert

campaign la campagne
can pouvoir, **6.1**
can of food la boîte de conserve, **6.2**
Canadian *(adj.)* canadien(ne), **6**
candle la bougie, **4.1**
cap la casquette, **7.1**
capital la capitale
car la voiture, **4.2**; *(railroad)* le wagon
  by car en voiture, **5.2**
  dining car le wagon-restaurant
  sleeping car le wagon-couchette
carbohydrate la glucide; l'hydrate *(m.)* de carbone
carbon dioxide le gaz carbonique
card la carte
cardboard le carton
cardiac cardiaque
care le soin
  general care *(adj.)* de soins polyvalents
to **care: I don't care.** Ça m'est égal., **13.1**
career la carrière
Careful! Attention!, **4.2**
Caribbean Sea la mer des Caraïbes, la mer des Antilles
carnival *(season)* le carnaval
carpenter le charpentier
carrot la carotte, **6.2**
carry-on bag le bagage à main, **8.1**
to **carry out** exécuter
cartoon le dessin animé, **13.1**
cash register la caisse, **3.2**
cassette la cassette, **3.1**
castle le château
casual *(clothes)* sport *(adj. inv.)*, **7.1**
cat le chat, **4.1**
catalog le catalogue
catastrophic catastrophique
category la catégorie
to **cause** causer
cave la grotte, **L4**

CD le CD, **3.1**
CD-ROM le CD-ROM
to **celebrate** célébrer, **L4**
cell la cellule, **L4**
Celtic celte, celtique
center le centre
centiliter le centilitre
century le siècle
cereal les céréales *(f. pl.)*
certainly certainement
chain la chaîne
chairlift le télésiège, **11.2**
champion le/la champion(ne)
to **change** changer (de), **9.2**
channel *(TV)* la chaîne, **12.2**
  to channel surf zapper, **12.2**
characteristic la caractéristique
charges les frais *(m. pl.)*
charm le charme
charming charmant(e)
chart le tableau
to **chat** bavarder
check *(in restaurant)* l'addition *(f.)*, **5.2**
to **check** vérifier, **8.1**; contrôler
  to check *(luggage)* (faire) enregistrer, **8.1**
checkout counter la caisse, **3.2**
cheese le fromage, **5.1**
chemical chimique
chemist le/la chimiste
chemistry la chimie, **2.2**
chemotherapy la chimiothérapie
chest le coffre, **L4**; la poitrine
chewing gum le chewing-gum
chic chic *(inv.)*
chicken le poulet, **6.1**
child l'enfant *(m. et f.)*, **4.1**
childhood l'enfance *(f.)*
chills les frissons *(m. pl.)*, **14.1**
Chinese chinois(e)
chocolate le chocolat; *(adj.)* au chocolat, **5.1**

choir le chœur
cholesterol le cholestérol
to **choose** choisir, **8.1**
choppy *(sea)* agité(e)
circle le cercle
circuit le circuit
circulation la circulation
circus le cirque
to **cite** citer
city la ville, **8.1**
 in the city en ville
civilized civilisé(e)
clarinet la clarinette
class *(people)* la classe, **2.1;** *(course)* le cours, **2.1**
 in class en classe
 in (French, etc.) class en cours de (français, etc.)
 in first (second) class en première (seconde), **9.1**
classical classique
to **classify** classifier
classmate le/la camarade de classe
classroom la salle de classe, **2.1**
to **clear the table** débarrasser la table, **12.2**
clever: Very clever! *(ironic)* C'est malin!
climate le climat
climatic climatique
clinic la clinique
closed fermé(e), **13.2**
clothes les vêtements *(m. pl.)*, **7.1**
cloud le nuage, **11.1**
clown le clown
coach l'autocar *(m.)*
coast la côte
coat le manteau, **7.1**
code le code, **4.2**
coffee le café, **5.1**
 black coffee l'express *(m.)*, **5.1**
 coffee with cream le crème, **5.1**
cola le coca, **5.1**
cold froid(e) *(adj.);* *(illness)* le rhume, **14.1**
 It's cold (weather). Il fait froid., **11.2**

to have a cold être enrhumé(e), **14.1**
collection la collection
color la couleur, **7.2**
 What color is . . . ? De quelle couleur est... ?, **7.2**
comb le peigne, **12.1**
to **comb one's hair** se peigner, **12.1**
Come on! Allez!, **9.2**
comedy la comédie, **13.1;** le film comique, **13.1**
 musical comedy la comédie musicale, **13.1**
comfortable confortable
comic comique, **13.1**
to **commemorate** commémorer
commercial *(TV)* la publicité, **12.2**
companion le/la camarade
company la société
 in the company of en compagnie de
to **compare** comparer
comparison la comparaison
compatriot le/la compatriote
complete complet, complète
to **complete** compléter
completely complètement
complicated compliqué(e)
composed of composé(e) de
composer le compositeur, la compositrice
composition la composition
computer l'ordinateur *(m.)*
 computer science l'informatique *(f.)*, **2.2**
concept le concept
concert le concert
condition la condition
conductor *(train)* le contrôleur, **9.2**
to **connect** connecter; relier
connection *(between trains)* la correspondance, **9.2**

to **conspire** comploter
to **consult** consulter
to **contain** contenir
contamination la contamination
contest la compétition, le concours
continent le continent
to **continue** continuer
contrary: on the contrary au contraire
to **control** contrôler
convent le couvent
conversation la conversation
to **converse** converser
conversion la conversion
to **cook** faire la cuisine, **6**
cooked cuit(e)
cool: It's cool (weather). Il fait frais., **11.2**
correct bon(ne), **6.2**
correspondence la correspondance
corridor le couloir, **8.2**
cosmopolitan cosmopolite
cost le prix, **7.1**
to **cost** coûter, **3.2**
cottage la maisonnette
to **cough** tousser, **14.1**
count le comte, **L4**
to **count** compter
counter le comptoir, **8.1**
countless innombrable
country le pays, **8.1**
country(side) la campagne
courage le courage
courageous courageux, courageuse
course le cours, **2.1**
 of course bien sûr; mais oui
 of course not mais non
court la cour
courtesy la politesse, **BV**
courtyard la cour, **3.2**
cousin le/la cousin(e), **4.1**
to **cover** couvrir
covered couvert(e)
crab le crabe, **6.1**
crazy fou, folle
cream la crème

coffee with cream le crème, **5.1**
to **create** créer
credit card la carte de crédit
Creole *(language)* le créole
crepe la crêpe, **BV**
criminal le/la criminel(le), **L4**
croissant le croissant, **5.1**
to **cross** traverser
crushed écrasé(e)
to **cry** pleurer, **L1**
cue l'indication *(f.)*
to **cultivate** cultiver
cultural culturel(le)
cultural event la manifestation culturelle
culture la culture
cup la tasse, **5.2**
winner's cup la coupe, **10.2**
cured guéri(e)
customer le/la client(e)
customs la douane
cycling le cyclisme, **10.2**; *(adj.)* cycliste
cyclist *(in race)* le coureur (la coureuse) cycliste, **10.2**

dad papa
daily quotidien(ne)
dairy store la crémerie, **6.1**
dance la danse
to **dance** danser, **13.1**
dancer le danseur, la danseuse, **13.1**
dangerous dangereux, dangereuse
dark sombre
dark haired brun(e), **1.1**
Darn! Zut!, **BV**
data les données *(f. pl.)*
date la date
What is today's date? Quelle est la date aujourd'hui?, **BV**
to **date from** dater de
daughter la fille, **4.1**

day le jour, **BV**; la journée, **3.1**
the day before yesterday avant-hier, **10.2**
every day tous les jours
What a nice day! Belle journée!, **4.2**
What day is it today? C'est quel jour aujourd'hui?, **BV**
dear cher, chère
death la mort
decaliter le décalitre
December décembre *(m.)*, **BV**
to **decide (to)** décider de
decimal *(adj.)* décimal(e)
decision la décision
the decision is made la décision est prise
to **declare** déclarer
to **decorate** orner
delay le retard
delicatessen la charcuterie, **6.1**
delicious délicieux, délicieuse
dentist le/la dentiste
deodorant le déodorant
department (in a store) le rayon, **7.1**
coat department le rayon des manteaux, **7.1**
department store le grand magasin, **7.1**
large department store la grande surface
departure le départ, **8.1**
to **depend (on)** dépendre (de)
deplaning le débarquement
descendant le/la descendant(e)
to **describe** décrire
description la description
desert le désert; *(adj.)* désertique
designer *(clothes)* le couturier
desperate désespéré(e), **L4**
dessert le dessert
destination la destination
destiny la destinée

devoted dévoué(e)
diagnosis le diagnostic, **14.2**
dialect le dialecte
dialogue le dialogue
diamond le diamant
to **die** mourir, **11**
diet l'alimentation *(f.)*; le régime
to follow a diet faire un régime
difference la différence
different différent(e), **8.1**
difficult difficile, **2.1**
difficulty la difficulté
to **dig** creuser, **L4**
dining car la voiture-restaurant
dining hall *(school)* la cantine, **3.1**
dining room la salle à manger, **4.2**
dinner le dîner, **5.2**
to eat dinner dîner, **5.2**
diploma le diplome
direction la direction; le sens
directly directement
dirty sale
disagreeable désagréable
to **disappear** disparaître
discount la réduction
to **discover** découvrir
to **discuss** discuter
disease la maladie
dish *(food)* le plat
dishes la vaisselle, **12.2**
to do the dishes faire la vaisselle, **12.2**
dishwasher le lave-vaisselle, **12.2**
diskette la disquette
to **distinguish** distinguer
district le quartier, **4.2**; *(Paris)* l'arrondissement *(m.)*
dive le plongeon
to **dive** plonger, **11.1**
to **divide** diviser
to **do** faire, **6.1**
to do the grocery shopping faire les courses, **6.1**

doctor le médecin (*m. et f.*), **14.2**
  at (to) the doctor's office chez le médecin, **14.2**
document le document
documentary le documentaire, **13.1**
dog le chien, **4.1**
dollar le dollar, **3.2**
domain le domaine
domestic (*flight*) intérieur(e), **8.1**
door la porte, **L4**
dormitory le dortoir
doubt le doute
to **download** télécharger
downtown le centre-ville
dozen la douzaine, **6.2**
drama le drame, **13.1**
  drama club le club d'art dramatique
dramatic dramatique
drawing le dessin
dress la robe, **7.1**
dressed: to get dressed s'habiller, **12.1**
dressy habillé(e), **7.1**
to **dribble** (*basketball*) dribbler, **10.2**
drink la boisson; la consommation, **5.1**
to **drink** boire, **10.2**
  something to drink quelque chose à boire
druid le druide
dry sec, sèche
dubbed (*movie*) doublé(e), **13.1**
during pendant, **3.2**
dynamic dynamique, **1.2**

each (*adj.*) chaque
each (one) chacun(e), **5.2**
ear l'oreille (*f.*), **14.1**
earache: to have an earache avoir mal aux oreilles, **14.1**
early en avance, **9.1**; de bonne heure; tôt, **12.1**

to **earn** gagner
Easter Pâques
eastern oriental(e)
easy facile, **2.1**
to **eat** manger, **5.1**
  to eat breakfast prendre le petit déjeuner, **5.2**
  to eat lunch déjeuner, **3.1**
ecological écologique
ecology l'écologie (*f.*)
economics l'économie (*f.*), **2.2**
efficient efficace
egg l'œuf (*m.*), **6.1**
  fried egg l'œuf sur le plat
  poached egg l'œuf à la coque
  scrambled egg l'œuf brouillé
egotistical égoïste, **1.2**
Egyptian égyptien(ne)
electric électrique
electronic électronique
element l'élément (*m.*)
elevator l'ascenseur (*m.*), **4.2**
to **eliminate** éliminer
else: something else autre chose
  Anything else? Avec ça?, **6.1**; Autre chose?, **6.2**
e-mail l'e-mail (*m.*)
emission l'émission (*f.*)
employee l'employé(e)
end la fin
enemy l'ennemi(e)
energetic énergique, **1.2**
energy l'énergie (*f.*)
engagement les fiançailles (*f. pl.*), **L4**
England l'Angleterre (*f.*)
English anglais(e)
English (*language*) l'anglais (*m.*), **2.2**
English Channel la Manche
enormous énorme
enough assez, **1.1**
enriched enrichi(e)

to **enter** entrer, **7.1**
enthusiastic enthousiaste, **1.2**
entire entier, entière
entrance l'entrée (*f.*), **4.2**
epic (*adj.*) épique
equation l'équation (*f.*)
equator l'équateur (*m.*)
equipment l'équipement (*m.*)
equivalent l'équivalent (*m.*)
eraser la gomme, **3.2**
to **escape** s'échapper; s'évader, **L4**
especially surtout
espresso l'express (*m.*), **5.1**
essential essentiel(le)
to **establish** établir
establishment l'établissement (*m.*)
euro l'euro (*m.*)
Europe l'Europe (*f.*)
European (*adj.*) européen(ne)
evening le soir, **BV**
  in the evening le soir, **5.2**
  in the evening (P.M.) du soir, **BV**
event l'événement (*m.*)
ever jamais
every tous, toutes, **2.1, 8**; chaque
  every day tous les jours, **13.2**
everybody tout le monde, **1.2**
everyday quotidien(ne)
everyone tout le monde, **1.2**
everything tout
everywhere partout
evidently évidemment
to **evoke** évoquer
exact exact(e)
exactly exactement
exam l'examen (*m.*), **3.1**
  to pass an exam réussir à un examen
  to take an exam passer un examen, **3.1**
to **examine** examiner, **14.2**

example: for example par exemple
excellent excellent(e)
except excepté(e); sauf, **13.2**
exception l'exception (f.)
exceptional exceptionnel(le)
exchange l'échange (m.)
to **exchange** échanger
excursion l'excursion (f.)
excuse me pardon
to **execute** exécuter
exercise l'exercice (m.)
exhausted crevé(e); épuisé(e)
exhibit l'exposition (f.), **13.2**
to **exist** exister
existence l'existence (f.)
to **expel** expulser
expenses les frais (m. pl.)
expensive cher, chère, **7.1**
expert (adj.) expert(e)
to **explain** expliquer
explanation l'explication (f.)
expression l'expression (f.)
exterior l'extérieur (m.)
extraordinary extraordinaire
eye l'œil (m., pl. yeux), **14.1**
  to have itchy eyes avoir les yeux qui piquent, **14.1**
eyes les yeux (m. pl.), **L1**

fable la fable
fabulous fabuleux, fabuleuse
face la figure, **12.1**
to **face** donner sur, **4.2**
factory l'usine (f.)
fairly assez, **1.1**
fall (season) l'automne (m.), **11.2**
to **fall** tomber **11.2**
  to fall asleep s'endormir

  to fall asleep again se rendormir
false faux, fausse
to **falsify** falsifier
family la famille, **4.1**
famous célèbre; connu(e), **13.1**
fan le/la fana
fantastic fantastique
far (away) loin
  far from loin de, **4.2**
fare le tarif
fast (adj.) rapide; (adv.) vite **10.2**
to **fasten** attacher, **8.2**
fast-food (adj.) de restauration rapide
  fast-food restaurant le fast-food
fat la graisse; le lipide
father le père, **4.1**
fault la faute
favorite favori(te); préféré(e)
February février (m.), **BV**
to **feed** nourrir
to **feel** (well, etc.) se sentir, **14.1**
  to feel better aller mieux, **14.2**
  to feel like avoir envie de
  to feel out of sorts ne pas être dans son assiette, **14.1**
fees (doctor) les honoraires (m. pl.)
felt-tip pen le feutre, **3.2**
festival le festival
festive de fête
festivity la festivité
fever la fièvre, **14.1**
  to have a fever avoir de la fièvre, **14.1**
  to have a high fever avoir une fièvre de cheval, **14.1**
few peu (de)
  a few quelques, **9.2**
fiancé(e) le/la fiancé(e), **L4**
field le champ, **L1**; le domaine
fig la figue

fight le combat, **L3**; la lutte, **L3**
to **fight** lutter, **L3**
file (computer) le fichier
to **fill out** remplir, **8.2**
film le film, **13.1**
  adventure film le film d'aventures, **13.1**
  detective film le film policier, **13.1**
  foreign film le film étranger, **13.1**
  horror film le film d'horreur, **13.1**
  science fiction film le film de science-fiction, **13.1**
finally enfin, **12.1**; finalement
to **find** trouver, **5.1**
fine ça va, bien, **BV**
fine l'amende (f.)
finger le doigt
to **finish** finir, **8.2**
firm l'entreprise (f.)
first premier, première (adj.), **4.2**; d'abord (adv.), **12.1**
  in first class en première, **9.1**
fish le poisson, **6.1**
  fish store la poissonnerie, **6.1**
fitting room la cabine d'essayage
flavor le parfum
flea market le marché aux puces
flight le vol, **8.1**
  domestic flight le vol intérieur, **8.1**
  flight attendant l'hôtesse (f.) de l'air, le steward, **8.2**
  flight crew le personnel de bord, **8.2**
  international flight le vol international, **8.1**
float le char
floor (of a building) l'étage (m.), **4.2**

ground floor le rez-de-chaussée, **4.2**
flower la fleur, **4.2**
flu la grippe, **14.1**
flute la flûte
to **fly** *(plane)* piloter
to **follow** suivre
  following suivant(e)
food la nourriture; l'aliment *(m.)*; les provisions *(f. pl.)*
  food service la restauration
foot le pied, **10.1**
  on foot à pied, **4.2**
football le football américain
for pour; *(time)* pendant, **3.2**; depuis, **9.2**
  for example par exemple
foreign étranger, étrangère, **13.1**
foreman, forewoman le contremaître, la contremaîtresse
to **forget** oublier
fork la fourchette, **5.2**
form la forme
to **form** former
formality la formalité
former ancien(ne)
fortunately heureusement
fortune la fortune
to **found** fonder
fourth quatrième
fracture la fracture
France la France
free libre, **5.1**; gratuit(e)
to **free** libérer
freedom la liberté
freezing: It's freezing (weather). Il gèle., **11.2**
French français(e) *(adj.)*, **1.1**; *(language)* le français, **2.2**
  French fries les frites *(f. pl.)*, **5.1**
  Frenchman (-woman) le/la Français(e)
  French-speaking francophone
to **frequent** fréquenter

Friday vendredi *(m.)*, **BV**
friend l'ami(e), **1.2**; *(pal)* le copain, la copine, **2.1**; le/la camarade
from de, **1.1**
  from then on désormais
front l'avant *(m.)*, **8.2**
  in front of devant, **8.2**
frozen surgelé(e), **6.2**
fruit le fruit, **6.2**
full plein(e), **10.1**; complet, complète
fun amusant(e), **1.1**
  to have fun s'amuser, **12.2**
function la fonction
functioning le fonctionnement
funny amusant(e), **1.1**; rigolo, **4.2**; comique, **13.1**
furniture les meubles *(m. pl.)*
fusion la fusion
future l'avenir *(m.)*, le futur, **L2**

game le match, **10.1**; le jeu
garage le garage, **4.2**
garden le jardin, **4.2**
gas le gaz
  gas station la station-service
gate *(airport)* la porte, **8.1**
gem la pierre précieuse, **L4**
general le général
generally généralement
geography la géographie, **2.2**
geometry la géometrie, **2.2**
germ le microbe
German *(language)* l'allemand *(m.)*, **2.2**
Germany l'Allemagne *(f.)*
Gesundheit! À tes souhaits!, **14.1**
to **get** recevoir, **10.2**
  to get back on remonter
  to get dressed s'habiller, **12.1**

to get married se marier, **L4**
to get sick tomber malade, **L1**
to get a sunburn attraper un coup de soleil, **11.1**
to get off *(bus, train)* descendre, **9.2**
  to get off *(plane)* débarquer
to get on (board) monter, **9.2**
to get up se lever, **12.1**
giant le/la géant(e)
gift le cadeau, **4.1**
gigantic gigantesque
girl la fille, **1.1**
girlfriend la petite amie
to **give** donner, **4.1**
  to give back rendre
glad content(e)
glass le verre, **5.2**
glove le gant, **11.2**
to **go** aller, **5.1**
  to go (in a car, etc.) rouler, **10.2**
  to go aboard s'embarquer sur
  to go down descendre, **9**
  to go fast rouler vite, **10.2**
  to go (and) get aller chercher, **6.1**
  to go home rentrer, **3.2**
  to go out sortir, **8.2**
  to go surfing faire du surf, **11.1**
  to go to bed se coucher, **12.1**
  to go through security *(airport)* passer par le contrôle de sécurité, **8.1**
  to go up monter, **4.2**
  to go windsurfing faire de la planche à voile, **11.1**
  to go with accompagner
  Should we go? On y va?
goal le but, **10.1**
  to score a goal marquer un but, **10.1**

goalie le gardien de but, **10.1**

God bless you! À tes souhaits!, **14.1**

gold l'or *(m.)*, **L4**

golden doré(e)

good bon(ne), **6.2**

  good in math fort(e) en maths, **2.2**

good-bye au revoir; ciao *(inform.)*, **BV**

gourmet le gourmet

grade la note

grains les céréales *(f. pl.)*

gram le gramme, **6.2**

grammar la grammaire

granddaughter la petite-fille, **4.1**

grandfather le grand-père, **4.1**

grandmother la grand-mère, **4.1**

grandparents les grands-parents *(m. pl.)*, **4.1**

grandson le petit-fils, **4.1**

gray gris(e), **7.2**

great grand(e)

Greece la Grèce

green vert(e), **5.1**

  green beans les haricots *(m. pl.)* verts, **6.2**

greeting la salutation

grilled ham and cheese sandwich le croque-monsieur, **5.1**

griot le griot

grocery store l'épicerie *(f.)*, **6.1**

ground le sol, **10.2**

  ground floor le rez-de-chaussée, **4.2**

  on the ground à terre

group le groupe

to **grow (up)** grandir

growth la croissance

guard le gardien, **L4**

to **guard** garder

to **guess** deviner

guide(book) le guide

guillotined guillotiné(e)

guitar la guitare

guitarist le/la guitariste

guy le type

gymnastics la gymnastique, **2.2**

hair les cheveux *(m. pl.)*, **12.1**

Haitian haïtien(ne)

half *(sporting event)* le mi-temps

half demi(e)

  half brother le demi-frère, **4.1**

  half hour la demi-heure

  half past *(time)* et demie, **BV**

  half price le demi-tarif

  half sister la demi-sœur, **4.1**

ham le jambon, **5.1**

hamburger le hamburger

hamlet le hameau

hand la main, **3.1**

handicapped handicapé(e)

handkerchief le mouchoir, **14.1**

handmade fait(e) à la main

handsome beau (bel), **4.2**

happy content(e); heureux, heureuse

  Happy birthday! Bon (Joyeux) anniversaire!

harbor le port

hard dur(e); *(adv.)* fort

hardware (computer) le hardware

harp la harpe

hat *(ski)* le bonnet, **11.2**

to **hate** détester, **3.1**

to **have** avoir, **4.1**; *(to eat or drink)* prendre, **5.1**

  to have a(n) . . . -ache avoir mal à (aux)... , **14.1**

  Have a nice day! Belle journée!, **4.2**

he il, **1.1**

head la tête, **10.1**; *(of department or company)* le chef

to **head into** s'engager dans

headache: to have a headache avoir mal à la tête, **14.1**

health la santé, **14.1**

  to be in good (poor) health être en bonne (mauvaise) santé, **14.1**

to **hear** entendre, **9.1**

heart le cœur

hello bonjour, **BV**

help l'aide *(f.)*

  to be a big help rendre bien service

  with the help of à l'aide de

to **help** aider

hemisphere l'hémisphère *(m.)*

  here is, here are voici, **4.1**; *(emphatic)* voilà, **1.2**

hero le héros

hi salut, **BV**

to **hide** cacher, **L3**

  high élevé(e)

  high school le lycée, **2.1**

higher supérieur

his sa, son, ses

history l'histoire *(f.)*, **2.2**

to **hit** frapper, **L3**; donner un coup (de pied, de tête, etc.), **10.1**

hockey le hockey

  hockey stick la crosse

hole le trou, **L4**

home: at (to) the home of chez, **3.2**

  to go home rentrer, **3.2**

homework *(assignment)* le devoir

  to do homework faire ses devoirs, **12.2**

honest honnête

horrible horrible

hospital l'hôpital *(m.)*; *(adj.)* hospitalier, hospitalière

hot chaud(e)

  hot chocolate le chocolat

  hot dog la saucisse de Francfort, **BV**

  It's hot (weather). Il fait chaud., **11.1**

hotel l'hôtel (*m.*)
house la maison, **3.1**; la villa
  publishing house la maison d'édition
  small house le pavillon
housing le logement
how comment, **1.1**
  How are you? Ça va? Comment vas-tu? Comment allez-vous?, **BV**
  How's it going? Ça va?, **BV**
  How long have you been waiting? Tu attends depuis combien de temps?
  how much, how many combien (de), **3.2**
  How much is it? C'est combien?, **3.2**
human humain(e)
  human being l'être humain (*m.*)
hundred cent, **2.2**
  hundreds les centaines (*f. pl.*)
hungry: to be hungry avoir faim, **5.1**
  I'm super hungry. J'ai hyper faim.
hunter le chasseur, la chasseuse
to **hurry** se dépêcher, **12.1**
to **hurt** avoir mal à, **14.1**
  It (That) hurts. Ça fait mal., **14.1**
husband le mari, **4.1**

I je, **1.2**
ice la glace, **11.2**
  ice cream la glace, **5.1**
idea l'idée (*f.*)
ideal idéal(e)
identify identifier
if si
ill malade, **L1, 14.1**
illness la maladie

illustration le dessin
immediate immédiat(e)
immediately immédiatement
immense immense
important important(e)
impossible impossible
Impressionists les impressionnistes (*m. pl.*)
imprisoned emprisonné(e)
in dans, **1.2**; à, **3.1**; en, **3.2**
  in addition to en plus de
  in fact en fait
  in first (second) class en première (seconde), **9.1**
  in front of devant, **8.2**
  in general en général
  in particular en particulier
  in search of à la recherche de
  in vain en vain
  In what month? En quel mois?, **BV**
inaugurate inaugurer
included compris(e), **5.2**
  The tip is included. Le service est compris., **5.2**
to **indicate** indiquer
indigestion le trouble digestif
  to have indigestion avoir mal au foie
indiscreet indiscret, indiscrète
indispensable indispensable
individual l'individu (*m.*); (*adj.*) individuel(le)
industrial industriel(le)
inexpensive bon marché (*inv.*)
infection l'infection (*f.*), **14.1**
infinite infini(e)
influence l'influence (*f.*)
to **influence** influencer
information l'information (*f.*)
innocent innocent(e)
inquiry l'enquête (*f.*)
insane fou, folle

to **insist** insister
to **inspire** inspirer
  instructions les instructions (*f. pl.*)
  instructor le moniteur, la monitrice, **11.1**
  instrument l'instrument (*m.*)
  keyboard instrument l'instrument à clavier
  percussion instrument l'instrument à percussion
  string instrument l'instrument à cordes
  wind instrument l'instrument à vent
intellectual intellectuel(le)
intelligent intelligent(e), **1.1**
interest l'intérêt (*m.*)
interesting intéressant(e), **1.1**
intermediate moyen(ne)
intermission l'entracte (*m.*), **13.1**
internal interne
international international(e), **8.1**
interpreter l'interprète (*m. et f.*)
intimate intime
to **introduce** présenter
to **invite** inviter, **4.1**
  island l'île (*f.*), **L4**
to **isolate** isoler
  Italian (*adj.*) italien(ne)
  Italian (*language*) l'italien (*m.*), **2.2**
to **itch** piquer **14.1**
  to have itchy eyes avoir les yeux qui piquent, **14.1**
  Ivory Coast la Côte d'Ivoire

jacket le blouson, **7.1**
  (sport) jacket la veste, **7.1**
  ski jacket l'anorak (*m.*), **7.1**

jam la confiture, **6.2**
January janvier *(m.)*, **BV**
jar le pot, **6.2**
jazz le jazz
jealous jaloux, jalouse
jeans le jean, **7.1;** le blue-jean
jersey le maillot
to **jog** faire du jogging
to **joke around** rigoler, **3.2**
joy la joie
juice le jus, **5.1**
  apple juice le jus de pomme, **5.1**
  orange juice le jus d'orange, **5.1**
July juillet *(m.)*, **BV**
June juin *(m.)*, **BV**
junior high student le/la collégien(ne)
just juste, **2.1**
  fitting (him/her) just right juste à sa taille
  just barely tout juste

to **keep** garder
key la clé; le demi-cercle *(basketball)*, **10.2**
keyboard le clavier
to **kick** donner un coup de pied, **10.1**
to **kid: You're kidding!** Tu rigoles!, **3.2**
kilogram le kilo(gramme), **6.2**
kilometer le kilomètre
kind la sorte; le genre, **13.1**
king le roi, **L3**
kitchen la cuisine, **4.2**
  kitchen sink l'évier *(m.)*, **12.2**
knife le couteau, **5.2**
knight le chevalier
to **knock** frapper, **L4**
to **know** connaître *(be acquainted with)*; savoir *(information)*, **13.2**

label la griffe
laboratory le laboratoire
lake le lac
lamb l'agneau *(m.)*, **6.1**
lame boiteux, boiteuse
land la terre
to **land** atterrir, **8.1**
landing l'atterrissage *(m.)*; le débarquement
landing card la carte de débarquement, **8.2**
landscape le paysage
language la langue, **2.2**
lap *(race)* l'étape *(f.)*
large grand(e); ample
last dernier, dernière, **10.2**
  last name le nom de famille
  last night hier soir, **10.2**
  last week la semaine dernière, **10.2**
  last year l'année *(f.)* dernière
to **last** durer
late en retard, **9.1;** *(adv.)* tard, **12.1**
  to be late être en retard, **9.1;** avoir du retard *(plane, train, etc.)*, **8.1**
later plus tard
  See you later. À tout à l'heure., **BV**
Latin le latin, **2.2**
Latin *(adj.)* latin(e)
  Latin American latino-américain(e)
to **learn (to)** apprendre (à), **5**
to **leave** partir, **8.1;** ressortir
  to leave (a room, etc.) quitter, **3.1**
  to leave (something behind) laisser, **5.2**
  to leave a tip laisser un pourboire, **5.2**
leg la jambe
legend la légende
lemonade le citron pressé, **5.1**
lemon-lime drink la limonade, **BV**

less moins, **7.1**
  less than moins de
  less . . . than moins... que, **7**
lesson la leçon, **11.1**
to **let** laisser
  Let's go. On y va.
lettuce la salade, **6.2**
level le taux
liaison la liaison
life la vie
light *(color)* clair(e)
like comme
to **like** aimer, **3.1**
  I'd like that! Ça me dit!
  I would like je voudrais, **5.1**
  What would you like? *(café, restaurant)* Vous désirez?, **5.1**
limit la limite
line la ligne; *(of people)* la queue, **9.1**
  to wait in line faire la queue, **9.1**
linked en liaison
linking la liaison
liquid le liquide
to **listen (to)** écouter, **3.1**
  to listen with a stethoscope ausculter, **14.2**
liter le litre, **6.2**
literature la littérature, **2.2**
little: a little un peu, **2.1;** un peu de
to **live** *(in a city, house, etc.)* habiter, **3.1**
liver le foie
living vivant(e)
  living room la salle de séjour, **4.2**
to **load** charger
lobby le hall, **8.1**
local local(e)
located situé(e)
lonely solitaire
long long(ue), **7.1**
  (for) a long time longtemps, **11.1**
  (for) too long trop longtemps, **11.1**

Long live . . . ! Vive... !
longer: no longer ne...
plus, **6.1**
to **look** (*seem*) avoir l'air
to **look at** regarder, **3.1**
  to look at oneself se
  regarder
  to look at one another se
  regarder
to **look for** chercher
loose (*clothing*) large, **7.2**
loose-leaf binder le
  classeur, **3.2**
to **lose** perdre, **9.2**
  to lose patience perdre
  patience, **9.2**
lot: a lot beaucoup, **3.1**
  a lot of beaucoup de, **3.2**
  a lot of people beaucoup
  de monde, **10.1**
to **love** aimer, **3.1**; adorer
love l'amour (*m.*), **L4**
lower inférieur(e)
low-income housing
  le/la H.L.M.
luck la chance
  to be in luck avoir de la
  chance
lucky: to be lucky avoir
  de la chance
luggage les bagages
  (*m. pl.*), **8.1**
lunch le déjeuner, **5.2**
  to eat lunch déjeuner, **3.1**
lung le poumon
luxury (*adj.*) de grand
  standing
lyrics les paroles (*f. pl.*)

M

ma'am madame, **BV**
machine la machine
magazine le magazine,
  9.1, L2; la revue, **L2**
Maghreb le Maghreb
magic (*adj.*) magique
magnificent magnifique
magpie la pie
mail la poste
main principal(e)
majority la majorité

to **make** faire, **6.1**; fabriquer
  to make a basket
    (*basketball*) réussir un
    panier, **10.2**
  to make up inventer
mall le centre commercial,
  7.1
man l'homme (*m.*), **7.1**
to **manage to** arriver à, **9.1**
mandatory obligatoire
manner la façon
many beaucoup de, **3.2**
map la carte
March mars (*m.*), **BV**
market le marché, **6.2**
  flea market le marché
    aux puces
marriage le mariage
married marié(e)
  to get married se marier,
    L4
marvelous merveilleux,
  merveilleuse
masculine masculin(e)
math les maths (*f. pl.*), **2.2**
mathematics les
  mathématiques (*f. pl.*), **2.2**
matter: What's the matter
  with you? Qu'est-ce que
  tu as?, **10**
May mai (*m.*), **BV**
meal le repas, **5.2**
to **mean** signifier
meaning la signification;
  le sens
to **measure** mesurer
measurement la mesure
meat la viande, **6.1**
medical médical(e)
medicine (*medical*
  profession) la médecine;
  (*remedy*) le médicament,
  14.1
medina la médina
Mediterranean Sea la mer
  Méditerranée
medium-rare (*meat*) à
  point, **5.2**
to **meet** rencontrer; retrouver
  (*get together with*); faire la
  connaissance de
melody l'air (*m.*)
melon le melon, **6.2**

memorable mémorable
memory le souvenir
to **mention** citer
menu la carte, **5.1**
merchandise la
  marchandise
merchant le/la
  marchand(e), **6.2**
  produce merchant le/la
    marchand(e) de fruits et
    légumes, **6.2**
message le message
metabolism le
  métabolisme
metal le métal
meter le mètre
metric system le système
  métrique
microbe le microbe
microbial microbien(ne)
microprocessor le
  microprocesseur
microscope le microscope
middle school student
  le/la collégien(ne)
midnight minuit (*m.*), **BV**
military militaire
milk le lait, **6.1**
milligram le milligramme
million le million
mineral le minéral
mineral water l'eau (*f.*)
  minérale, **6.2**
minus moins
minute la minute, **9.2**
miracle le miracle
mirror la glace, **12.1**
Miss (Ms.) Mademoiselle
  (Mlle), **BV**
to **miss** (*train, etc.*) rater, **9.2**
mistake la faute
mixture le mélange
model le modèle
modem le modem
modern moderne
modest modeste
mogul la bosse, **11.2**
mom la maman
moment le moment
Monday lundi (*m.*), **BV**
money l'argent (*m.*), **5.2**
monitor (*computer*) le
  moniteur

month le mois, **BV**
more (*comparative*) plus, **7.1**
  more or less plus ou moins
  more . . . than plus... que, **7**
  no more ne... plus, **6.1**
morning le matin, **BV**; le mat (*fam.*)
  in the morning le matin
  in the morning (A.M.) du matin, **BV**
Moroccan marocain(e)
Morocco le Maroc
Moslem musulman(e)
most (of) la plupart (des), **9.2**
  the most . . . le (la, les) plus...
mother la mère, **4.1**
  mother tongue la langue maternelle
mount le mont
mountain le mont; la montagne, **11.2**
  to (in) the mountains à la montagne
mountaintop le sommet, **11.2**
mouse la souris
mouth la bouche, **14.1**
movement le mouvement
movie le film, **13.1**
  detective movie le film policier, **13.1**
  movies le cinéma, **13.1**
  movie theater le cinéma, la salle de cinéma, **13.1**
  movie video le film en vidéo, **13.1**
  science-fiction movie le film de science-fiction, **13.1**
Mr. Monsieur (M.), **BV**
Mrs. (Ms.) Madame (Mme), **BV**
multicolored multicolore
to **multiply** multiplier
municipal municipal(e)
muscle le muscle
muscular musculaire

museum le musée, **13.2**
music la musique, **2.2**
musical musical(e)
  musical comedy la comédie musicale, **13.1**
musician le/la musicien(ne)
mussel la moule
must devoir, **10.2**
  one must il faut, **8.2**
  one must not il ne faut pas, **8.2**
mustard la moutarde, **6.2**
my ma, mon, mes, **4**
mysterious mystérieux, mystérieuse
myth le mythe

name le nom
  first name le prénom
  last name le nom de famille
  My name is . . . Je m'appelle... , **BV**
  What's your name? Tu t'appelles comment?, **BV**
napkin la serviette, **5.2**
national national(e)
nationality la nationalité
native of originaire de
natural naturel(le)
  natural sciences les sciences naturelles (*f. pl.*), **2.1**
nature la nature
navy blue bleu marine (*inv.*), **7.2**
near près de, **4.2**
  very near tout près, **4.2**
necessarily nécessairement
necessary nécessaire
  it is necessary il faut, **8.2**
need le besoin
to **need** avoir besoin de, **10.1**
neighbor le/la voisin(e), **4.2**
neighborhood le quartier, **4.2**; (*adj.*) du coin

nephew le neveu, **4.1**
nervous nerveux, nerveuse
net le filet, **10.2**
never ne... jamais, **11.2**
new nouveau (nouvel), nouvelle, **4.2**
New England la Nouvelle-Angleterre
New Orleans La Nouvelle-Orléans
news (*TV*) les informations (*f. pl.*)
  news article le reportage
newspaper le journal, **9.1**
newsstand le kiosque, **9.1**
next prochain(e), **9.2**
nice (*person*) sympa, **1.2**; aimable; sympathique; gentil(le), **6.2**
  It's nice weather. Il fait beau., **11.1**
niece la nièce, **4.1**
night la nuit
  last night hier soir, **10.2**
no non
  no longer ne... plus, **6.1**
  no more ne... plus, **6.1**
  no one ne... personne, **11**; personne ne...
  no smoking (section) (la zone) non-fumeurs, **8.1**
noble noble
nobody ne... personne, **11**; personne ne...
noise le bruit
nonsmoking (*section*) non-fumeurs, **8.1**
noon midi (*m.*), **BV**
north le nord
North African nord-africain(e)
nose le nez, **14.1**
  to have a runny nose avoir le nez qui coule, **14.1**
not ne... pas, **1.2**; pas, **2.1**
  isn't it?, doesn't it (he, she, etc.)?, n'est-ce pas?, **2.2**
  not at all pas du tout, **3.1**
  not bad pas mal, **BV**

note la note
notebook le cahier, 3.2
notepad le bloc-notes, 3.2
nothing ne... rien, 11
to notice remarquer
noun le nom
novel le roman
November novembre (m.), BV
now maintenant, 2.2
  right now en ce moment
nowadays de nos jours
number le nombre; le numéro
  telephone number le numéro de téléphone
numerous nombreux, nombreuse
nutrition l'alimentation (f.)

object l'objet (m.)
to oblige obliger
oboe le hautbois
to observe observer
occupied occupé(e)
ocean l'océan (m.)
o'clock: It's . . . o'clock. Il est... heure(s)., BV
October octobre (m.), BV
of (belonging to) de, 1.2
  of course bien sûr
  Of course (not)! Mais oui (non)!
Off (they) go! En route!
office: to have office hours (doctor) donner des consultations
official officiel(le)
often souvent, 5.2
oil l'huile (f.), 6.1; le pétrole
  oil tanker le pétrolier
okay (health) Ça va.; (agreement) d'accord, BV
  Okay! Bon!, 6.1
old vieux (vieil), vieille, 4.2; âgé(e); ancien(ne)
  How old are you? Tu as quel âge? (fam.), 4.1

older l'aîné(e), L1
omelette (with herbs/plain) l'omelette (f.) (aux fines herbes/nature), 5.1
on sur, 4.2
  on board à bord de, 8.2
  on foot à, 4.2
  on sale en solde, 7.1
  on time à l'heure, 8.1
  on Tuesdays le mardi, 13.2
oneself soi
one-way ticket l'aller simple (m.), 9.1
onion l'oignon (m.), 5.1
only seulement; (adj.) seul(e)
open ouvert(e), 13.2
to open ouvrir, 14.2
opera l'opéra (m.)
  light opera l'opéra comique
operation l'opération (f.)
opinion l'avis (m.), 7.2
  in my opinion à mon avis, 7.2
opponent l'adversaire (m. et f.)
  opponents le camp adverse, 10.1
to oppose opposer, 10.1
opposing adverse, 10.1
opposite le contraire
or ou, 1.1
  or else sinon, 9.2
orange (fruit) l'orange (f.), 6.2; (color) orange (inv.), 7.2
  orange tree l'oranger (m.), L2
orchestra l'orchestre (m.)
  symphony orchestra l'orchestre symphonique
to orchestrate orchestrer
order: in order to pour
to order commander, 5.1
ordinary ordinaire
organ (of the body) l'organe (m.); (musical instrument) l'orgue (m.)
organism l'organisme (m.)

to organize organiser
original language version (of a film) la version originale, 13.1
other autre
  in other words autrement dit
  on the other hand par contre
  some other d'autres, 2.2
otherwise sinon, 9.2
our notre, nos, 4
outdoors en plein air
outfit l'ensemble (m.)
outgoing sociable, 1.2
outing l'excursion (f.)
outside (n.) l'extérieur (m.); (adv.) à l'extérieur; (prep.) au dehors de
  to work outside the home travailler à l'extérieur
outskirts la périphérie
over (prep.) par-dessus, 10.2
to overlook donner sur, 4.2
overseas (adj.) d'outre-mer
to owe devoir, 10
to own posséder
oxygen l'oxygène (m.)

to pack (suitcases) faire les valises, 8.1
package le paquet, 6.2
packed (stadium) comble, 10.1
pain in the neck (slang) casse-pieds
painful douloureux, douloureuse
to paint peindre
  painter l'artiste peintre (m. et f.), le/la peintre, 13.2
  painting la peinture, 13.2; le tableau, 13.2
pair la paire, 7.1
pal le copain, la copine, 2.1
palace le palais
pancake la crêpe, BV

pants le pantalon, **7.1**
paper le papier, **3.2**
  sheet of paper la feuille de papier, **3.2**
parade le défilé
pardon me pardon
parents les parents (*m. pl.*), **4.1**
Parisian (*adj.*) parisien(ne)
park le parc
parking lot le parking
part la partie
  to be part of faire partie de
to **participate (in)** participer (à)
party la fête, **4.1**
  to throw a party donner une fête, **4.1**
pass la passe
to **pass** passer, **10.1**
  to pass an exam réussir à un examen
passenger le passager, la passagère, **8.1;** (*train*) le voyageur, la voyageuse, **9.1**
passport le passeport, **8.1**
  passport check le contrôle des passeports
past passé(e)
pasta les pâtes (*f. pl.*)
path le chemin
patience la patience, **9.2**
  to lose patience perdre patience, **9.2**
patient le/la malade, **14.2;** (*adj.*) patient(e), **1.1**
patio la terrasse, **4.2**
to **pay** payer, **3.2**
  to pay attention faire attention
  to pay back rembourser
peace la paix
pear la poire, **6.2**
pearl la perle
peas les petits pois (*m. pl.*), **6.2**
peasant le/la paysan(ne), **L1**
pen: ballpoint pen le stylo-bille, **3.2**
  felt-tip pen le feutre, **3.2**

penalty (*soccer*) le penalty
pencil le crayon, **3.2**
penicillin la pénicilline, **14.1**
people les gens (*m. pl.*)
pepper le poivre, **6.1**
percent pour cent
perfect parfait(e)
perfectly parfaitement
to **perform** jouer, **13.1**
period l'époque (*f.*); la période
permanent permanent(e)
to **permit** permettre
person la personne
personal personnel(le)
personality la personnalité
personally personnellement, **13.2**
pharmaceutical pharmaceutique
pharmacist le/la pharmacien(ne), **14.2**
pharmacy la pharmacie, **14.2**
phenomenon le phénomène
photograph la photo
physical physique
physicist le/la physicien(ne)
physics la physique, **2.2**
to **pick up** ramasser, **8.2;** recueillir
picnic le pique-nique
picturesque pittoresque
pie la tarte, **6.1**
pill le comprimé, **14.2**
pilot le/la pilote, **8.2**
  airline pilot le/la pilote de ligne
to **pilot** piloter
pink rose, **7.1**
pizza la pizza, **BV**
place l'endroit (*m.*); la place
  to take place avoir lieu
to **place** mettre, **7.1**
plain la plaine
plan le projet
plane l'avion (*m.*), **8.1**
  by plane en avion

plant la plante
plastic le plastique
plate l'assiette (*f.*), **5.2**
platform (*railroad*) le quai, **9.1**
play la pièce (de théâtre), **13.1**
  to put on a play monter une pièce, **13.1**
to **play** jouer, **3.2**
  to play (*a sport*) jouer à, **10.1**
player le joueur, la joueuse, **10.1**
playwright l'auteur (*m.*) dramatique
pleasant agréable
please s'il vous plaît (*form.*), s'il te plaît (*fam.*), **BV**
pleasure le plaisir
pleated plissé(e), **7.1**
plentiful abondant(e)
to **plot** conspirer
plus plus
p.m. de l'après-midi; du soir, **BV**
poem le poème
poet (*m. and f.*) le poète
politeness la politesse, **BV**
political politique
polluted pollué(e)
pollution la pollution
polo shirt le polo, **7.1**
pool la piscine, **11.1**
poor pauvre, **L1, 14.1**
  Poor thing! Le/La pauvre!, **14.1**
pop (*music*) pop
popular populaire, **1.2**
pork le porc, **6.1**
port le port
Portuguese portugais(e)
position la position
to **possess** posséder
possession la possession
postcard la carte postale, **9.1**
poster l'affiche (*f.*)
potato la pomme de terre, **6.2**
pound la livre, **6.2**

practical pratique
practice la pratique
to practice pratiquer; travailler
preceding précédent(e)
to prefer préférer, 6
prefix le préfixe
to prepare préparer
to prescribe prescrire, 14.2
prescription l'ordonnance (f.), 14.2
  to write a prescription faire une ordonnance, 14.2
present le cadeau, 4.1
to present présenter
pretty joli(e), 4.2
price le prix, 7.1
priest l'abbé (m.)
principal principal(e)
printer l'imprimante (f.)
prison la prison, L4
prisoner le prisonnier, la prisonnière, L4
private individuel(le); privé(e)
problem le problème; la difficulté
product le produit
professional professionel(le)
program le programme; (TV) l'émission (f.), 12.2; (computer) le logiciel
programming la programmation
protein la protéine
proud fier, fière
public public, publique
to publish publier
to punish punir
purchase l'achat (m.)
purified purifié(e)
to push pousser
to put (on) mettre, 7.1
  to put on makeup se maquiller, 12.1
  to put (someone) to bed coucher, 12
  to put on a play monter une pièce, 13.1

quality la qualité
quarter: quarter after (time) et quart, BV
  quarter to (time) moins le quart, BV
Quebec: from or of Quebec québécois
queen la reine
question la question, 3.1
  to ask a question poser une question, 3.1
quick rapide
quickly rapidement
quite assez, 1.1
quiz l'interro(gation) (f.)

race (human population) la race; (competition) la course, 10.2
  bicycle race la course cycliste, 10.2
radio la radio, 3.2
rain la pluie
to rain: It's raining. Il pleut., 11.1
to raise lever
  to raise one's hand lever la main, 3.1
raisin le raisin sec
rap (music) le rap
rapidly rapidement
rare (meat) saignant(e), 5.2
rather plutôt
razor le rasoir, 12.1
to read lire, 9.2
reader le lecteur, la lectrice
reading la lecture
real vrai(e), 2.2
reality la réalité
really vraiment, 1.1
rear l'arrière (m.), 8.2
  rear guard l'arrière-garde (f.)
reason la raison
to receive recevoir, 10.2

recess la récré(ation), 3.2
to recognize reconnaître
recycling le recyclage
red rouge, 7.1
referee l'arbitre (m.), 10.1
to reflect refléter
refrigerator le frigidaire, 12.2; le réfrigérateur, 12.2
reggae le reggae
region la région
to reimburse rembourser
relationship la relation
religious religieux, religieuse
to remain rester, 11.1
remote control la télécommande, 12.2
renowned renommé(e)
to rent louer, 13.1
to replace remplacer
to represent représenter
research la recherche
to resemble ressembler à
reserved réservé(e)
respective respectif, respective
respiration la respiration
respiratory respiratoire
restaurant le restaurant, 5.2
  train station restaurant le buffet, 9.1
retreat la retraite
return le retour
to return rentrer, 3.2; (volleyball) renvoyer, 10.2
revolution la révolution
revolutionary révolutionnaire
rhythm le rythme
rice le riz
rich riche
riddle la devinette
ridiculous ridicule
right le droit
right away tout de suite
right there juste là
to rinse rincer
river le fleuve; la rivière
Riviera (French) la Côte d'Azur
road la route; le chemin

rock le rocher, **L3**; *(music)* le rock
role le rôle
romantic romantique
roof le toit
   thatched roof le toit de chaume
room *(in house)* la pièce, **4.2**; la salle
   dining room la salle à manger, **4.2**
   living room la salle de séjour, **4.2**
round-trip ticket le billet aller-retour, **9.1**
route le chemin
routine la routine, **12.1**
royal royal(e)
ruby le rubis
ruined ruiné(e)
rule la règle
ruler la règle, **3.2**
runner le coureur, **10.2**
running shoe la basket, **7.1**
runny: to have a runny nose avoir le nez qui coule, **14.1**
runway la piste, **8.1**
rural rural(e)
Russian *(language)* le russe

S

sad triste, **L1**
to **safeguard** sauvegarder
sailor le marin, **L4**
salad la salade, **5.1**
salami le saucisson, **6.1**
salary le salaire
sale: on sale en solde, **7.1**; en promotion
sales les soldes *(m. pl.)*, **7.1**
salesperson le vendeur, la vendeuse, **7.1**
salt le sel, **6.1**
same même, **2.1**
   all the same tout de même, **5.2**
   It's all the same to me. Ça m'est égal., **13.1**

sandals *(f. pl.)* les sandals, **7.1**
sandwich le sandwich, **BV**
   grilled ham and cheese sandwich le croque-monsieur, **5.1**
sardine la sardine
to **satisfy** satisfaire
Saturday samedi *(m.)*, **BV**
sauce la sauce
sausage la saucisse
to **save** sauver; sauvegarder
saxophone le saxophone
to **say** dire, **9.2**
   scarf l'écharpe *(f.)*, **11.2**
   scene la scène, **13.1**
   schedule l'emploi *(m.)* du temps; l'horaire *(m.)*, **9.1**
   sports schedule le calendrier sportif
   school l'école *(f.)*, **1.2**; *(adj.)* scolaire, **3.2**
      elementary school l'école primaire
      junior high/high school l'école secondaire, **1.2**
      high school le lycée, **2.1**
      school supplies la fourniture scolaire, **3.2**
   science les sciences *(f. pl.)*, **2.1**
      natural sciences les sciences naturelles, **2.1**
      social sciences les sciences sociales, **2.1**
   scientific scientifique
   scientist le savant
to **score a goal** marquer un but, **10.1**
to **scratch** gratter, **14.1**
   screen l'écran *(m.)*, **8.1**
   sculptor le sculpteur *(m. et f.)*, **13.2**
   sculpture la sculpture, **13.2**
   sea la mer, **11.1**
      by the sea au bord de la mer, **11.1**
   seashore le bord de la mer, **11.1**
   seaside resort la station balnéaire, **11.1**
   season la saison

seat le siège, **8.2**; la place *(plane, train, movie, etc.)*, **8.1**
seated assis(e), **9.2**
second *(adj.)* deuxième, **4.2**; second(e)
   in second class en seconde, **9.1**
secret *(adj.)* secret, secrète
security (airport) le contrôle de sécurité, **8.1**
to **see** voir, **7.1**
   See you later. À tout à l'heure., **BV**
   See you soon! À bientôt!, **BV**
   See you tomorrow. À demain., **BV**
seldom très peu
to **sell** vendre, **9.1**
   seller le/la marchand(e), **6.2**
      produce seller le/la marchand(e) de fruits et légumes, **6.2**
semi-circle le demi-cercle, **10.2**
to **send** envoyer, **10.1**; emmener, **L4**
separate séparer
September septembre *(m.)*, **BV**
serious sérieux, sérieuse, **7**; grave
to **serve** servir, **8.2**; **10.2**
service le service, **5.2**
to **set the table** mettre la table, **7**
several plusieurs
Shall we go? On y va?
shampoo le shampooing, **12.1**
shape la forme
to **shave** se raser, **12.1**
shaver le rasoir, **12.1**
she elle, **1.1**
sheet of paper la feuille de papier, **3.2**
shepherd le berger
shepherdess la bergère
to **shine** briller
shirt la chemise, **7.1**
shoe la chaussure, **7.1**

to **shoot** *(ball)* lancer, **10.2**
shop la boutique, **7.1**
to **shop** faire des achats
shopkeeper le/la commerçant(e)
shopping le shopping, **7.2**
to do the grocery shopping faire les courses, **6.1**
to go shopping faire des courses, **7.2**
shopping cart le chariot, **6.2**
shopping center le centre commercial, **7.1**
short petit(e), **1.1**; court(e), **7.1**
in a short time en très peu de temps
shorts le short, **7.1**
to **shout** crier, **L4**
show *(TV)* l'émission *(f.)*, **12.2**
show(ing) *(movies)* la séance, **13.1**
to **show** montrer; *(movie)* jouer
shower la douche, **12.1**
to take a shower prendre une douche, **12.1**
showing *(movies)* la séance, **13.1**
shrimp la crevette, **6.1**
shy timide, **1.2**
sick malade, **14.1, L1**
to get sick tomber malade, **L1**
sick person le/la malade, **14.2**
side le côté; *(in a sporting event)* le camp, **10.1**
sidewalk café la terrasse *(d'un café)*, **5.1**
sign le signal
significance la signification
similar semblable, **L1**
simple simple
simply simplement
since *(time)* depuis, **9.2**
to **sing** chanter, **13.2**
singer le chanteur, la chanteuse, **13.1**

single unique; seul(e)
sink *(kitchen)* l'évier *(m.)*, **12.2**
sinus infection la sinusite, **14.2**
sir monsieur, **BV**
sister la sœur, **1.2**
to **sit: Where would you like to sit?** Qu'est-ce que vous voulez comme place?, **8.1**
size *(clothes)* la taille; *(shoes)* la pointure, **7.2**
the next larger size la taille au-dessus, **7.2**
the next smaller size la taille au-dessous, **7.2**
to wear size (number) faire du (nombre), **7.2**
What size do you wear? Vous faites quelle taille (pointure)?, **7.2**
skate le patin, **11.2**
to **skate (ice)** faire du patin (à glace), **11.1**
skating le patin
to go skating faire du patin, **11.1**
skating rink la patinoire, **11.2**
skeletal squelettique
skeleton le squelette
ski le ski, **11.2**
ski boot la chaussure de ski, **11.2**
ski cap le bonnet, **11.2**
ski jacket l'anorak *(m.)*, **7.1**
ski pole le bâton, **11.2**
ski resort la station de sports d'hiver, **11.2**
ski trail la piste, **11.2**
to **ski** faire du ski, **11.2**
skier le skieur, la skieuse, **11.2**
skiing le ski, **11.2**
cross-country skiing le ski de fond, **11.2**
downhill skiing le ski alpin, **11.2**
skirt la jupe, **7.1**
skull la boîte crânienne
sky le ciel, **11.1**

to **sleep** dormir, **8.2**
to sleep like a log dormir comme une souche
sleeping car le wagon-couchette
sleeve la manche, **7.1**
long-(short-)sleeved à manches longues (courtes), **7.1**
slice la tranche, **6.2**
slice of bread with butter or jam la tartine
slice of bread and butter la tartine de pain beurré
small petit(e), **1.1**
smoke la fumée
to **smoke** fumer
snack bar *(train)* le snack-bar, **9.2**
sneaker la basket, **7.1**
to **sneeze** éternuer, **14.1**
snow la neige, **11.2**
to **snow: It's snowing.** Il neige., **11.2**
snowman le bonhomme de neige
so alors, **BV**; donc; si *(adv.)*
soap le savon, **12.1**
soccer le foot(ball), **10.1**
soccer field le terrain de football, **10.1**
sociable sociable, **1.2**
social social(e)
social sciences les sciences sociales *(f. pl.)*, **2.1**
social worker l'assistante sociale *(f.)*
sock la chaussette, **7.1**
software le software
soldier le soldat, **L3**
solely uniquement
solid solide
solidarity la solidarité
solution la solution
some du, de la, de l', des, **6**; *(adj.)* quelques *(pl.)*, **9.2**; *(pron.)* certains
some other d'autres, **2.2**
somebody quelqu'un, **10.1**

someone quelqu'un, **10.1**
something quelque chose, **11**
 something else autre chose
 something special quelque chose de spécial
 something to drink quelque chose à boire
sometimes quelquefois, **5.2**
son le fils, **4.1**
song la chanson
soon bientôt
 See you soon. À bientôt., **BV**
sore throat: to have a sore throat avoir mal à la gorge, **14.1**
sorry: to be sorry regretter, **6.1**
so-so comme ci, comme ça
sound le son, **L3**
soup la soupe, **5.1**
source la source
south le sud
South America l'Amérique (f.) du Sud
spaghetti les spaghettis (m. pl.)
Spanish espagnol(e)
Spanish (language) l'espagnol (m.), **2.2**
to **sparkle** scintiller
to **speak** parler, **3.1**
 special spécial(e)
 specialty la spécialité
 spectator le spectateur, la spectatrice, **10.1**
to **spend** (time) passer, **3.1**
to **spill** déverser
 spinach les épinards (m. pl.), **6.2**
 spinal cord la moelle épinière
 spirit l'esprit (m.)
 splendid splendide
 spoon la cuillère, **5.2**
 sport le sport, **10.2**
 team sport le sport collectif; le sport d'équipe, **10.2**

winter sports les sports d'hiver, **11.2**
spring (season) le printemps, **11.1**
square la place
stadium le stade, **10.1**
stage (of a race) l'étape (f.)
staircase l'escalier (m.), **4.2**
to **stamp** (a ticket) composter, **9.1**
standing debout, **9.2**
to **stare at** regarder fixement
state of the art haut de gamme
station la station, **4.2**
 gas station la station-service
 subway station la station de métro, **4.2**
stationery store la papeterie, **3.2**
statue la statue, **13.2**
stay le séjour
to **stay** rester, **11.1**
 steak and French fries le steak frites, **5.2**
 stepfather le beau-père, **4.1**
 stepmother la belle-mère, **4.1**
 still toujours; encore, **11**
 stomach le ventre, **14.1**
 stomachache: to have a stomachache avoir mal au ventre, **14.1**
 stone la pierre
 stop l'arrêt (m.), **9.2**
to **stop** s'arrêter, **10.1**
 store le magasin, **3.2**
 department store le grand magasin, **7.1**
to **store** stocker
 story l'histoire (f.)
 strategy la stratégie
 strawberry la fraise, **6.2**
 street la rue, **3.1**
 strength la force
 strict strict(e), **2.1**
 strong fort(e), **2.2**
 student l'élève (m. et f.), **1.2;** (university) l'étudiant(e)
 studio (artist's) l'atelier (m.)

studio (apartment) le studio
study l'étude (f.)
to **study** étudier, **3.1;** faire des études
 to study French (math, etc.) faire du français (des maths, etc.), **6**
stupid stupide
 stupid thing la bêtise
style le look
 in style à la mode
subject le sujet; (in school) la matière, **2.2**
substance la substance
subtitles les sous-titres (m. pl.), **13.1**
to **subtract** soustraire
subway le métro, **4.2**
 subway station la station de métro, **4.2**
to **succeed in (doing)** arriver à (+ inf.), **9.1**
success le succès
to **suffer** souffrir, **14.2**
sugar le sucre
to **suggest** proposer; suggérer
suit (men's) le complet; (women's) le tailleur, **7.1**
suitcase la valise, **8.1**
sum la somme
summer l'été (m.)
 in summer en été, **11.1**
summit le sommet, **11.2**
sun le soleil, **11.1**
 in the sun au soleil, **11.1**
to **sunbathe** prendre un bain de soleil, **11.1**
sunburn le coup de soleil, **11.1**
Sunday dimanche (m.), **BV**
sunglasses les lunettes (f. pl.) de soleil, **11.1**
sunny: It's sunny. Il fait du soleil., **11.1**
suntan lotion la crème solaire, **11.1**
super super
superbe superbe
supermarket le supermarché, **6.2**

supply la fourniture
  school supplies les fournitures scolaires, **3.2**
sure sûr(e)
to **surf the Net** naviguer sur Internet
surfer le surfeur, la surfeuse, **11.1**
surfing le surf, **11.1**
  to go surfing faire du surf, **11.1**
surprise la surprise
survey le sondage
survival la survie
to **swallow** avaler, **14.2**
sweater le pull, **7.1**
sweatshirt le sweat-shirt, **7.1**
to **swim** nager, **11.1**
swimming la natation, **11.1**
sword l'épée (f.), **L3**
symphony la symphonie
symptom le symptôme
syrup le sirop, **14.1**
system le système
  metric system le système métrique

table la table, **5.1**
  table setting le couvert, **5.2**
tablecloth la nappe, **5.2**
to **take** prendre, **5.2**
  What size do you take? Vous faites quelle taille (pointure)?, **7.2**
  to take down descendre, **9**
  to take an exam passer un examen, **3.1**
  to take off (airplane) décoller, **8.1**
  to take place avoir lieu
  to take possession of prendre possession de
  to take size (number) faire du (nombre), **7.2**
  to take the subway prendre le métro, **5.2**

  to take a trip faire un voyage, **8.1**
  to take a walk faire une promenade, **11.1**
taken occupé(e)
to **talk** parler, **3.1**
  to talk on the phone parler au téléphone, **3.2**
tall grand(e), **1.1**
to **tan** bronzer, **11.1**
tango le tango
tape la cassette, **7.1**
to **tape** enregistrer
tart la tarte, **6.1**
  apple tart la tarte aux pommes, **6.1**
tea le thé
to **teach (someone to do something)** apprendre (à quelqu'un à faire quelque chose)
teacher le/la prof (inform.), **2.1**; le professeur, **2.1**
team l'équipe (f.)
teammate le coéquipier, la coéquipière
techno (music) la techno
teenager l'adolescent(e)
telephone le téléphone, **3.2**; (adj.) téléphonique
  telephone number le numéro de téléphone
television la télé, **12.2**
to **tell** dire, **9.2**
  to tell (about) raconter
temperate tempéré(e)
temperature la température
temple la tempe
temporary temporaire
ten dix, **BV**
tendon le tendon
term le terme
terrace la terrasse, **4.2**
terrible terrible
terrific super; terrible
test l'examen (m.), **3.1**
  to pass a test réussir à un examen
  to take a test passer un examen, **3.1**
Thai thaïlandais(e)

than (in comparisons) que, **7.2**
thank you merci, **BV**
thanks merci, **BV**
  thanks to grâce à
that ça; ce (cet), cette, **9**
  that is c'est-à-dire
  That's all. C'est tout., **6.1**
  That's it., That's right. C'est ça.
thatched roof le toit de chaume
the le, la, les, **1.1**
theater le théâtre, **13.1**
their leur(s), **4**
theme le thème
then alors, **BV**; ensuite, **12.1**
there là; y, **5.2**
  there are il y a, **4.1**
  there is il y a, **4.1**
therefore donc
they ils, elles, **2**; on, **3.2**
thing la chose
to **think** croire, **7.2**; (opinion) trouver, **7.2**
third troisième, **4.2**
thirsty: to be thirsty avoir soif, **5.1**
this ce (cet), cette
thousand mille, **3.2**
throat la gorge, **14.1**
  throat infection l'angine (f.), **14.1**
  to have a frog in one's throat avoir un chat dans la gorge, **14.1**
  to have a sore throat avoir mal à la gorge, **14.1**
throne le trône
through par
to **throw** lancer, **10.2**
  to throw a party donner une fête, **4.1**
Thursday jeudi (m.), **BV**
ticket le billet, **8.1**
  one-way ticket l'aller (m.) (simple), **9.1**
  round-trip ticket le billet aller (et) retour, **9.1**

ticket window le guichet, **9.1**
tie la cravate, **7.1**
to **tie** (*score*) égaliser
tight serré(e), **7.2**
time (*of day*) l'heure (*f.*), **BV**; (*in a series*) la fois, **10.2**; le temps
  (for) a long time longtemps, **11.1**
  at the same time à la fois
  at what time? à quelle heure?, **2**
  in a short time en très peu de temps
  on time à l'heure, **8.1**
  time difference le décalage horaire
  times l'époque (*f.*)
  What time is it? Il est quelle heure?, **BV**
timetable l'horaire (*m.*)
tip (*restaurant*) le pourboire, **5.2**
  to leave a tip laisser un pourboire, **5.2**
  The tip is included. Le service est compris., **5.2**
tired fatigué(e)
tissue le kleenex, **14.1**
to **à**, **3.1**; à destination de (*plane, train, etc.*), **8.1**; (*in order to*) pour
  (up) to jusqu'à
toast le pain grillé
today aujourd'hui, **BV**; de nos jours
together ensemble, **5.1**
tomato la tomate, **6.2**
tomorrow demain, **BV**
  See you tomorrow. À demain., **BV**
tonight ce soir
tonsillitis l'angine (*f.*), **14.1**
too (*also*) aussi, **1.1**; (*excessive*) trop, **2.1**
  too many, too much trop de
tooth la dent
toothbrush la brosse à dents, **12.1**

toothpaste le dentifrice, **12.1**
totally complètement; totalement
to **touch** toucher, **10.2**
tourist le/la touriste
toward vers
towel la serviette, **11.1**
tower la tour
  Eiffel Tower la tour Eiffel
town la ville, **8.1**; le village
  in town en ville
  small town le village
toxic toxique
track la piste, **10.2**; (*railroad*) la voie, **9.1**
  track and field l'athlétisme (*m.*), **10.2**
tradition la tradition
traditional traditionel(le)
tragedy la tragédie
tragic tragique
train le train, **9.1**
  train station la gare, **9.1**
  train station restaurant le buffet, **9.1**
traitor le traître, la traîtresse
to **transform** transformer
to **transport** transporter
traveler le voyageur, la voyageuse, **9.1**
tray le plateau, **8.2**
treasure le trésor, **L4**
to **treat** traiter
treatment le traitement
tree l'arbre (*m.*), **L3**
trigonometry la trigonométrie, **2.2**
trip le voyage, **8.1**
  to take a trip faire un voyage, **8.1**
tropical tropical(e)
trouble: to be in trouble être en difficulté
truck le camion
true vrai(e), **2.2**
trumpet la trompette
truth la vérité
to **try on** essayer, **7.2**
  T-shirt le t-shirt, **7.1**

Tuesday mardi (*m.*), **BV**
tunic la tunique
Tunisian tunisien(ne)
tunnel le tunnel
turn: It's your turn. À votre tour.
to **turn around** faire demi-tour
to **turn off** (*appliance*) éteindre, **12.2**
to **turn on** (*appliance*) mettre, **7**; allumer, **12.2**
  TV la télé, **12.2**
  on TV à la télé, **12.2**
twin le jumeau, la jumelle, **L1**
type le type, la sorte, le genre, **13.1**
typical typique
typically typiquement

uncle l'oncle (*m.*), **4.1**
under sous, **8.2**
underground souterrain(e)
to **understand** comprendre, **5**
unfortunately malheureusement
unhappy malheureux, malheureuse
unit l'unité (*f.*)
United States les États-Unis (*m. pl.*)
university l'université (*f.*)
unknown inconnu(e)
until jusqu'à
up there là-haut
upset stomach le trouble digestif
to **use** utiliser
usually d'habitude, **12.2**

vacation les vacances (*f. pl.*)
  on vacation en vacances
  summer vacation les grandes vacances

valley la vallée; le val
value la valeur
vanilla *(adj.)* à la vanille, **5.1**
varied varié(e)
variety la variété
various divers(e)
to **vary** varier
VCR le magnétoscope, **12.2**
vegetable le légume, **6.2**
veil le voile
vein la veine
vengence la vengeance
to **verify** vérifier, **8.1**
very très, **BV**; tout
  very near tout près, **4.2**
  very well très bien, **BV**
victorious victorieux, victorieuse
video la vidéo, **3.1**
  movie video le film en vidéo, **13.1**
videocassette la cassette vidéo, **12.2**
Vietnamese vietnamien(ne), **6**
view la vue
village le village
vinegar le vinaigre, **6.1**
violent violent(e)
violin le violon
viral viral(e)
virus le virus
to **visit** *(a place)* visiter
vitamin la vitamine
voice la voix
volleyball le volley (-ball), **10.2**
volunteer le/la bénévole
voyage le voyage

to **wait (for)** attendre, **9.1**
  to wait in line faire la queue, **9.1**
waiter le serveur, **5.1**
waiting room la salle d'attente, **9.1**
waitress la serveuse, **5.1**
walk la promenade, **11.1**

  to take a walk faire une promenade, **11.1**
to **walk** marcher
wall le mur, **L4**
to **want** désirer, vouloir, avoir envie de
war la guerre, **L3**
warm chaud(e)
warmup suit le survêtement, **7.1**
warrior le guerrier, **L3**
to **wash** se laver, **12.1**
  to wash one's hair (face, etc.) se laver les cheveux (la figure, etc.), **12.1**
washcloth le gant de toilette, **12.1**
waste le déchet
to **watch** surveiller
  Watch out! Attention!, **4.2**
water l'eau *(f.)*, **6.2**
to **water-ski** faire du ski nautique, **11.1**
way la façon
we nous, **2**; on, **3.2**
weak faible, **L1**
weapon l'arme *(f.)*
to **wear** porter, **7.1**
  What size do you wear? Vous faites quelle taille?, **7.2**
weather le temps, **11.1**
  It's nice (bad) weather. Il fait beau (mauvais)., **11.1**
  What's the weather like? Il fait quel temps?, **11.1**
Web site le site
wedding le mariage
Wednesday mercredi *(m.)*, **BV**
week la semaine, **3.2**
  a week huit jours
  a (per) week par semaine, **3.2**
  last week la semaine dernière, **10.2**
  next week la semaine prochaine
weekend le week-end
weight le poids

welcome le/la bienvenu(e)
  Welcome! Bienvenue!
  You're welcome. Je t'en prie. *(fam.)*, **BV**; Je vous en prie. *(form.)*, **BV**
well bien, **BV**; eh bien; ben *(slang)*
  well then alors, **BV**
well-behaved bien élevé(e)
well-done *(meat)* bien cuit(e), **5.2**
well-known connu(e), **13.1**
well-to-do aisé(e)
west l'ouest *(m.)*
western occidental(e)
western *(movie)* le western
what qu'est-ce que, **3.2**; quel(le), **6**; quoi *(after prep.)*
  What color is . . . ? De quelle couleur est... ?, **7.2**
  What is . . . like? Comment est... ?, **1.1**
  What is it? Qu'est-ce que c'est?, **3.2**
  What is today's date? Quelle est la date aujourd'hui?, **BV**
  What's your name? Tu t'appelles comment?, **BV**
when quand, **4.1**
where où, **1.1**
  from where d'où, **1.1**
which quel(le), **6**
to **whistle** siffler, **10.1**
white blanc, blanche, **7.2**
who qui, **1.1**
whole *(adj.)* entier, entière; *(n.)* l'ensemble *(m.)*
whole-wheat bread le pain complet
whom qui, **10**
why pourquoi, **6.2**
  why not? pourquoi pas?
wide large, **7.2**
wife la femme, **4.1**
to **win** gagner, **10.1**; sortir victorieux (victorieuse)

wind le vent, **11.1**
window *(seat)* (une place) côté fenêtre, **8.1**
window *(store)* la vitrine, **7.1**
windsurfing la planche à voile, **11.1**
　to go windsurfing faire de la planche à voile, **11.1**
windy: It's windy. Il y a du vent., **11.1**
winner le/la gagnant(e), **10.2**
　winner's cup la coupe, **10.2**
winter l'hiver *(m.)*
with avec, **3.2;** auprès de; muni(e) de
without sans
woman la femme, **7.1**
wood le bois
word le mot
　words *(of song, etc.)* les paroles *(f. pl.)*

work le travail; *(of art or literature)* l'œuvre *(f.)*, **13.1**
worker l'ouvrier, l'ouvrière
world le monde
wounded blessé(e)
to **write** écrire, **9.2**
　to write a prescription faire une ordonnance, **14.2**
writer l'écrivain *(m.)*, **L2**
wrong mauvais(e), **2.2**
　What's wrong? Qu'est-ce qui ne va pas?
　What's wrong with him? Qu'est-ce qu'il a?, **14.1**

yeah ben oui
year l'an *(m.)*, **4.1;** l'année *(f.)*
　to be . . . years old avoir... ans, **4.1**

yellow jaune, **7.2**
yes oui, **BV;** si *(after neg. question)*, **7.2**
yesterday hier, **10.1**
　the day before yesterday avant-hier, **10.2**
yogurt la yaourt, **6.1**
you tu, **1;** vous, **2**
young jeune
　young people les jeunes *(m. pl.)*
younger le cadet, la cadette, **L1**
your ton, ta, tes; votre, vos, **4**

to **zap** zapper, **12.2**
zero zéro
zone la zone
zoology la zoologie

Credits

Glencoe would like to acknowledge the artists and agencies who participated in illustrating this program: Meg Aubrey represented by Cornell & McCarthy; Domenick D'Andrea; Len Ebert; Judy Love; Glencoe; Fanny Mellet Berry represented by Anita Grien Representing Artists; Joseph Hammond; Studio InkLink; Carlos Lacamara; Ortelius Design Inc.; Shannon Stirnweis; Carol Strebel; Joe Veno represented by Gwen Walters; Susan Jaekel, Jane McCreary and DJ Simison represented by Remen-Willis Design Group. **COVER** (t to b)Ken Stimpson/Panoramic Images, Ed McKinney/Panoramic Images, Transdia/Panoramic Images, Koji Yamashita/Panoramic Images, (students)Philippe Gontier; **iv** (b)Photowood Inc/U-AT/The Stock Market, (t)Mark Burnett; **v** (t)Larry Hamill, (b)David H. Endersbee/Getty Image; **vi** (tl)Timothy Fuller, (r)Jeff Kaufman/FPG, (bl)Larry Hamill; **vii** Tim De Waele/CORBIS; **viii** (t)Paul Hardy/The Stock Market, (b)Timothy Fuller; **ix** (tl tr)Timothy Fuller, (b)Curt Fischer; **x** (l)Timothy Fuller, (r)Mark Burnett; **xi** Timothy Fuller; **xii** (t)Massimo Listri/CORBIS, (bl br)Philippe Gontier; **xiii** Chris Sorenson/The Stock Market, (cl)Mark Antman/The Image Works, Mark Burnett; **R0-R1** Robert Fried; **R2** (tl br)Catherine et Bernard Desjeux; (tr)Aaron Haupt, (others)Curt Fischer; **R3** (tl)Wayne Rowe, (br)John Evans; **R4** (t)Jose Fuste Raga/The Stock Market, (b)Matt Meadows; **R5** (l)Everton/The Image Works, (r)Sylva Villerot/DIAF; **R6** The Purcell Team/CORBIS; **R7** (l)Robert Fried, (r)Beryl Goldberg; **R8** (t)Timothy Fuller, (b)Owen Franken/CORBIS; **R9** (t)Michael Yamashita/CORBIS, (b)Tim Courlas/Horizons; **R10-R11** Guy Durand/DIAF; **R12** (t)Stuart Cohen/The Image Works, (c)Jorge Ramirez/International Stock, (b)Michelle Chaplow; **R13** (t)Pictor, (cl)Curt Fischer, (cr b)Amanita Pictures; **R14** (l)Catherine et Bernard Desjeux, (tr)Morton Beebe, SF/CORBIS, (br)Matt Meadows; **R15** Duchene/Wallis Phototheque; **R16** Mark Antman; **R17** Steven Needham/Envision; **R18** Beryl Goldberg; **R20-R21** Michael Busselle/CORBIS; **R22** (l)Robert Fried, (r)Catherine et Bernard Desjeux; **R23** Robert Holmes/CORBIS; **R24** (t)Roberto Soncin Gerometta/Photo 20-20/PictureQuest, (b)Matt Meadows; **R25** Brooks Walker/Envision; **R26** O. Baumgartner/Sygma CORBIS; **258** Private Collection/Lauros-Giraudon, Paris/SuperStock; **258–259** Tibor Bognar/The Stock Market; **260** (tl tr)Larry Hamill, (tc)Getty Images, (bl)Curt Fischer, (br)C Squared Studios/PhotoDisc; **261** (tl tr)Larry Hamill, (c)Trompas/Sunset, (b)Barret/Wallis Phototheque; **262** courtesy Air France; **263** Owen Franken/Stock Boston; **264** (t)courtesy Air France, (b)Giraudon/Wallis Phototheque; **265** (t)Stephane Frances/Hemispheres Images, (b)DeRichemond/The Image Works; **266** Barret/Wallis Phototheque; **267** Larry Hamill; **269** (l)Monika Graff/The Image Works, (r)Ken Karp; **273** Larry Hamill; **274** Oldrich Karasek/Getty Images; **275** Pictor; **276** (t)David Barnes/The Stock Market, (b)Larry Hamill; **277** Shaun Egan/Getty Images; **278** (t)Marge/Sunset, (b)Telegraph Colour Library/FPG; **279** Timothy Fuller; **281** Archive Photo/Archive France; **283** (t)ZEFA London/The Stock Market, (c)Gerard Gsell/DIAF, (b)J. Du Sordet/Agence ANA, (bkgd)Siede Preis/PhotoDisc; **284** Jose Fuste Raga/The Stock Market; **285** (l)D. Cordier/Sunset, (c)Jacques Sierpinski/DIAF, (r)David H. Endersbee/Getty Images; **287** X. Richer/Hoa-Qui; **289** courtesy Air France; **290** AKG London; **290–291** Jeff Kaufman/FPG; **292–293** Timothy Fuller; **294** (t)Wayne Rowe, (b)Larry Hamill; **295** Beryl Goldberg; **297** Timothy Fuller; **298** Photobank/Sunset; **299** Jacques Loic/La Phototheque SDP; **300** Andrew Payti; **301** The Purcell Team/CORBIS; **302** David Ball/DIAF; **303** Pascal Hinous/Top Agence; **304** (tl tr)Ken Karp, (b)Arnaud Fevrier/DIAF; **305** (t bl)Timothy Fuller, (br)Aaron Haupt; **307** (l)J. Du Sordet/Agence ANA, (r)Jose Fuste/The Stock Market; **308** Timothy Fuller; **310** Stephane Frances/Hémisphères Images; **311** (t)Henneghien/Agence ANA, (b)Alain Even/DIAF; **312** JP. Porcher/Sunset; **313** (t)John Elk/Getty Images, (b)Timothy Fuller; **314** (t)Mark Antman/The Image Works, (bl br)Larry Hamill; **314–315** The Studio Dog/PhotoDisc; **315** (t)Jeanetta Baker/Photobank/Sunset, (b)Graham Finlayson/Woodfin Camp & Associates; **316** (t)Andrew Payti, (cl)Robert Fried Photography, (cr)Beryl Goldberg, (b)P. Dannic/DIAF; **317** Camille Moirenc/Wallis Phototheque; **319** Andrew Payti; **321** (l)Timothy Fuller, (r)Arnaud Fevrier/DIAF; **322** (t)file photo, (b)Museum of Modern Art, Troyes, France/Lauros-Giraudon, Paris/SuperStock; **322–323** Tim De Waele/CORBIS; **324** (l)Ben Radford/AllSport, (r)Timothy Fuller; **325** (t)Bob Thomas/Getty Images, (b)Timothy Fuller; **326** (t)CORBIS/Temp Sport, (b)AFP/CORBIS; **328** (l r)Timothy Fuller, (c)K S Studio; **329** (t)Timothy Fuller, (bl)Bob Daemmrich/PhotoEdit, (br)Wally McNamee/CORBIS, (inset)PhotoDisc; **330** courtesy of Mini Bulldogs de Quebec; **331** (t)Gerard Vandystadt/Agence ANA, (b)AP Photo/Ryan Remiorz/Photo Archive; **333** Reuters NewMedia Inc./CORBIS; **334** Haslin/Tempsport/NewSport Photography, Inc.; **335** (l)Peter McCabe/The Image Works, (r)Ken Karp; **336** Timothy Fuller; **337** S.T.F./Sunset; **338** Monika Graff/The Image Works; **339** Claude Abron/Liaison Agency; **340** (t)Reuters/Charles Platiau/Archive Photos, (b)Larry Hamill; **342** (l)Robert LaBerge/AllSport, (r)David E. Klutho/Sports Illustrated; **343** (t)Reuters/Petar Kujundzic/Archive Photos, (b)Aaron Haupt; **344** Doug Pensinger/Allsport; **345** Tim De Waele/CORBIS; **346** (tl)M. Freeman/PhotoLink /PhotoDisc, (tr)Pictor, (br)AFP/CORBIS; **348** (l)F.Stock/Sunset, (r)Bob Martin/Sports Illustrated; **349** Simon Bruty/Sports Illustrated; **351** Curt Fischer; **353** Reuters NewMedia Inc./CORBIS; **354** Galerie Daniel Malinque, Paris, FR/The Bridgeman Art Library; **354–355** Getty Images; **356** (t)Paul Hardy/The Stock Market, (c b)Timothy Fuller; **357** (l)Laborde/Wallis Phototheque, (r)SuperStock, (cr)Timothy Fuller; **358** (t)Adina Tovy/Photo 20-20, (b)Larry Hamill; **359** (t)Timothy Fuller, (b)Jose Fuste/The Stock Market; **360** (t)Richard Lucas/The Image Works, (r)John Evans, (cl)Jonathon Rawle/Stock Boston, (cr)Bonnie Kamin/PhotoEdit, (b)Rosine Mazin/DIAF; **361** Huet/Wallis Phototheque; **364–365** S.T.F./Sunset; **365** Cosmo Condina/Getty Images; **366** Karl Weatherly/CORBIS; **367** Monika Graff/The Image Works; **368** (t)Tristian Vigouroux/Wallis Phototheque, (b)Beryl Goldberg; **370** (t)J. Sierpinski/DIAF,

(b)Marge/Sunset; **371** (l)Jo Labbe/Wallis Phototheque, (r)Robert Fried Photography; **372** (t)Robert Fried Photography, (b)Aaron Haupt; **374** (l)Dave G. Houser/CORBIS, (c)Alec Ptlowany/Masterfile, (r)Patrick Frilet/Hémisphères Images; **375** Zephyr Images/Sunset; **376** (t)Marge/Sunset, (c)Nik Wheeler/CORBIS, (b)Stephane Frances/Hémisphères Images; **377** (t)Stuart Cohen/The Image Works, (c)Patrick Frilet/Hemispheres Images, (b)Mark Antman/The Image Works; **378** (t)Erich Lessing/Art Resource, NY, (b)Giraudon/Art Resource, NY; **378–379** Farinaz Taghavi/PhotoDisc; **379** Erich Lessing/Art Resource, NY; **380** (t)Marge/Sunset, (b)Picturesque/Sunset; **381** (l)Michael Buselle/Getty Images, (r)SuperStock; **383** AFP/CORBIS; **385** (t)Larry Hamill, (b)John Evans; **386** Timothy Fuller; **388** Mark Burnett; **389** Robert Fried Photography; **390** Beryl Goldberg; **392** Joachim Messerschmidt/FPG; **394** (tl)Yves Marcoux/Stone, (tr)Maggie Steber, (bl)Michael Melford, (br)George F. Mobley; **394–395** Ed Simpson/Stone; **395** (t)Anna Clopet/CORBIS, (b)Dave G. Houser/CORBIS; **396** (t)Museé McCord, (cl)Hubert Stadler/CORBIS, (cr)Cosmo Condina/Stone, (b)AFP/CORBIS; **396–397** Chris Cheadle/Stone; **397** (t)Jocelyn Boutin, (b)Wolfgang Kaehler/CORBIS; **398** Christie's Images; **398–399** SuperStock; **400** (tcl)John Evans, (others)Timothy Fuller; **401** Timothy Fuller; **402** (t)Chris Duranti/Wallis Phototheque, (b)file photo; **403** Frederick/Sunset; **404–406** Timothy Fuller; **407** Michelle Garrett/CORBIS; **409** Andrew Payti; **411** Timothy Fuller; **412** (t)Timothy Fuller, (bl br)Ken Karp; **413** (l)Robert Fried Photography, (r)Ken Karp; **414** Timothy Fuller; **416** Larry Hamill; **418** Catherine et Bernard Desjeux; **419** (t)Philippe Moulu/Sunset, (b)Pratt-Pries/DIAF; **420** (t)Chad Slattery/Getty Images, (b)Rick Souders/Index Stock; **421** (tl)Timothy Fuller, (tc tr)Aaron Haupt, (b)Mark Burnett; **422** (t)Roy/Sunset, (b)Jonathan Blair/CORBIS; **422–423** PhotoLink/PhotoDisc; **423** (t)Martin Rogers/Stock Boston, (b)de Richemond/The Image Works; **424** (t)Mark Antman/The Image Works, (bl br)Ken Karp; **425** M. Granitsas/The

Credits

Image Works; **426** (tl tc)Curt Fischer, (tr)file photo, (b)Cheryl Fenton; **427** Carton/Pitch; **429** Timothy Fuller; **430** British Museum, London/Bridgeman Art Library, London/SuperStock; **430–431** Mark Burnett; **432** Timothy Fuller; **433** (t)Timothy Fuller, (bl)SuperStock, (br)Pictor; **434** (t)Timothy Fuller, (b)Jackson Smith/ImageState/Picture Quest; **435** (t)Collections de la Comedie-Francaise, (b)Mark Burnett; **437** Timothy Fuller; **438** Giraudon/Art Resource, NY; **439** © Photo RMN - Hervé Lewandowski/Musee D'Orsay; **440** Jacques Sierpinski/DIAF; **441** Scala/Art Resource, NY; **442** Timothy Fuller; **443** (l)(file photo), (r)Monika Graff/The Image Works; **444** Yann Arthus-Bertrand/CORBIS; **445** (l)Monika Graff/The Image Works, (r)Peter McCabe/The Image Works; **446** (t)J. MarcLallemand/Wallis Phototheque, (b)© Photo RMN - Hervé Lewandowski/Musee D'Orsay; **447** Vanni/Art Resource, NY; **448** Larry Hamill; **450** Derek Croucher/The Stock Market; **450–451** Larry Hamill; **451** (t)AFP/CORBIS, (c)Ramsay/Wallis Phototheque, (b)Gérard Lacz/Sunset; **452** (t)Jason Laure, (b)Kavanah/Stone; **453** (tl)Neal Preston/CORBIS, (tr)Mark Burnett, (b)K. N'Dour/Liaison Agency; **454–455** Steve Cole/PhotoDisc; **455** (t)Robbie Jack/CORBIS, (c)Kevin Winter/Getty Images, (b)Stephane Cardinale/CORBIS/Sygma; **456** Robert Fried Photography; **457** Timothy Fuller; **459** Curt Fischer; **461** (t)Mark Burnett, (b)Robbie Jack/CORBIS; **462** Roger-Viollet, Paris/The Bridgeman Art Library; **462–463** Stefano Bianchetti/CORBIS; **464** (tr)John Evans, (l cr inset)Timothy Fuller, (br inset)Aaron Haupt; **465** Timothy Fuller; **466** Curt Fischer; **467** Mark Burnett; **468** Timothy Fuller; **469** (tr)Larry Hamill, (others)Timothy Fuller; **470** (t)John Evans, (b)Timothy Fuller; **472** (l r)Catherine et Bernard Desjeux, (c)Image Club Graphics; **474** (t)Timothy Fuller, (b)Larry Hamill; **477** Ken Karp; **479** (l)Monika Graff/The Image Works, (c)Ken Karp, (r)Thomas Marc; **480** Timothy Fuller; **481** (l)Monika Graff/The Image Works, (r)Ken Karp; **482** Timothy Fuller; **484** Timothy Fuller; **485** (l)CH. Vioujard/Liaison Agency, (r)SuperStock; **486** (cl)Curt Fischer, (cr)Mark Burnett, (br)Clasen/Wallis Phototheque;

486–487 Mitch Hrdlicka/PhotoDisc; **487** (t)Owen Franken/CORBIS, (b)Larry Hamill; **489** (t)Larry Hamill, (b)P. Wysocki/Explorer; **490** Curt Fischer; **493** (l)John Evans, (r)Timothy Fuller; **494** Everett Collection; **495** Timothy Fuller; **497** (t)Larry Hamill, (b)Owen Franken/CORBIS; **498** (t)PhotoDisc, (cl)Bob Handelman/Stone, (cr)Photri Inc., (b)Stephen Studd/Stone; **498–499** PhotoDisc; **499** (t)Chad Ehlers/Stone; (b)David Turnley/CORBIS; **500** (t)Chris Ladd/FPG, (cl)Franck Eustache/Archipress, (cr)Theo Westenberger, (b)Patrick Ingrand/Stone; **500–501** Jean-Marc Truchet/Stone; **501** (t)Harvey Lloyd/Peter Arnold, Inc., (b)Kim Hart/Black Star Publishing/PictureQuest; **502–503** Massimo Listri/CORBIS; **505** Jean-Daniel Sudres/DIAF; **506** Archiv/Photo Researchers; **507** Scala/Art Resource, NY; **508** Christie's Images; **510** Bridgeman Art Library, London; **511** (t)H. Reinhard/Sunset, (b)Elizabeth Barakah Hodges/SuperStock; **513** Giraudon, Paris/Art Resource, NY; **514** (t)Stock Montage/SuperStock, (b)AKG London; **515 516** AKG London; **517** (t)Art Resource, NY, (b)Nik Wheeler/CORBIS; **520** (t)Hulton-Deutsch Collection/CORBIS, (b)Giraudon/Art Resource, NY; **521** AKG London; **522** Franz-Marc Frei/CORBIS; **523** Marc Garanger/CORBIS; **524–539** One Nation Films, LLC; **H0–H1** Suzanne and Nick Geary/STONE/Getty Images; **H27** (t)Stephane Frances/Hemispheres Images, (b)Trompas/Sunset; **H28–H29** Timothy Fuller; **H35** (t)Adina Tovy/Photo 20-20, (cl)Laborde/Wallis Phototheque, (cr)Chris Harvey/Getty Images, (b)Timothy Fuller; **H36** Richard Lucas/The Image Works; **H39** Timothy Fuller; **H43** (t)Timothy Fuller, (c)Pictor, (b)John Evans; **H44** Timothy Fuller; **H47** (tl tr)Timothy Fuller, (bl)John Evans, (br)Aaron Haupt; **H48** Timothy Fuller.